신통방통 영어단어 상식

나만 알고 남들은 모르는

나만 알고 남들은 모르는
신통방통 영어단어상식

저 자 권태헌
발행인 고본화
발 행 반석출판사
2018년 1월 10일 초판 2쇄 인쇄
2018년 1월 15일 초판 2쇄 발행
반석출판사 | www.bansok.co.kr
이메일 | bansok@bansok.co.kr
블로그 | blog.naver.com/bansokbooks

07547 서울시 강서구 양천로 583. B동 1007호
(서울시 강서구 염창동 240-21번지 우림블루나인 비즈니스센터 B동 1007호)
대표전화 02) 2093-3399 팩 스 02) 2093-3393
출 판 부 02) 2093-3395 영업부 02) 2093-3396
등록번호 제 315-2008-000033호

Copyright ⓒ 권태헌

ISBN 978-89-7172-797-3 (13740)

■ 교재 관련 문의: bansok@bansok.co.kr을 이용해 주시기 바랍니다.
■ 이 책에 게재된 내용의 일부 또는 전체를 무단으로 복제 및 발췌하는 것을 금합니다.
■ 파본 및 잘못된 제품은 구입처에서 교환해 드립니다.

Bansok

💬 Preface

기억의 최고의 방식은 이해하는 것이다. 이해되면 자연히 외워진다. 이상한 방식으로 어렵게 외우지 않아도 단어가 이해만 되면 자연히 기억된다.

이 책을 재미있게 읽다 보면 새롭게 알게 된 단어는 또 새로운 단어를 이해할 수 있는 정착 지식(anchoring idea)이 된다. 이 기존의 정착지식에 새로운 지식이 갈고리처럼 걸려서 단어를 익히는 폭이 넓어지는 것이다.

이 책은 단어를 이해하기 위해 어원을 익히는 학습법을 선택하였다. 이야기를 읽는 것처럼 단어의 어원과 재미있는 역사, 본래 쓰이는 쓰임을 읽다가 보면 단어가 이해되고, 저절로 단어가 기억되면서 다양한 상식도 함께 쌓을 수 있도록 구성되어 있다. 예를 들어 suit는 '따르다'라는 기본 뜻에서 상·하의가 따라다니는 '한 벌(정장)', 상·하의가 따라다니면 '잘 맞다', 원고가 피고를 따라다니는 '소송', 연인을 따르는 '구애' 등의 뜻이 나왔다. 그저 따로 외우는 것보다 훨씬 쉽게 기억할 수 있다. 단어와 단어들의 무리, 그리고 책 전체는 논리적 순서에 따라 정교하게 배치되어 있다. 그러므로 처음부터 읽어야 한다. 이 책의 어원 설명 역시 시중의 어떤 책보다도 정확한 것임을 자부한다.

단어를 이해하는 데 있어 어원뿐 아니라 그 단어의 역사를 아는 것도 큰 도움이 된다. 이 책은 필요한 경우 단어의 역사도 꼼꼼하게 실었다. 물론 모든 단어가 어원과 역사를 통해 완벽하게 이해될 수 있는 것은 아니다. 그리고 그럴 필요 없이 다른 방식을 사용하는 것이 더 좋은 경우도 있다. 이 책은 지금까지 연구된 기억술, 마인드맵, 그리고 전이, 간섭, 포섭, 동화와 같은 인지 심리학의 개념들이 여러 방식으로 정교하게 녹아들어 있다.

또한 이 책은 기억과 이해를 돕기 위해 이미지를 적극적으로 사용하였다. 이미지는 기억에 엄청나게 중요한 요소이다. 지금까지 출판된 어원 중심의 책들은 한 단어를 외우는 데 오히려 모르는 단어를 더 많이 외우게 하는 오류를 범하고 있는 경우가 많다. 이 책은 이런 오류가 없다. 예를 들어 compete이라는 단어를 보면 com은 co의 변형인데 co는 새가 알을 품는 모양(오사마 알사다위 박사)으로 '함께'의 뜻이다. pete가 '깃털 → 날다'인 것도 이미 알고 있는 지식인 feather(깃털)와 결합시켜 준다. 그리고 새들이 함께 날고 있는 이미지와 함께 공부하게 함으로써 단어를 완전하게 이해할 수 있도록 하는 것이다.

여러 번 읽는 것이 공부의 비결이다. 공신닷컴 최고의 멘토라는 유상근 씨는 수학도 여러 번 읽는 것이 비결이라고 한다. 수학의 정석이나 수학의 바이블 같은 책을 생기초 개념부터 최상급 개념까지 조금씩 물을 항아리에 담는 방식으로 7번을 읽으라는 것이 그의 '항아리 공부법'이다. 그 외에도 여러 번 읽는 것을 강조하는 공부법은 수없이 많고 또한 그 효과 또한 탁월함이 증명되었다. 이 책은 반복해서 읽으면서 단어를 익히기에 좋은 책이다. 필자가 운영하는 네이버 카페 '소설처럼 읽는 영단어' 멤버들 중에는 3, 4번 가볍게 읽는 것만으로 카페에서 소개한 단어를 완전히 소화한 사람들도 많이 있다.

쉽게 읽어 내려가면서 공부할 수 있는 책이지만 일반 시험을 준비함에 있어서도 부족함이 없을 것이다. 대부분 수능 수준의 단어이며, 그를 약간 넘는 수준의 단어도 포함되어 있어 토익 고득점을 노리는 사람에게도 충분히 도움이 될 것이라 확신한다.

"이해하지 못하는 것은 소유할 수도 없다(괴테)." "강제로 습득된 지식은 결코 마음속에 남지 않는다(플라톤)." 이해도 하지 못하는 단어를 강제로 머릿속에 쑤셔 넣으려고 하지 말고 재미있는 이야기를 읽으며 상식을 쌓는다는 기분으로 여러 차례 읽다 보면 어느새 수많은 단어들이 나의 것이 되어 있을 것이다.

권태헌

Contents

Intro
- 머리말 ········· 4
- 이 책의 특징 ········· 11

Part 1

들어가기
- 001. SUIT ········· 14
- 002. EXIT ········· 18
- 003. SEPARAte ········· 22
- 004. TRANSFORM ········· 26
- 005. AVANTE & ANTI ········· 30
- 006. POST, FORE & FRONT ········· 34
- 007. PROPEL ········· 38
- 008. PRIde & prESEnt ········· 42
- 009. PRESIDent ········· 46
- 010. PARA & CONTRA ········· 50
- 011. SUPER & SOURce ········· 54
- 012. OUT, UNDER & UP ········· 58
- 013. SYMphony & SIMilar ········· 62
- 014. MIDdle & ANAlogue ········· 66
- 015. PERIscope & CATAcomb ········· 70
- 016. FACtory ········· 74

Part 2

사람의 탄생, 영혼, 생각과 그것의 작용
- 017. GENEsis ········· 80

018. CORE & philoSOPHY ········ 84
019. ANIMA & SPIRE ········ 88
020. PATHY & PASsion ········ 92
021. VITA & beWARE ········ 96
022. FORT & GUARD ········ 100
023. VALiant & TERror ········ 104
024. PLEAsure & GRAce ········ 108
025. MIND ········ 112
026. READ & comPUTEr ········ 116
027. SCIssors & WIDow ········ 120
028. JUdge & BECAUSE ········ 124
029. RULE ········ 128
030. NOtice ········ 132
031. QUEST & reSERVOir ········ 136
032. VICTory & inCREDible ········ 140

Part 3

오감과 언어, 신체와 기능, 사람의 환경과 움직임

033. SENSE & AUDIO ········ 146
034. teleVISION ········ 150
035. SPECtrum ········ 154
036. VOiCe & DICtionary ········ 158
037. FAble & contraBANd ········ 162
038. CALendar & ASTROnaut ········ 166
039. CARE ········ 170

Contents

- 040. SIGN & VOW ········ 174
- 041. SCRIPT & LETTER ········ 178
- 042. MANIcure & PEDal ········ 182
- 043. ARm & DOCTOR ········ 186
- 044. TECHnique & ARCHangel ········ 190
- 045. CAP & CELL ········ 194
- 046. MOLD & kingDOM ········ 198
- 047. ALIen & TERRA-cotta ········ 202
- 048. PHOTOgraph & TEMPER ········ 206
- 049. TEMpo & QUIET ········ 210
- 050. EQUal & comPETE ········ 214
- 051. PLUS ········ 218
- 052. MEGA, MICRO & MINI ········ 222
- 053. SOLO, NAUGHT & DEMOcracy ········ 226
- 054. GRADE & STIFF ········ 230
- 055. POSE ········ 234
- 056. STAND 1 ········ 238
- 057. STAND 2 ········ 242
- 058. LEAN ········ 246
- 059. DUKE & DECORation ········ 250
- 060. FAREwell ········ 254
- 061. aVENUE & VIA air mail ········ 258
- 062. ORDER & diGEST ········ 262
- 063. CRIsis ········ 266

064. PASS & MOtor ·· 270
065. CAR & CURrent ·· 274
066. PORT & FLOW ··· 278

Part 4

사물의 상태, 움직임, 조작

067. PLYwood ·· 284
068. TENt ··· 288
069. STREtch ·· 292
070. RUPTure & nutCRACKer ······················· 296
071. STRAW ··· 300
072. PENdant ··· 304
073. SCANdal & SHELL ·································· 308
074. CREScent & acCELErator ······················· 312
075. VAcuum & LEVER ·································· 316
076. STEAK & eXTINGUish ····························· 320
077. FUSE & soLUtion ···································· 324
078. SERies & conTACT ································· 328
079. DATE ·· 332
080. conTAINer ··· 336
081. surPRISE & conSUME ··························· 340
082. CABle ·· 344
083. colLECtion ··· 348
084. reVERSE & reVOLve ······························ 352
085. CYCLE ·· 356

Contents

086. MISSile ………………………………………… 360
087. paraCHUTE & JET ……………………… 364
088. BALLista & HABIT ……………………… 368
089. TRACTor ………………………………………… 372
090. proPELler & URGE ……………………… 376
091. ACTion…………………………………………… 380
092. BLOWing up a balloon ……………… 384
093. PRESS & PUNCh ………………………… 388
094. MUTant ………………………………………… 392
095. CEASE …………………………………………… 396
096. FINish & TERMinator ………………… 400
097. Fun Word Story(cantata & nectar) ……… 404
098. Fun Word Story(gage) ……………… 406
099. Fun Word Story(can & patron) ………… 408
100. Fun Word Story(knot & travail) ………… 410

이 책의 특징

신통방통 영어단어상식

★ 단어의 한 가지 뜻만 알아서는 문제를 제대로 풀거나 문장을 해석하지 못한다. 한 단어의 다양한 뜻을 일일이 외우지 않고 단어의 어원에 따라 의미가 확장된 과정을 이해하고 연습하다 보면 자연스럽게 기억할 수 있다. 이 책은 이런 공부를 위한 최적의 책이다.

★ 단어의 우리말 뜻에 너무 집착하지 말아야 한다. 단어의 핵심 뜻을 파악하고 문장 내에서 유추하면 된다. 그 핵심 뜻을 어원 공부를 통해 효율적으로 익히는 것이 이 책의 목표이다.

★ Anchoring Ideas

그 과에서 다룰 어원을 공부한다. 이 어원이 정착지식 즉 anchoring ideas 가 된다. 쉬운 단어, 우리가 이미 알고 있는 단어를 좀 길게 설명하거나 모르는 단어라도 이와 관련 단어를 이해하기 위해 필요한 단어를 읽는 중에 자연스럽게 이해하고 기억하도록 설명해 놓았다.

★ Fun Word Story

재미있는 단어들, 더 깊이 알아야 하는 단어들로 구성되어 있다. 그야말로 재미있게 읽다 보면 이해하고 외울 수 있다.

★ 마인드맵

anchoring ideas에서 다룬 어원에 대해 시각적으로 가지를 내 가면서 공부할 수 있도록 마인드맵을 실었다. 어원과 그 어원을 가진 단어를 더 잘 이해하고 기억할 수 있도록 설명했다. 핵심 뜻, 문자적인 뜻을 잘 파악하고 그 단어의 뜻이 확장되는 것을 익히다 보면 단어가 가진 다양한 뜻을 억지로 외우지 않아도 기억할 수 있다. 모르는 접두사나 접미사는 외우려 애쓰지 말고 읽고 넘어가는 것이 좋다. 나중에 자세히 다루거나 반복해 읽다 보면 자연히 알게 되는 것들이다.

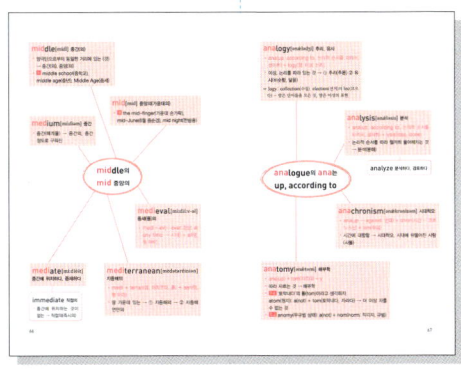

Part 1

들어가기

001 SUIT

Suit(따르다)

Anchoring Ideas

suit(한 벌)은 상·하의 따위가 set로 따라다니는 것이다. 또한 '소송, 잘 맞다'라는 의미도 있다. 왜 suit라는 한 단어에 '한 벌, 소송, (구애, 청원), 잘 맞다' 등의 여러 의미가 따라다니는 것일까? 그 이유는 suit가 라틴어 sequi(따르다)의 변형이기 때문이다.

찰스 2세는 court(궁전, 법정)에서 자기를 따르는 자들에게 그림과 같은 옷을 입으라고 명령했다. 본래 suit의 문자 그대로의 뜻은 '따르는 자들(것들)'이다. suit는 '따르는 자들 → 따르는 자들이 입는 옷 → 상·하의가 따라다니는 옷'으로 의미가 변화되었다. 여기서 suit의 어원에 따른 문자적인 뜻은 '따르는 것'임을 기억하자.

상·하의가 따라다니면 '한 벌(정장)', 원고가 피고를 따라다니면 '소송', 따라다니는 상·하의는 서로 '잘 맞는다'. suit는 '구애'라는 뜻도 있다. 연인이 연인을 따르면 '구애'이다. suit의 원래 뜻이 '따르다'라는 것을 모르면 서로 완전히 다른 뜻처럼 보이는 '한 벌, 소송, 구애, 잘 어울리다'가 어떻게 한 단어의 뜻이 되었는지 이해할 수 없다.

suit와 set(*따라다니는 것들* → 한 벌, 한 세트)을 함께 두고 발음해 보면 발음과 자형이 비슷하다. suit와 set을 비교해 본 적이 없겠지만, suit와 set의 어원은 라틴어 sequi(따르다)이다. set의 본래 뜻은 '따라다니는 것'이다. 따라다니는 것이니까 '한 벌, 한 조, 한 세트'이다. 이때의 set은 sit의 과거, 과거완료형 set와는 어원이 완전히 다르다.

suit는 찰스 2세가 자기를 따르는 자들이 법정에서 입게 한 옷이다. set과 발음과 자형이 비슷한 데서 suit의 본래 뜻이 '따르다'의 뜻임을 기억하자.

Fun Word Story

second는 크게 두 가지, '두 번째'와 '초'라는 뜻이 있다. 왜 second는 이 두 가지 뜻을 동시에 가지고 있을까? 전에는 이유를 모르고 억지로 외웠을 것이다. 하지만 이유를 알면 자연스럽게 기억된다. 공부의 요령은 "왜?"라고 먼저 질문하는 것이다.

second는 suit와 어원이 같은 단어로, 라틴어 sequi(따르다)에서 왔다. '첫 번째를 따르는 것 → 두 번째'의 뜻이다.

2세기경 수학자 톨레미가 원 360도를 60등분으로 나눠서 그 한 부분을 a minute(mini, 작은 것 → 1분)이라고 했다. 그리고 두 번째로 a minute를 다시 60등분한 것을 second라고 했다. 그러므로 second는 원을 두 번째로 60등분했다는 뜻이다.

- **suitable** 꼭 맞는

- **suite room** 방
  - 욕실, 거실 등이 따르는 방, sweet room (×)

- **suit**[suːt] 한 벌, 소송, 잘 맞다, 구애
  - 상하의 등이 따라 다니는 것 → 한 벌(정장)
  - 원고가 피고를 따라 다니는 것 → 소송 → sue(소송하다)
  - 동사로 사용되면 잘 맞다(어울리다)
  - 연인을 따라다니는 것 → 구애(청혼)

- **set**[set] 한 벌
  - 따라다니는 것 → 한 벌 (다기 set, 드럼 set)

suit(한 벌 ← 따르다): **set**의 변형

- **pursuit**[pərsúːt] 추격, 추구
  - pur(pro: 앞으로) + suit(set: 따르다)
  - prosecute 기소하다
  - 앞으로(적의를 가지고) 따라감 → 추격(추적), 추구
  - 동 pursue 추구하다

- **secquence**[síːkwəns] 연속, 순서
  - secqu(set: 따르다) + ence(명사형 접미사)
  - 계속해서 따르는 것 → 연달아 일어남 → 연속, 순서

- **ensue**[ensúː] 계속해서(잇따라) 일어나다
  - en(on) + sue(set: 따르다)
  - 계속해서(잇따라) 따르다, 결과로서 일어나다

consequence[kánsikwèns] 결과, 중요함, 영향력
- con(함께) + sequ(set: 따르다) + ence(명사형 접미사)
- 계속해서 따르는 것을 함께 둠 → 결과, 중요함, 영향력
- ☞ 연속해서 일어난 것을 함께 두면 결론이 나고 그 결론은 중요하고 모든 사람에게 영향을 미친다.

execution[éksikjù:t] 집행, 실행
- ex(밖으로) + xecu(set: 따르다) + tion(명사형 접미사)
- 사형 선고를 따라 나오는 것 → 집행, 실행

consecutive[kənsekjətɪv] 연속적인

social[sóuʃ-əl] 사회적인, 사교적인
- soc(set: 따르다) + ial(명, 형 접미사)
- 다른 사람을 따르는(따르길 좋아하는) → 사회적인, 사교적인

society 사회(단체), 교제

association 연합, 교제, 협회, 연상

associate[əsóuʃièit] 연합시키다, 교제하다
- as(ad: at, to) + soc(set: 따르다) + iate(명, 동, 형 접미사)
- ~에 따르게 하다 → 연합시키다, 교제하다 → 동료(의)

002 EXIT

ex(밖으로) + it(ion: 가는 것)

Anchoring Ideas

접두사 ex가 out(밖으로)의 뜻임을 가장 잘 기억하는 방법은 exit(나가는 곳, 출구)와 연결하는 것이다. exit의 ex는 out의 뜻이고 it은 그리스어 ion(이온)의 변형이다. it(ion)은 to go의 의미다. 이온수, 이온음료, 음이온, 양이온과 같은 말들을 많이 들어 보았을 것이다. 원자가 전자를 얻으면 음이온, 전자를 잃으면 양이온이라 한다. 음이온은 양극으로, 양이온은 음극으로 가려는 성질이 있는 원자이다.

전기 분해를 연구하던 패러데이(Faraday)는 전류에 의해 분해된 물질이 각각 +극과 −극으로 이동한다는 것을 알고 여기에 '간다'라는 의미의 이온(ion)이라는 이름을 붙였다. 아하! 이온의 본래 뜻이 '가는 것'이라는 뜻이었군.

exit는 '밖으로 감(나감, 출구)'의 뜻이니까 exit의 it은 '가다'라는 뜻 ion의 변형이라고 기억하면 되겠다.

ion(가는 것)을 어원으로 하는 단어로는 initial(안으로 들어가는 것 → 처음의, 머리글자), initiate(시작하다), commence(시작하다), issue(밖으로 나오다 → 결과, 내다), perish(통과하여 가다 → 멸망하다)가 있다. 이 계열의 단어를 어원 방식으로 공부하는 것은 좀 억지 같기도 하고 어원으로 학습하기가 가장 곤란한 계열의 단어들이다. 그렇지만 어원에 따라 그 단어의 핵심적인 본래 뜻을 아는 것은 의미가 있다. 마치 위상(位相)이라는 단어의 뜻을 알고 있어도 이 단어가 한자의 '위치 위(位)'와 '모양 상(相)'의 합성어라는 것을 알 때 그 의미가 더 분명해지는 것과 같다. 위상의 본래 뜻은 달과 같은 천체가 위치에 따라 보이는 모양이다. 그리고 이렇게 본질을 알게 된 단어는 의미가 어떻게 확장되어도 이해할 수 있다.

Fun Word Story

negotiation(협상)은 라틴어 네고티움의 영어형이다. 네고티움은 도시의 번잡한 삶을 의미하는 말이다. otium은 'doing nothing, 틈, 여가, 휴가'라는 뜻을 가진 말로, 피로에 지친 도시 거주자가 사색과 여가의 즐거움을 만끽하기 위해서 찾아가는 시골 별장에서의 삶을 의미했다. 네고티움(neg + otium)은 '여가(otium)가 아닌 것(neg ← not)'이다.

고대 로마의 소(小) 플리니우스는 공무 중에라도 틈만 나면 시골의 별장으로 달아나 책을 읽거나 글을 쓰며 오티움을 즐겼다. 링컨 전 대통령은 남북전쟁을 치르면서도 임기의 4분의 1을 오티움으로 보냈다. 루스벨트 전 대통령 역시 대공황과 2차 세계대전의 와중에도 낚시하며 오티움을 즐겼다. 이들이 위대한 업적을 남긴 것은 오티움을 통해 영감을 얻고 새로운 힘을 얻었기 때문일 것이다.

도시의 번잡한 삶은 협상해야 할 것으로 가득한 삶이다. 오티움의 반대 뜻인 네고티움은 '도시에서의 번잡한 삶'에서 '협상, 교섭'이라는 뜻으로 발전했다. 휴가(otium)가 아닌 직장에서의 삶은 협상(negotiation)해야 할 일로 가득하다.

extra[ékstrə] 추가의, 추가의 것

exterior[ikstíəriər] 외부
- exter(밖으로) + ior(비교급 접미사)
- 더 밖의 → 외부의, 외부

↔ **interior** 내부

extreme[ikstríːm] 맨 끝(의)
- extre(밖으로) + me(most, 최상급 접미사)
- outermost → 맨 끝(극단), 맨 끝의(극도의)

ex(밖에, out of)

extravagant[ikstrǽvəgənt] 돈을 함부로 쓰는
- extra + vag(wander: 방황하다) + ant(명, 형 접미사)
  영어에서 종종 v → w. 'vag → wag → wander'
- 한계를 넘어 방황(방탕)하는 → 돈을 함부로 쓰는

exotic[igzάtik] 이국적인 (것)
- exo(ex의 변형: 밖으로) + tic(명, 형 접미사)
- 밖인, 밖의 특성을 가진 → 이국적인(이국풍의), 이국적인 것

initial[iníʃəl] 처음(의), 머리글자(의)
- in + iti(ion의 변형: 가다) + al(명, 형 접미사)
- 접두사 in은 in, en(put in), un(not)의 세 가지 뜻이 있다.
- in은 발음을 쉽게 하기 위해 im, il, ir로 변형된다.
- 안으로 들어가는 것(의) → 처음(의), 머리글자(의)

initiate[iníʃièit] 시작하다, 입문자
- 시작하다(입문시키다) → 시작된 → 입문자

commence[kəméns] 시작하다
- comm + ence(명사형 접미사가 아니라 initiate의 변형)
- 접두사 co: 어미새가 알이나 새끼를 품는 모양, '함께'라는 뜻
- co는 cor, col, con, com 등으로 변형
- 함께 시작하다(initiate) → 시작하다(시작되다)

it(go → ion)

itinerary[aɪtɪnəreri] 여행 일정

issue[ísjuː] 결과, 내다
- iss(ex의 변형: 밖으로) + ue(ion의 변형: 가는 것)
- 나오는 것(to go out) → 결과 → 내다(발하다, 나오다)

perish[périʃ] 죽다
- per(철저히): 70쪽 참고 + i(ion의 변형: 가다) + (i)sh(형, 동 접미사)
- 철저히 가버리다 → 멸망하다(죽다), 썩어 없어지다
- **Tip** 페리(패다) 씨~ → 죽어 없어지도록

003 SEPARAte

se(분리하다) + para(pare의 변형) + te

Anchoring Ideas

separate(분리하다)의 **se**는 '분리하다'이다. se가 쓰이는 또 다른 단어로는 seclude가 있다. seclude는 〈se(분리하다) + clude(close)〉로 '닿아서 분리하다, 격리하다'라는 뜻이다.

separate의 **para**는 **pare**(조금씩 잘라내다)의 변형이다. pare(껍질을 벗기다)는 어원에 따르면 본래의 뜻은 '조금씩 잘라내다'이다. part의 변형이라고 생각하면 된다. 목수가 무엇을 만들기 위해 정으로 나무를 조금씩 잘라내는 것을 pare한다고 한다. 가죽으로 무엇을 만들기 위해 가죽을 조금씩 잘라내는 것도 pare한다고 한다. 정으로 string(끈, 줄, 악기의 줄)을 조금씩 잘라내는 것도 pare한다고 한다. 감자 껍질을 깎는 것도 pare하는 것이다.

과일의 껍질을 ① 조금씩 잘라내어 ② 질서정연하게 담으면 손님 맞을 ③ 준비가 끝난다.

나무를 조금씩 잘라내어 뭔가를 만들 준비를 하고 만들어지면 그 제품은 질서 안에 있게 된다. 그래서 pare는 다른 단어들과 결합하면 '얇게 잘라내다 → 준비되다, 질서 안에 두다'라는 뜻이 된다.

Fun Word Story

'비교하다'라는 뜻의 compare[kəmpɛ́ər]는 pare(조금씩 잘라내다 → 준비하다) 계열의 단어라고 착각하기 쉽지만, pare 계열이 아니라 pair(쌍, 짝) 계열의 단어이다.

pair가 '쌍, 짝, 같은 것'을 의미하게 된 이유를 보면 매우 재미있다. pair는 '물건을 사고팔 때, 같은 가치를 지닌 것을 주는 것'에서 나온 단어이다. 물물교환 시대를 생각해 보면 될 것이다. 짚신과 수박을 교환한다면 짚신과 수박의 가치가 같게 여겨진다는 것이고 짚신과 수박은 pair(쌍)인 것이다. 본래 pair는 이런 뜻이었다. 즉 사는 것과 파는 것은 같은 가치를 지니고 그 둘은 pair이다.

peer[piər]는 pair와 동일한 어원을 가진 단어이다. peer는 '지위가 같은 사람, 동료'라는 뜻이다. pair와 peer를 함께 두고 기억하면 금방 기억할 수 있다. 원탁의 기사(아서왕 이야기)를 잘 알 것이다. 원탁은 앉는 위치에 따른 상·하의 차별이 없는 평등함이 특징이다. '아서왕의 Twelve Peers'를 생각하면 peer는 '지위가 같은 사람, 동료'라는 뜻임을 더 잘 기억할 수 있을 것이다.

이제 compare의 뜻이 아주 분명해졌다. compare의 문자 그대로의 뜻은 '함께(com) 두고 가치가 같은지(pair)를 보다'이다. 그래서 compare는 '비교하다'가 된다. 상당히 어려운 단어로 수능에 출제된 적이 있는 impaired(손상된)의 pair는 어원이 다르지만 '짝(pair)이 맞지 않는(in)'에서 '손상된, 제 기능을 못하는'이라는 뜻이 된다고 기억해 두자. comparable은 '비교할 수 있는(비교되는), 필적하는', comparative는 '비교의, 비교적인'이라는 뜻이다.

separate[sépərèit] 잘라서 분리하다, 가르다
- se(분리하다) + pare(조금씩 잘라내다) + ate(명, 동, 형 접미사)

select[silékt] 선택하다
- se(분리하다) + lect(골라내다)
- ☞ collection(수집), election(선거)의 lec(모으다, 골라내다)
- 골라내어 따로 두다 → 선택하다, 선택된

several[sév-ərəl] 몇몇(의)
- separate의 변형
  → 몇 개(의), 몇몇(의)

seclude[siklú:d] 분리하다, 격리하다
- se(분리하다) + clude(close의 변형: 닫다)
- 닫아서 분리하다 → 분리하다(격리하다)

separate의 se는 분리하여 두다

segregate[ségrigèit] 분리하다, 격리된
- se(분리하다) + greg(무리, 떼) + ate(명, 동, 형 접미사)
- ☞ Tip greg(무리, 떼) → greg(그래그) → 드래그해서 무리를 만들다
- 무리로부터 분리하다 → 분리(격리)하다, 격리된 (것)

severe[sivíə:r] 가혹한
- se(분리, 이탈) + vere(very의 변형: 매우, 참된, 정말의 → kindness)
- very는 '매우, 대단히' 외에 '참된'이란 뜻이 있다.
  (verify: 참되게 만들다 → 진실됨을 증명하다)
- 참됨이 없는 → (벌 따위가) 가혹한

persevere 참다, 견디다
- 가혹한 환경을 겪다 → 참다(견디다, 버티다)

prepare [pripɛ́ər] 준비하다
- pre(앞에) + pare(조금씩 잘라내다 → 준비하다 → 질서 안에 두다)
- 미리 준비하다 → 준비하다

apparatus [æpərǽtəs] 기구, 기계, 장치
- ap(ad의 변형: at, to) + para(조금씩 잘라내다 → 준비하다) + tus(라틴어 명사 접미사)
- ~에게(위해) 준비된 것 → 기구(기계, 장치), (정치활동 등의) 기구

parade [pəréid] 행렬
- 싸움을 위해 준비된 군대 → 관병식, 행렬(행진)

separate의 para는
조금씩 잘라내다 → 질서 안에 두다

repair [ripɛ́ə:r] 수리(하다)
- re(again, back, against) + pair(질서 안에 두다)
- 공을 rebound시키면 다시(again), 뒤로(back), 땅을 대항하여(against) 뛴다.
- 다시 준비(질서) 안에 두다 → 수리하다, 수리

imperial 황제(의), 제국(의)

emperor [émpərər] 황제
- em(in) + per(pare, para) + or(행위자)
- 군대를 미리 준비해 두는 사람 → 사령관 → 황제

imperative 피할 수 없는
- 황제적인 → 명령적인, 피할 수 없는

비슷한 말
1. **austere** [ɔ:stíər] 가혹한, 꾸미지 않은, 검소한 명 austerity Tip sever, austere 발음 유사
   Simplicity isn't about austerity. It's a revolution in personal growth.(14 수능)
2. **harsh** [hɑ:rʃ] ① 거친(smooth) ② (소리·음이) 사나운, (빛깔 따위가) 야한 ③ 모진(가혹한 = severe) Tip harsh → 아~ 씨~ → 거친, 사나운, 모진
   Only the hardiest plants can survive these harsh conditions. (수능)

004 TRANSFORM

trans(통과하여) + form(형태)

Anchoring Ideas

영화 transformer에서 범블비라는 차는 어떤 과정을 통과하여(trans) 로봇으로 form(형태)이 바뀐다. 차가 자신을 변형시킨다.

transform의 **trans**는 '통과하여'의 뜻이고 **form**은 '형태'라는 말이다. '폼(을) 잡다'라는 말을 흔히 쓰는데 이것은 영어 form에서 온 말로 '무엇을 시작하려는 자세나 태세를 취하다'라는 뜻이다. '지금 한창 낮잠 자려고 폼 잡고 있을 텐데…'라는 식으로 쓰인다.

영화 트랜스포머(transformer)의 transformer는 transform에 사람, 행위자를 뜻하는 er이 붙어서 '변화시키는 사람'이란 뜻이다. 기억하자. transform(er)의 trans는 '통과하여', form은 '형태'이다.

Fun Word Story

1. Sickle

sickle의 **sic**이 '자르다'라는 뜻임은 '식(sic), 식(sic), 슥삭 자르다'로 기억하자. sic은 접두사나 접미사와 함께 사용될 때 sec으로 변형되어 사용된다. suit나 set의 변형인 sec(따르다)와는 구별해 둘 필요가 있다.

sic 관련 단어들은 sex(성별, 성교 ← 사람이나 동물을 두 종류로 자른 것), insect(곤충 ← 몸 안으로 잘린 것), section(절단, 절단면, 잘라 놓은 구간), intersection(교차로), segment(조각, 단편) 등이 있다.

2. Close

close의 본래의 뜻은 '가까이(near)'이다. 사진은 벌이 close up된 모습이다. 무언가를 가까이(close)에서 보면 크게(up) 보인다. close의 뜻을 '닫다'로만 알고 있으면 close up의 뜻을 이해할 수 없다.

closed door는 '닫힌 문'이다. '닫은'이라는 뜻은 '둘을 가까이(close) 하여 간격을 좁히다'에서 나왔다. 양쪽 문은 간격이 가까워지면서 닫힌다. 기억하자. **close**는 '가까이 가다 → 둘의 간격이 가까워지게 하다 → 닫다'이다.

enclose(둘러싸다), disclose(폭로하다), include(포함하다), enclude(결정하다), exclude(추방하다), closet(벽장) 등이 이 계열의 단어이다.

다시 위의 클로즈업 사진으로 돌아가 보면 벌이 꽃에 approach [əpróutʃ]하고 있다. approach의 proach는 '가까이(=near)'의 뜻이다. approach의 proach와 brooch의 발음이 유사한 데서 착안하여 'brooch(브로치, 핀, 장신구)는 항상 몸 가까이(proach)에 단다'고 기억하자. approach는 ap(ad의 변형: at, to) + proach(near, 가까이)로 구성된 단어로, '~에 가까이 가다, 가까이 함, 접근, 접근법'의 뜻이다.

이 계열의 단어들은 approximate(~에 가까워지다), reproach(비난하다, 비난 ← 대항하여 가까이 하다) 등이 있다.

transform의 trans 통과하다

transform[trænsfɔ́ːrm] 변형시키다
- 폼(형태)이 어떤 과정을 통과하다 → 변형시키다(바꾸다)

transact[trænsǽkt] 처리하다, 거래하다
- 행위를 해서 넘다 → (사무 등을) 처리하다, 거래(교섭)하다

transient[trǽnʃən] 일시적인
- trans + i(ion의 변형: 가는 것) + ent(명, 형 접미사)
- 통과하여 가는 → 일시적인(일시 머무르는, 덧없는)
  ↔ resident(거주하는)

transition 변이, 변천, 추이

betray[bitréi] 배반하다
- 통과하여 주다(넘겨주다) → (조국·친구 등을) 팔다 → 배반하다

trespass[tréspæs] 침입하다, 죄를 범하다
- 통과하여 지나가다 → (토지 따위에) 침입하다, 죄를 범하다

traffic[trǽfik] 교통(량)
- 이편, 저편으로 통과하는 것 → 교통(량)

form [fɔ:rm] 모양
- '폼을 잡다'의 폼 → 모양(형상)

informative 정보를 주는, 유익한

inform [infɔ́:rm] 알리다, 불어넣다
- 어떤 form(형태)을 형성하기 위해 어떤 가르침을 사람 안으로 넣다
 → (폐어) (정신·성격을) 형성하다(훈련하다) → ① 형태나 특징을 주다
 → ② (감정·생기 따위를) 불어넣다 → ③ 알리다(통지하다)

informal [infɔ́:rməl] 비공식의
- in(un → not) + form + al
- 격식 차리지 않는 → 비공식의

transform의 form
'폼을 잡다'의 폼(모양, 형상)

conform [kənfɔ́:rm] 순응하다
- con(함께) + form
- 모양이 같게 하다 → (사회의 규범·관습 따위에) 순응하다

reform [rifɔ́:rm]
- 다시 모양(형태)을 만들다
 → 개혁(개정)하다, 개혁(개정)

uniform [jú:nəfɔ̀:rm] 똑같은
- uni(one) + form
- 한 가지 모양(의) → 같은(획일적인)

union 결합, 일치
- uni(one: 유니 → 윤 → 원) + on
- 하나로 만듦 → ① 결합(연합, 동맹) ② 일치(단결) ③ 혼인

unique 유일한 (것)
- uni(one) + que(~것 ← 프)

005
AVANTE & ANTI

av(ab: 분리 이탈) + ante(앞으로) / anti(반대)

Anchoring Ideas

Avante(아반떼)라는 자동차가 있다. avante는 스페인어로 '전진, 발전, 앞으로'를 의미하고, 이태리어로 '청춘, 열정'을 의미한다. 아반테라는 차가 본래 우리가 알고 있는 정착지식이고 여기에 우리는 새로운 지식 '전진 → 열정'의 뜻을 연결하여 자동차 Avente가 '전진 → 열정'의 뜻이라는 것을 이해했다.

그러면 왜 Avente가 '전진'의 뜻을 가지는지 파악해 보자. avante는 abante의 변형이다. **avante**는 **ab**(~로부터 이탈하여)와 **ante**(앞으로)의 합성어이다. Avente의 본래 뜻이 '분리 이탈하여 앞으로'이므로 Avente는 '전진 → 열정'이 된다.

안티팬, 안티카페 등에서 보는 것처럼 안티(anti)는 본래 '반대쪽으로 직면하다, 반대편으로 바라보다'라는 뜻이었다. 그래서 **anti**(반대)는 **ante**(앞에)와 관계가 있다.

그림을 보면 닭이 서로 '반대 방향을 보고' 있다. 사실 닭은 반대 방향을 보고 있지만 한 닭 앞에(in front of → before) 다른 닭이 있다. 그 역도 마찬가지다.

ante는 anti에서 온 것으로 그림처럼 반대 방향을 직면하면 바로 앞에 있게 되니까 in front of(before)의 의미를 가지게 되었다. ante는 anti에서 나왔지만 오늘날 의미는 완전히 다르다. anti는 '반대, 반대의'라는 뜻이고 ante는 'before: (공간, 시간적으로) 앞에'라는 뜻이다.

Fun Word Story

A.M.은 ante meridian(정오 전)의 축약어이다. meridian(자오선)은 정북, 천정, 정남을 이은 선이다. 해가 동쪽에서 점점 떠올라 자오선에 이르면 정오(낮 12시)가 된다. 정오, 한낮은 해가 자오선에 이른 지점이므로 정오와 자오선은 같은 말이 되는 것이다.

그러면 왜 우리나라 사람들은 정북, 정남, 천정을 연결하는 선(meridian)을 '자오선'이라고 했을까? 자오는 '12지(支)의 자(子)의 방향 즉 북과 오(午)의 방향 즉 남을 연결하는 선'이라는 뜻이다. 서양에서 meridian은 '날의 중간'이라는 뜻이고 우리나라에서 자오선은 '북남(자오)을 이은 선'이라는 뜻이다. meridian(자오선)은 해가 '천구의 정중앙(middle)에 있는 선'이란 뜻이다. mid → middle → medium과 관련하여 기억하자.

abduct[æbdʌkt] 유괴하다
- ab + duct(duke의 변형: 이끄는 자, 지도자 → 공작)
- ~로부터 이끌어내다 → 유괴하다
- ☞ Tip duke(공작)가 duck(오리)를 이끌어내(lead)?

abuse[əbjúːz] 악용, 오용
- ab(avante의 av, ab의 변형, 분리, 이탈) + use
- 정상으로부터 이탈하여 사용 → 악용(오용, 남용)
- 명 [어뷰:ㅅ] 동 [어뷰:ㅈ]
- Tip [ㅈ] 성대가 동(운동) → 동사

abnormal[æbnɔ́ːrməl] 정상이 아닌
- ab + norm(직각자 → 기준, 표준) + al
- 직각자(표준)로부터 이탈한 → 정상이 아닌
- ☞ Tip 이 노옴(norm)! 하며 직각자로 때린다?

enormous 거대한
- 기준(표준)을 벗어난 → 거대한

avante(전진, 열정)
ab(이탈) + ante(앞)

aborigine[æbərídʒəniː] 원주민
- 처음(oringine)부터(ab) → 원주민(토착민)

antique[æntíːk] 고대의
- anti(ante의 변형: 앞으로) + que
- antient(옛날의) → 고대의(고대풍의), 골동품(의)

antiquity 오래됨(낡음), 고대(인)

A.M. 오전
- ante meridian → 정오 전(자오선 전)
- ante(앞에) + meridian(자오선) ← medium, middle

ancient[éinʃənt] 옛날(의)
- anci(ante의 변형: 앞으로) + ent(명, 형 접미사)
- 앞(의) → 옛날(의), 옛날 사람.

antedate[æntidèit] 실제 날짜보다 앞서게 하다
- ante(앞으로) + date
- 앞선 날짜 → 실제 날짜보다 앞서게 하다

anti 반대

antarctic [æntάːrktik] 남극의
- 북극의 반대 → 남극(의) 비 the South Pole
- artic(북극): arctos(곰) 근처 → 북극(의), 북극지방(의)
- ☞ Tip 그리스어로 악토스(arctos)는 곰이다. 정말 악독한 arctos(곰)이다? 별자리를 보면 작은곰자리의 꼬리 끝에 북극성이 있다. 곰이 있는 곳에 북극성이 있다. 그러므로 artic은 '북극(의)'이다.

비교
- polar: 지구의 자전축에 속한 → 극지의
  Polaris[pəlέəris]: 북극성
  polarity[poulǽrəti]: 극성(양극성)
  ← fishing pole(낚싯대), pole dancing(봉춤)
- Everything rests on an inner polarity. (10 수능)
- axis 굴대, 축 동의어 axle
  the Earth's axis 지구의 자전축
- aisle(통로, 복도)은 axle의 변형이다. 비행기의 aisle은 비행기의 axle처럼 보인다.

antonym [ǽntənìm] 반대말
- anto(anti의 변형: 반대) + nym(name의 변형: 이름)
- 반의어 synonym

antibiotic [æntibaiάtik] 항생제
- 몸(세균)의 생명(bio)에 대항하는 → 항생의, 항생제

antibody [ǽntibάdi] 항체, 항독소

006 POST, FORE & FRONT

post(뒤) / fore(앞) / front(앞)

Anchoring Ideas

posterior의 **post**는 '후, 뒤, 뒤에'라는 뜻이다. posterior는 명사로 사용되면 '(몸의) 후부(後部)', 형용사로 사용되면 '후부의, (시간·순서가) 뒤의'라는 의미다. 조각상의 posterior(후부)의 사진을 생각하며 post는 '후(에)'라는 뜻이라는 것을 기억하자.

forehead(이마)의 **fore**는 '앞, 전방'이다. 빈디는 힌두교도 여자들이 forehead(앞머리 → 이마) 중앙에 찍거나 붙이는 장식용 점을 말한다. forehead에서 fore는 before의 뜻이라는 것을 기억하자.

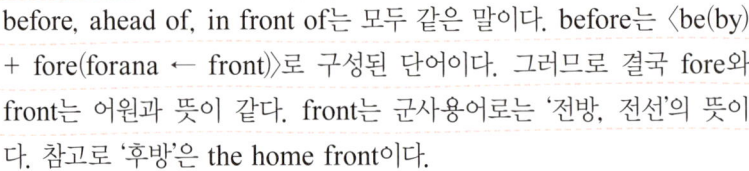

front desk의 **front**는 '이마(얼굴), 앞(정면), 전선(戰線: vanguard), 전선(前線)' 등의 의미를 가진다. 호텔의 front desk는 그 호텔의 '이마, 얼굴, 앞(정면)'이다.

before, ahead of, in front of는 모두 같은 말이다. before는 〈be(by) + fore(forana ← front)〉로 구성된 단어이다. 그러므로 결국 fore와 front는 어원과 뜻이 같다. front는 군사용어로는 '전방, 전선'의 뜻이다. 참고로 '후방'은 the home front이다.

frontier[frʌntíər]는 '국경, 변경, (지식·학문 등의) 미개척 영역'이라는 뜻이다.
- the <u>frontiers</u> of science 과학의 미개척 분야
- <u>frontier</u> spirit 개척자 정신

confront[kənfrʌnt]는 con(함께)과 front(이마, 얼굴)로 구성된 단어로 '직면하다, 대조하다'라는 뜻이다.
- the way the mind systematically avoids <u>confronting</u> contradiction
  생각이 조직적으로 직면하는 모순을 피하는 방식 (14 수능)

Fun Word Story

Castaway라는 영화가 있다. 페덱스 직원인 척 놀랜드가 탄 비행기가 사고가 나고, 그는 무인도에 내던져진 사람(a person who is cast = castaway = 조난자)이 된다. 4년 동안의 고립된 시간을 아내 캘리에 대한 사랑으로 이겨낸 척은 거친 파도를 헤치고 탈출하여 그렇게도 그리던 아내와 재회하지만 그녀는 이미 남편의 장례식까지 치르고 재혼하여 아이까지 낳은 상태였다. 버림받은 표류자(castaway)가 아내에 의해 다시 한 번 a castaway가 된 것이다.

castaway는 '멀리(away) 던져진(cast) 사람 → 해변이나 바다에 내던져진 사람(조난자, 난파자)'이라는 뜻이다. cast는 '던지다(throw)'라는 의미로 관련 단어는 cast(던지다), forecast(앞으로 생각을 던지다 → 예상하다), broadcast(넓은 지역에 씨를 뿌리다 → 방송하다) 등이 있다.

- The die has been <u>cast</u>. 주사위는 이미 던져졌다. – 줄리어스 시저

posterior[postíəriər] 뒤(의)

- post(후, 뒤, 뒤에) + eri + or(비교급 접미사)
- 더 뒤(의) → 뒤(의)
- 동의어 hind 뒤의, 후방의 ← behind
  hinder 방해하다, 막다

posterity[pɔstérəti] 자손

- post(후, 뒤, 뒤에) + er + ity(명사형 접미사)
- 자손(descendants), 후세(후대)

postpone[poustpóun] 연기하다

- post(뒤에) + pone(pose의 변형: 놓다)
- 뒤에 놓다 → 연기하다(미루다)
- 동의어 procrastinate 미루다, 꾸물거리다
  cra는 tomorrow: 시간의 신 크로노스?

posterior의 post(후, 뒤에)

postwar[póustwɔ́ː]
전쟁 후에, 전후에

postgraduate[póustgrǽdʒuit] 대학원생(의)

- 졸업 후(의) → 대학원생(의), 대학원 과정

P. M. 오후

- P(post의 약자. 후, 뒤, 뒤에) + M(meridian, 자오선, 정오)
- 정오 후에 → 오후

P. S. 추신

- P(post의 약자. 후, 뒤, 뒤에) + S(script)
- 손으로 쓴 글 뒤에 → 추신(뒤에 덧붙여 말함)
- ☞ script: 손으로 scratch해서, 긁어서 쓴 글

before[bifɔ́ːr] 전에, 앞에
- be(by) + fore(앞의, 전방의)
- fore = front(fore ← forana ← front)

forehead[fɔ́ːrhèd] 이마
- 앞머리 → 이마, (물건의) 앞부분

forefather[fɔ́ːrfɑ̀ːðəːr] 선조
- 앞의 아버지 → 선조(조상)

former[fɔ́ːrməːr] 앞의
- fore + er(비교급)
- 더 앞의 → 앞의, 이전의

forehead(이마)의 fore는 앞, 전방

foretell[fɔːrtél] 예언하다
- 앞에(~ 전에) 말하다 → 예언하다(predict)

afford[əfɔ́ːrd] ~의 여유가 있다
- af(ad의 변형: at, to) + fore
- 돈을 ~ 앞에 두다 → ~을 살(지불할, 소유할) 돈이 있다, ~의 여유가 있다

foremost[fɔ́ːrmòust] 선두에
- fore + most(최상급)
- 가장 앞선 → 맨 앞의, 으뜸가는 → 맨 먼저, 선두에

front[frʌnt] 이마, 앞
- 이마(얼굴), 앞(정면), 전선(戰線 – vanguard), 전선(前線)

frontier[frʌntíəːr] 국경, 미개척 영역
- the frontiers of science(과학의 미개척 분야), frontier spirit(개척자 정신)
- ☞ frontier의 er은 행위자를 나타내는 접미사가 아니다.

front desk의 front는 forehead(이마)

confront[kənfrʌ́nt] 직면하다
- con(함께) + front(이마, 얼굴)

007 PROPEL

pro(앞으로) + pel(drive)

Anchoring Ideas

사진은 비행기의 propeller 모습이다. **pro**는 '앞으로'의 뜻이다. pro에서 o와 r의 순서를 바꾸면 por가 되고 'por → for → before'가 된다. '프로 → 아프로 → 앞으로'로 기억해도 된다.

pel은 **drive**의 뜻이다. drive는 '가축이나 사냥감을 의도된 지역 안으로 몰아넣기 위해 위협하거나 자극하다'라는 뜻이다. 마차를 탄 사람은 말을 의도된 지역으로 몰아가고(drive) 있는 것이다. 차(car)는 마차에서 변형된 것이므로 여기서 car를 drive한다는 말이 나왔다. propel은 '앞으로(pro) 몰아가다(drive) → 몰아내다. 추진하다'의 뜻이다.

produce(산출하다)는 본래 '앞으로 이끌어 내다(duke: 250쪽 참고)'의 뜻이다. propagation[pràpəgéiʃən]은 〈pro(앞으로) + pag(pact: 묶다, pack: 싸다, 포장하다)〉으로 구성된 단어이다. 문자적인 뜻은 '암수를 함께 pack해서 나오는 것'이다. 뜻은 '① (동물 따위의) 번식 → ② 보급(전파)'이다. propagation의 pag는 page(페이지, 쪽, 면)와도 어원이 같다. page는 종이가 없던 고대에 다른 파피루스와 함께 묶여 있던(pag) 한 조각을 뜻했다. propagation의 pag과 page의 pag는 '묶다'의 뜻이다.

Fun Word Story

figure skating은 옛날에는 빙판 위에 여러 가지 도형(figure), 형태(shape)를 그려서 그것의 정확성을 겨루는 종목이었다. 빙판 위에 figure(도형, shape)를 그리는 경기이기 때문에 이름이 figure skate가 되었다. 그 아름다운 피겨스케이팅이 과거에는 단순히 빙판 위에 정확한 도형을 그리는 게임이었다니! **figure[fígjər]의 핵심적이고 기본적인 뜻이 'form, shape, symbol'**이라는 것을 기억하자.

figure의 뜻을 정리하면 ① 모양(형태, 형상) ② 사람의 모습, (그림·조각 따위의) 인물, 초상, 조상(彫像) ③ 몸매(풍채, 자태, 외관) ④ 거물(중요한 사람, 인물)이다. 어떤 사물의 shape, form은 그 사물의 상징(symbol)이다. 사물의 모양은 도형(원, 사각형 등)으로 이루어져 있다. 숫자는 개수를 나타내는 상징(symbol)이다. 이에 근거하여 발전한 figure의 뜻을 정리하면 ⑤ 상징(도형, 도안, 디자인), 비유 ⑥ 숫자(계수, 계산, 합계, 총계: 값)이다.

figure가 동사로 사용되면 위의 명사의 뜻이 거의 동사로 사용된다고 생각하면 되는데 특히 중요한 동사의 뜻만 정리해 보자. ① 계산하다(계산하는 것은 생각하고 판단하는 것이니까) ② 생각하다, 판단하다 (중요한 사람에서 발전한 동사) ③ 중요하다(중요한 부분이다)

configure[kənfígjər]는 '(어떤 틀에 맞추어) 형성하다(to); (어떤 형으로) 배열하다'라는 뜻이다.

이 많은 뜻을 다 기억할 필요가 있느냐고? 그렇다. 시험 제출자는 다의어를 무척 좋아한다. figure는 중학생 수준의 단어이지만 여러 뜻을 체계적으로 파악해 놓지 않으면 수능 지문이나 원서들 안에서 모르는 단어가 되어 버린다.

propel의 pro
(por → for → before)

propel [prəpél] 몰아내다, 추진하다
- 앞으로(pro) 몰아가다(pel) → 몰아내다(추진하다)

produce [prədjú:s] 산출하다
- 앞으로(pro) 이끌어내다(duce, duke) → 연장하다, 농·공산품을 산출하다

prose [prouz] 산문
- 앞으로 쭉 쓴 글(장식 없이) → 단조로운 이야기(산문)

prone [proun] 수그린
- 몸을 앞으로 뻗은 → 수그린(납작 엎드린), 내리받이의

profound [prəfáund] 뜻 깊은
- pro(앞으로) + found(foundation-bottom, base)
- 밑바닥이 깊은, 뜻 깊은(심원한)

proportion [prəpɔ́:rʃən] 부분, 비율
- 앞으로의(pro) 부분(portion) → 전체에 대하여 부분 → 부분(몫) → 비율

prolong [proulɔ́:ŋ] 연장하다, 연기하다
- 앞으로 길게 하다 → 늘이다(연장하다), 오래 끌다(연기하다)

propagation [prɑ̀pəgéiʃən] 번식
- pro(앞으로) + pag(pact: 묶다, pack: 싸다) + tion(명사형 접미사)
- 암수를 함께 pack해서 나오는 것 → (동물 따위의) 번식
- ☞ 암수가 함께 pack(묶다, 싸다)되면 새끼가 나온다.

praise[preiz] 칭찬, 찬양

- pra(pro의 변형) → for(찬성), before(→ 앞선 것 → 장점)
- 어떤 대상의 장점(가치 있는 것)을 표현함 → 칭찬, 찬양

appreciate[əpríːʃièit] 감상하다

- ap(ad의 변형: at, to) + preci(price의 변형, 가치) + ate
- ~에게 가치를 정하다 → 진가를 인정하다, 감상하다, 가격을 올리다

price[prais] 가격, 상금

- pri(pro의 변형) → for(찬성), before(→ 앞선 것 → 장점)
- 앞선 것(장점) → (고어) 가치, 귀중성 → 가격(값), 상금(현상금)
- 형 precious 가치가 있는, 귀중한

prize[praiz] 상품, 상품으로 주는

- price의 변형 → (구어) 귀중한 것 → 상품(상, 상금) → 상품으로 주는
- ☞ prize에는 '전리품'이라는 뜻도 있는데, 어원이 다르다. 이때는 prison과 같은 어원이다.

proper[prάpər] 적절한

- pro(앞으로) + per(→ por → pro: 앞으로)
- 자신을 위하여 자신 앞으로 → 자기에게 속하는 → ① 개인에 속하는 ② 적절한(꼭 맞는) ③ 올바른

appropriate[əpróuprièt] 사유하다, 적합한

- ap(ad: at, to) + propri(proper의 변형, 자기에게 속하는 → 적절한) + ate
- 사유(횡령, 착복)하다, (어떤 목적에) 충당(책정)하다 → 적합한, 특유의

property[prάpərti] 소유물, 고유한 성질

- proper + ty(명사형 접미사)
- 자신을 위하여 자신 앞으로 둔 것 → 자기 자신의 것 → ① 소유물(재산, 소유권) ② 고유한 성질(특성)

008
PRIde & prESEnt

pro(앞으로) / esse(is, be)

> **Anchoring Ideas**

pride는 〈pro + esse(is, be)〉으로 문자적인 뜻은 '앞에 존재하는 것, 장점을 가진 것'이다. pride는 '자존감, 오만'이란 뜻으로 알고 있지만 본래는 '사자의 무리'라는 뜻으로 사용되었다. 사자는 다른 동물보다

더 많은 장점(prid → pro)을 가지고 존재하는(e → is) 동물이기 때문에 사자의 무리를 pride라고 한다. 이 무리를 보라. 자랑, 자부심으로 가득한 것 같기도

하고, 또 거만하고 오만해 보이기도 한다. 사자의 무리는 pride의 핵심 뜻을 가장 잘 설명해 주는 단어이다. pride는 '자랑, 자부심, 거만, 오만'이라는 뜻이 있다.

present의 ese는 **is**(있다, 존재하다)이다. present(선물)의 ese는 라틴어 esse의 변형(→ ist → is)으로서 '있다, 존재하다'라는 뜻이다. essence는 '있는 것(존재하는 것) → 실질, 본질'의 뜻이다.

Fun Word Story

tribe(종족)는 〈tri(three) + be(있다, 존재하다)〉로 구성된 단어이다. tribe의 문자 그대로의 뜻은 '있는 셋'이다. 이것이 '종족'이라는 뜻으로 발전된 이유는 로마 일대에 침입하여 그 지역의 원주민을 점령한 로마인들이 세 종족(티티에스, 람네스, 루케레스)으로 구성되어 있었기 때문이다.

tribute[tríbjuːt]는 〈tribu(tribe의 변형: 부족, 종족) + te〉로 구성된 단어로 문자적인 뜻은 '**tribe에게 바치는 것**'이다. '공물(조세, 세금), 찬사(칭찬, 감사, 존경을 나타내는 말, 행위, 선물, 표시)'라는 뜻을 가진다. 로마의 속국들은 로마에 공물이나 세금을 바쳤고 이 공물이나 세금은 세 종족(tribe)에게 나누어졌다. tribute는 '세 종족(tri + be)에게 바치는 것 → 공물(조세)'라는 뜻이다.

- Each year, they were required to pay <u>tribute</u> to the Emperor.
  매년 그들은 황제에게 세금을 바쳐야 했다.

contribute[kəntríbjuːt]는 '함께(con) 바치다 → ① (금품 따위를) 기부하다 → ② (조언·원조 따위를) 제공하다'라는 의미를 가진다.

- People <u>contributed</u> money to relieve those who had suffered from this natural disaster.
  사람들은 자연재해로 인해 고통받았던 사람들을 구조하기 위해 돈을 기부했다.

attribute[ətríbjuːt]는 '~에게(at: ad의 변형) 바치다 → ① (~에) 돌리다, (~의) 탓으로 하다 → ② ~의 출처를 (…의 것으로) 추정하다'라는 의미로 사용되며, 명사로는 '~에게 바쳐지는 것 → ① 부속물 → ② 속성(특질, 특성)'이 된다.

pride[praid] 자존감, 거만
- prid(pro의 변형: 앞으로) + e(esse의 변형: is, be, 존재)
- 앞선 존재 → ① 사자의 무리 → ② 자존감(자랑, 자부심) → ③ 거만(오만)
- 형 proud ① 자존심이 있는(자랑으로 여기는) → ② 거만한(잘난체하는)

reprove[riprúːv] 꾸짖다
- re(again, back, against) + prove
- 반증을 들다 → (친절하고 부드럽게)꾸짖다(훈계하다, 타이르다)

improve[imprúːv] 개선하다
- im(in의 변형: in, en, un) + prove(앞선 것으로 만들다 → 증명하다)
- 앞선 것(장점)을 가진 것으로 만들다 → 개선하다

approve[əprúːv] 인정하다, 찬성하다
- ap(ad의 변형: at, to) + prove(증명하다, 시험하다)
- 증명한 것에 더하다 → ① 인정(승인)하다 ② 찬성하다

pride는 pro(앞으로) + esse(is)

disapprove[dìsəprúːv] 인정하지 않다
- dis(apart, not, opposite) + approve(인정하다)
- ☞ dis는 어원이 '둘, 두 길(duo, duet, two)'로, dis의 의미를 외우는 팁은 '떨어져 있는 두 길은 서로 <u>반대편</u>에 있고 동시에 두 길은 <u>못 간다</u>.'
- 인정하지 않다 → 승인, 찬성하지 않다

prove[prúːv] 증명하다
- pro(앞선 것) + v(be의 변형: v ← b ← be, 존재) + e(ate의 변형: 만들다)
- 앞선 것(좋은 것)으로 만들다 → 증명하다(시험하다)
- 예 말은 경주를 통해서 좋은 말로 증명된다(만들어진다).
- 명 proof ① 증명(시험, 테스트) → ② 증거
- 부 probably 논리적으로 사실, 실제일 것 같게도 → 아마(필시)

probe 조사, 조사기구
- prove의 명사형 → 증명하는 기구(행동) → 조사(탐사), 조사(탐사)기구 → 조사하다(탐사하다)
- ☞ 동사의 뜻은 나중에 가지게 됨

present[prézənt] 있는, 선물, 주다

- 앞에(pre) 있는(esse) → ① 있는(출석하고 있는) → ② 즉석의(→ 당면한 → 현재, 현재의)
- 앞에 둔 것 → ③ 선물
- 앞에 두다 → ④ 주다(제출하다), 나타나다

represent[rèprizént] 묘사하다, 말하다

- re(again, back, against, 강조) + present(앞에 있게 하다 → 제출하다)
- 실제적인 이미지를 주다(제출하다) → 묘사하다(그리다), 말하다(말로 그리다), (그림·기호 등이) 의미하다(말하다), 대표하다(그림이나 표본처럼)

presence[prézəns] 존재, 출석

- 앞에 있음 → 존재(현존, 실재), 출석(참석), 면전(있는 자리)

present의 ese는 is(있다, 존재하다)

absence[ǽbsəns] 없음(부재), 결석

- ab(분리 이탈하여) + se(esse: 있다) + ence(명사형 접미사)

essence[ésəns] 실질, 본질

- esse(→ ist → is: 있다) + ence(명사형 접미사)
- 있는 것(존재하는 것) → 실질, 본질

009 PRESIDent

pre(앞에) + sit(sid: 앉는) + ent(사람)

Anchoring Ideas

president[prézidənt]는 일반적으로 '대통령'이라는 뜻으로 사용되지만 본래는 '장(회장, 의장; 사장, 총장, 학장)'이라는 뜻이다.

president는 〈pre + sid + ent〉로 구성된 단어인데 pre는 '앞에'라는 뜻이고 sid는 sit의 변형이며 ent는 명사, 형용사형 접미사이다. 그러므로 president의 문자적인 뜻은 '앞에 앉는 사람'이다. ent가 명사, 형용사형 접미사인 것은 뒤에서 자세히 보기로 하고 여기서는 pre가 '앞에'의 뜻이고 sid가 sit(앉다)의 변형이어서 president는 문자적으로 '앞에 앉은 사람'을 뜻한다는 것만 기억하자. 앞에 앉는 사람이므로 뜻은 '장'이다.

가장 일반적인 승용차를 세단이라 한다. 세단이라고 발음하면 안 되고 '시덴[sidǽn]'이라고 발음해야 한다. 시덴은 원래 그림처럼 (17~18세기의) 의자(seat ← sit) 가마였다. 이것이 오늘날 sedan(세단형 자동차)으

로 발전했다. sedan의 어원은 sit이다. sit(앉다) → seat(sit하는 곳 → 의자, 벤치, 좌석) → sedan으로 발전했다.

참고로 coupe(쿠페)는 프랑스에서 2인승 역마차를 coupe라고 부른 데서 유래했다. 오른쪽 그림처럼 뒷자리가 없는 2인승이다. 2인승 마차의 모습과 흡사하다. coupe의 어원은 <u>cut-off</u> carriage이다.

Fun Word Story

영화 '트랜스포머'에는 옵티머스 프라임(Optimus Prime)이라는 로봇이 등장한다.

optimus는 라틴어로서 bonus(good → 상여금)의 최상급으로 사용되었으며 '가장 좋은 것'이라는 뜻이다. optimal(최적의), optimum(최적의, 최적조건), optimism(낙천주의, 낙관), optimistic(낙관적인)과 같은 단어가 라틴어 optimus에서 유래한 단어이다. optimism(낙천주의, 낙관)은 '이 세상이 가능한 가장 좋은 세상(the best possible world)'이라고 믿는 주의(믿음)'이다.

prime(첫째의, 처음, 전성기)은 pre(앞에)의 변형이다. prime minister는 minister(장관) 중의 prime(첫째, 으뜸)이므로 '수상'이다. Optimus Prime의 문자 그대로의 뜻은 '가장 좋은 수장'이란 뜻이다. 오토봇의 대장이 Optimus Prime이다.

참고로 optical[άptikəl](눈의, 시각의, 시력의), optometrist[aptάmətrist](시력 측정 의사, 검안사)의 opt는 eye의 변형이다.

deprive [dipráiv] 박탈하다
- de(down, completely, not, off) + prive(private의 변형: 사적인)
- ☞ 권투선수가 다운되었는데 완전히 다운되어 ko(not, off)
- 완전히 사적인 사람으로 만들다 → 공직을 박탈하다, 빼앗다

private [práivit] 개인 소유의
- priv(국가로부터 땅을 받아 자기 앞에 둔 → 개인 소유의) + ate
- 개인 소유의(사적인), 비공식의(비밀의)

privacy 사생활, 프라이버시

prime [praim] 첫째의 초기, 전성기
- pre(앞에)의 변형
- 첫째의(최초의) → 초기 → 전성기 → 펌프에 마중물을 붓다

primary 첫째의, 초등의
- prime + ary(명, 형 접미사)

prior [práiər] ~보다 앞선(먼저), ~보다 전에
- pri(pre의 변형: 먼저, 앞에) + or(비교급 접미사?)

primitive [prímətiv] 원시의, 원시인
- prim(pre의 변형: 먼저, 앞에) + it(go) + ive(명, 형 접미사)

pre 앞에

president [prézidənt] 회장, 대통령
- pre(앞에) + sid(sit) + ent(명, 형 접미사)
- 앞에 앉는 사람 → 의장, 회장, 대통령

preside 의장 노릇하다

sit 앉다

session [séʃ-ən] 회기, 학기
- 앉는 것 → 의원들의 정기적인 앉음 → (의회 등의) 회기(개정기간), 학기

subside [səbsáid] 가라앉다
- sub(아래 예 subway 지하도, 지하철) + sid(sit)
- 아래로 앉다 → 가라앉다(침강하다, 침전하다)

subsidize [sʌ́bsidàiz] 보조금을 주다
- sub(아래) + sid(sit의 변형: 앉다) + ize(~로 만들다)
- 앉아서 아래에서 위로 떠받치다 → 보조금을 주다

subsidy 보조금, 기부금, 도움, 원조

reside [rizáid] 살다, 존재하다
- re(again, back, against) + sid(sit)
- 계속해서 앉다 → 살다(주재하다), 존재하다 (있다)
- 명 resident 거주자, residence 거주
- intern은 원래 resident within a school

site [sait] 부지, 위치
- sit의 변형 → 앉혀진 장소 → (건물 따위의) 부지(집터), 위치(장소)

situate (어떤 장소, 입장, 조건에) 놓다
- -ate: 명, 동, 형 접미사
- 명 situation 앉게 만들어진 것 → 입장(사정), 정세(형세)

siege [si:dʒ] 포위 공격, 끈덕진 권유
- sit의 변형 → 적의 요새 앞에 앉음 → ① 포위 공격, 공성(攻城) → ② 끈덕진 권유 → ③ 끈질긴 병, 포위하다

besiege 포위 공격하다, 에워싸다

010
PARA & CONTRA

para(옆에, 너머, 반대) / contra(반대)

> **Anchoring Ideas**

parasol(파라솔)의 **para**는 '옆에 (**alongside**), 너머(**beyond**), 반대 (**contrary**)'의 뜻이 있다. para의 어원은 pro이다. para ← pro이다. pro에서 온 para의 세 가지 뜻을 쉽게 기억하기 위해서 길을 중간에 두고 서로 마주 보고 있는 집을 생각해 보자. 일단 길을 사이에 두고 마  주 보고 있는 집은 서로 앞에(pro) 있다. 그 집들은 길 ① 옆에 있고 ② 너머에 있고 ③ 반대편에 있다.

contra는 '반대'라는 뜻을 가진다. 중앙아메리카에 있는 나라인 니카라과에서 혁명으로 탄생한 산디니스타 정권에 대항하던 반혁명 게릴라 세력을 contra라고 한다. 좌익혁명이 중미 전역으로 확산될 것을 우려한 미국이 contra 반군에게 자금, 정보, 교통수단, 군 조직 및 장비들을 지원했다. contra 반군과 산디니스타 간에 벌어진 내전이 약 8년간 이어지면서 5만여 명의 사망자가 발생했고 경제도 바닥으로 곤두박질

쳤다. 1990년 대통령선거에서 친미·보수 세력을 대표하는 차모로가 당선되면서 그 존재가치를 잃게 된 contra 반군은 해체되었다.

contra 반군에서 contra는 '반대'의 뜻이라는 것을 기억하자. contra와 반군을 함께 묶어서 contra 반군이란 어구를 기억하면 좋을 것이다.

Fun Word Story

country는 아주 쉬운 단어처럼 보이지만 '나라'와 '시골'이라는 뜻이 함께 있기 때문에 어떤 뜻으로 사용되었는지 헷갈리기 쉽다. country는 왜 '나라'와 '시골'이라는 뜻을 동시에 갖게 되었을까? 일반적으로 country는 '반대'라는 뜻인 contra와 try의 합성어이다. country의 try는 terra의 변형으로 테라리움, 테라코타 등에서 볼 수 있는 것처럼 '땅'이라는 뜻이다. 테라코타(terra-cotta)의 테라는 '흙', 코타(cotta)는 'cooked(구워진)'의 뜻이다. 그릇, 인형 등 흙으로 구운 것은 테라코타이다.

contra는 '반대', terra는 '흙'이므로 country의 본래 뜻은 '반대편에 놓여 있는 땅, 앞에 놓여 있는 땅'이란 뜻이다. country는 그냥 '땅'으로 사용되다가 '나라'가 되었고 후에 '시골'이라는 뜻이 더해졌다. 역사를 살펴보면 중세 말 십자군 원정의 결과 동방무역이 발달하고 그 결과 공업도시(city)들이 발달하기 시작했다. 이 도시들은 봉건 영주의 지배를 벗어나 자치권을 얻었다. 봉건 영주가 다스리는 country 내에 영주의 지배를 받지 않는 city가 생겨난 셈이다. 그래서 본래 '땅, 나라'를 뜻하는 country가 도시(city)와 반대되는 '시골(의)'라는 뜻을 갖게 되었다. country는 '지역, 지방'이라는 뜻도 있는데 영주가 다스리던 조그마한 나라가 한 '지방'이기 때문이다. 비슷한 단어 rural(시골의, 지방의)은 'room(장소, 공간)이 많은 곳'이 본래 뜻이다.

parasol [pǽrəsɔ̀:l] 파라솔

- para(← pro: 옆에, 넘어, 반대) + sol(sun)
- 태양(sol → sun)을 반대하는 것 → 태양을 막는 것(양산, 파라솔)
- ☞ 길을 사이에 두고 마주 보고 있는 집은 서로 앞에(pro) 있다. 그 집들은 길 ① 옆에 있고 ② 너머에 있고 ③ 반대편에 있다.

parallel [pǽrəlèl] 평행선

- para(옆에, 넘어, 반대) + allel(alie의 변형: 다르다)
- 옆에 다른 (것) → 평행선(유사물)

paragraph [pǽrəgræf] 문장의 단락

- para(옆에, 넘어, 반대) + graph(carve의 변형: 긁다, 쓰다, 그래프)
- 옆에 쓰여진 어떤 것 → 문장의 단락
- **Tip** 세로쓰기를 생각해보면 글의 문단은 옆에 쓰여진 것들이다.

paralyze [pǽrəlàiz] 마비시키다

- para(옆에, 넘어, 반대) + ly(loosen, lose: 느슨하게 하다, 잃다) + ze
- 옆에 있는 것(신경 조직)을 풀다 → 마비시키다(불수가 되게 하다)

paralysis 마비
- 풀어진 것 → 마비(불수)

> **parasol의 para는 sol(sun)을 반대**

parasite [pǽrəsàit] 기생 동식물, 기생충

- para(옆에, 넘어, 반대) + site(food)
- ☞ parasite의 site가 어원상 food라는 것을 기억해도 다른 단어를 기억하는 데 별 도움이 되지 않는다. 참나무 따위에 기생하는 겨우살이는 나무 옆에 (para) 앉아(sit)있는 것처럼 보인다. parasite(기생충, 기생식물)의 본래 뜻은 para(옆에) 앉아 있는 것(sit)이라고 생각하자.
- **형** parasitic 기생하는, 기생충의 parasitic relationship 기생관계

contrary [kántreri] 반대(의), 반대로
- contra(반대) + (r)y(명, 형 접미사)

country [kántri] 지역, 나라, 시골
- contra(반대) + try(terra: 땅, 테라리움, 테라코타)
- 반대편(앞)에 놓여 있는 땅 → 지역(지방) → 나라 → 시골(의)

contra 반군(반대), 반정부 세력

pro(s) and con(s) 찬반, 장단점
- pro(for, foward: 찬성, 장점) + con(contra: 반대, 단점)

counteroffer 대안, 수정제안

encounter [enkáuntər] 충돌, 우연히 만남
- en(in, put in) + counter(반대편에 있는 자, 원수)
- 반대편에 있는 자인 원수(적수)를 만남 → 충돌(fight), 우연히 만남(조우) → 교전하다, 우연히 만나다

counterpart 상대방, 대응물

011 SUPER & SOURce

super(over ← uper) / sour(sur ← super)

Anchoring Ideas

superman의 **super**는 **uper**에서 온 단어로 '더 높은, 더 위로'의 뜻이다. superman은 uper man인 셈이다. superman이 하는 모든 것은 supernatural(초자연적인)하다. 접두사 super는 sur로도 변형되어 사용된다. 기억하자. superman은 super은 over의 뜻이다.

- Oh, my <u>Superman</u>, everything you do to me is <u>supernatural</u>.
  오 나의 슈퍼맨, 당신이 나에게 하는 모든 것은 초자연적입니다.

source는 '물이 솟아오르는 곳 → 수원지(원천) → 근원'이다. fountain (분수), spring, source가 모두 '솟아오르다'에서 나온 단어들이다.

fountain은 spring of water 이며, source[sɔːrs]의 sour는 sur의 변형으로 '솟아오르다'라는 뜻이다.

sur는 super에서 왔기 때문에 super(~ 위에, 초월하여)가 기본 뜻이고 '위로 솟아오르다'로도 발전했다고 할 수 있을 것이다.

Fun Word Story

surround는 〈sur + round〉가 아니라 〈sur + ound(unda: water)〉이다. surround의 ound는 라틴어 unda(water)의 변형이다. 영국 사람들이 water를 [우:타]로 발음하는 것을 떠올려 보자. unda와 water는 발음이 매우 비슷하다. surround는 sur(super, over)와 ound의 합성어로 '물이나 어떤 것이 사방 또는 삼방으로 둘러싸다'라는 뜻이다. surround speaker는 사방에서 소리가 들려오는 것 같은, 즉 소리로 둘러싸여(surround) 있는 것 같은 효과를 만들어 낸다. unda(water)와 관련된 단어로는 abound[əbáund](넘치다, 그득하다, 충만하다), abundant[əbʌ́ndənt](풍부한, 많은)가 있다. abound는 〈ab(분리 이탈) + ound(water)〉로서 '물이 넘어서 가버리다'가 본래 뜻이다.

hydrogen[háidrədʒən](수소)은 H_2O에서 보는 것처럼 산소에 노출되면 water가 된다. 그리스어 hydor는 water이다. dehydration [dì:haidréiʃən](탈수증)이 같은 어원이다.

water와 관계있는 단어로 laver(큰 물동이, 대야)가 있다. laver의 문자 그대로의 뜻은 '물로 씻는 곳'이다. laundry는 '씻는 장소'라는 본래 뜻에서 '세탁소 → 세탁물'이 되었고, deluge(홍수)는 '씻어 가 버리는 것'이 본래 뜻이다. indulge[indʌ́ldʒ](빠지다, 탐닉하다, 만족시키다)는 'deluge에 빠지는 것처럼 탐닉하다'로 기억하자. dilute는 '물을 타다, 희석하다, 희석한'이라는 뜻이다.

aquarium[əkwɛ́əriəm](수족관)의 aqua도 water이다. sewer[sjú:ər] (하수구)는 〈s(ex) + ewer(aqua: 엑우어로 발음하면 비슷)〉로 구성된 단어이다. 참고로 '재봉사, 재봉틀'이란 뜻의 sewer는 [sóuər]로 발음한다. sewage[sú:idʒ]는 '하수, 오물'이다.

superman의 super는 over(← uper)

supernatural [sùːpərnǽtʃərəl] 초자연의
- super(over) + nature(자연) + al(명, 형 접미사)
- 자연 위의 → 초자연의

superficial [sùːpərfíʃəl] 피상적인
- super(over) + fici(face의 변형) + al(명, 형 접미사)
- 얼굴 위의 → 표면상의(피상적인)

superior [səpíəriər] ~보다 위의
- super(over) + ior(비교급 접미사) → higher(더 높은)
- ~보다 위의(나은) → 윗사람(뛰어난 사람)

inferior 더 아래의, 하급자(열등한 것)
- inferi(infra → unfra → under) + or(비교급 접미사)

sovereign [sάv-ərin] 군주
- sove(super의 변형) + reign(통치, 지배) → 최고 통치자
- 가장 위에 있는 사람 → 군주(인), 지배자, 지배하는

supreme [səpríːm] 최고의
- super + me(most) → highest(가장 높은)
- ① 최고의(최상의) ② 가장 중요한 ③ 주권을 갖는, 최고의 것. supremacy(최고, 주권)

summit [sΛmit] 정상
- sum(super most) + mit
- 가장 윗부분 → ① 정상(꼭대기, 절정) ② 극치, 극점 ③ 정상회담에 참가하다

summary [sΛməri] 요약
- sum(super most) + (m)ary
- 가장 윗부분, 최상의 것 → 책의 최상의 부분 → ① 요약(개요, 대략) ② 요약한(간결한), 약식의(즉석의)

surface [sə́ːrfis] 표면(의)
- sur(super의 변형: over) + face
- 얼굴 위(의) → 표면(의) → 표면으로 떠오르다

surround [səráund] 둘러싸다
- 물이 위로 있게 하다(물에 잠겨 있는 모습) → 둘러싸다, 둘러싸는 것

resource[rí:sɔ:rs] 자원
- re(again, back, against) + sour(sour ← sur ← super ← uper: 솟아오르다) + ce
- 계속해서 솟아오르는 곳 → 공급과 지원의 근원 → 자원, 수단(방책)

resort[rizɔ́:rt] 휴양지, 의지
- re(again, back, against) + sor(sour ← sur ← super: 솟아오르다) + t
- 다시 힘, 소망이 솟아 나오는 곳 → 휴양지, 의지, 의지가 되는 사람(것)
- 가정이나 어머니, 신, 휴식은 항상 우리를 다시 힘이 솟아오르게 한다. 우리는 이것을 의지한다.
- I resort forthwith to the pen. (13 수능)
  나는 즉시 펜에 의존한다.

source(솟아오르는 곳 → 수원지, 근원)의 sour는 솟아오르다

surge[sə:rdʒ] 급등하다, 높아지다
- source의 변형
- ① (물가가) 급등하다, (전압 등이) 높아지다 → ② (배가) 요동하다(솟아올랐다가 가라앉곤 하다), 큰 파도가 일다 → ③ (군중, 감정 따위가) 밀어닥치다(파도처럼)

surmount[sərmáunt] 오르다, 이겨내다, 과잉
- sur(surge, source: 솟아오르다) + mount(산)
- ① (산에) 오르다 → ② (곤란 등을) 이겨내다(극복하다) → ③ 과잉(나머지)
- You have to surmount all these obstacles to become an outstanding leader.

012 OUT, UNDER & UP

out(밖) / under(아래) / up(위)

> **Anchoring Ideas**

outlet은 **out**(밖, 밖으로)과 **let**(하게 하다)의 합성어이다. '밖으로 나가게 하는 것 → ① 하구(a river mouth) → ② 배출구 → ③ 팔 곳(직판점, 할인점) → ④ (감정·생각·에너지의 바람직한) 발산 수단'의 뜻이다.

underline(밑줄)의 **under**는 '아래에, 아래쪽의'라는 뜻이다. under를 접두사로 하는 단어들은 underline, underground, undermine, undergo 등이다. undermine의 mine은 '광산, 광갱(광물을 파내기 위한 굴)'의 뜻이다. 그러므로 undermine의 정확한 뜻은 '~의 밑에 갱도를 파다'이다. 의미가 확대되어 '(명성 따위를) 음험한 수단으로 훼손하다, 몰래 손상시키다, ~의 근본을 침식하다'라는 의미를 가진다.

- Anxiety <u>undermines</u> the intellect.
  걱정은 지성을 몰래 손상시킨다. (13 수능)

up은 '위, 위로'라는 뜻을 가진다. 애니메이션 up은 평생 모험을 꿈꿔 왔던 칼 할아버지가 수천 개의 풍선을 매달아 집을 통째로 up(위로, 위에)해서 모험하는 이야기다. up은 부사, 형용사, 명사, 전치사, 동사로 사용된다. uphold, upright, upset, upside와 같은 단어들이 이 계열의 단어이다.

Fun Word Story

decade[dékeid]는 '10년간, 10'이라는 뜻이다. 그림은 보카치오의 작품 Decameron(데카메론)에 나오는 decade(10)명의 이야기꾼을 그린 그림이다. Decameron은 '10일간의 이야기'라고 번역된다. 페스트(plague)를 피하여 피렌체 교외의 별장으로 옮겨 온 숙녀 7명, 신사 3명, 총 decade(10)명이 decade(10)일간 체

류하며 오후의 가장 더운 시간에 나무그늘에 모여 앉아 이야기를 한다. 한 사람이 한 가지씩, 하루에 열 가지의 이야기를 하고, 신을 경외하는 뜻으로 금요일과 토요일에는 이야기를 하지 않는다. 따라서 설화는 14일 동안의 100(10*10)개 이야기가 실려 있다. **Decameron(데카메론)의 deca가 10이라는 것을 기억하자.** dean[diːn](학장)은 dec(a), ten의 변형이다. dozen[dʌ́zən]은 '1다스, 12개'이다. 다스는 dozen의 일본식 발음이다.

outskirts [áutskə̀:rts] 변두리
- 치마(skirts) 밖(out)
- 도시의 가장자리(테두리 밖) → (도시·읍 따위의) 변두리(교외)

outlet [áutlet] 하구, 팔 곳
- 밖으로 가게(let) 함 → ① 하구(a river mouth) → ② 배출구 → ③ 팔 곳(직판점, 할인점) → ④ (감정·생각·힘의) 발산 수단

outline [áutlàin] 개요, 윤곽
- 바깥 선 → 윤곽, 개요 → 윤곽을 그리다

output [áutpùt] 산출
- 밖으로 놓다 → 산출, 산출하다

outlet(하구, 직판점)은 밖으로 가게 하다

outage [áutidʒ] 정전
- out + age(행동, 결과, 상태를 나타내는 명사 접미사)
- 나가 버린 결과 → 정전(단수), power outage(정전)

utter [ʌ́tər] 완전한
- ut(out) + er(비교급)
- 더 밖으로(너무나 완전해서 밖으로 나와 버린) → ① 완전한(철저한) ② 밖으로 내다 → 입밖에 내다 → (목소리, 말 따위를) 내다 ③ 유포하다

utmost [ʌ́tmòust] 맨 끝의, 극도의
- ut(out) + most(최상급)
- outmost(가장 밖으로) → 맨 끝의(최후의), 최대한도의(극도의)

uphold[ʌphóuld] 받치다, 올리다
- 위로 잡다 → (떠)받치다, (들어) 올리다 (지지하다)

upright[ʌpràit] 곧은
- 위로 똑바로 → 직립한, (정신적으로) 곧은

up
위로, 위쪽에

upset[ʌpsét] 뒤집어엎다
- 아래를 위로 해서 놓다 → 뒤집어엎다, 전복, 뒤집힌

upside[ʌpsàid] 윗면(위쪽), 장점

upside down 거꾸로, 뒤집혀

underline[ʌndərláin] 밑줄, 밑줄을 긋다

underground[ʌndərgràund] 지하의
- 땅 아래의 → 지하의, 숨은

underline의 under
~의 아래에

undermine[ʌndərmáin] 몰래 손상시키다
- 아래로 굴을 파다 → 몰래 손상시키다, 근본을 손상시키다

mine 광산, 광갱, 채광하다, 갱도를 파다

undergo[ʌndərgóu] 받다, 겪다
- 아래로 가다 → (영향·변화·검사 따위를) 받다, (시련 등을) 겪다, 견디다

013 SYMphony & SIMilar

sym과 sim은 same

Anchoring Ideas

symphony(교향곡)의 **sym**은 **same**(같은)이다. 오케스트라 합주를 위해 작곡한 소나타를 뜻하는 symphony는 sym(same)과 phon(telephone의 phone: 소리)의 합성어이다. 오케스트라가 '같은 (same) 소리(phony)'를 내도록 작곡한 음악이란 뜻이다.

교향곡은 일정한 법칙에 따라 높낮이는 다르나 서로 어울리는 소리들로 작곡되어 있다. symphony는 서로 같이(sym)할 수 있는 소리(phony)들로 구성된 음악이란 뜻이다. 기억하자. symphony의 sym은 same이다. sym과 same은 자형과 발음이 비슷하다.

similar(비슷한)의 **sim**도 **same**이다.
similar는 same과 어원이 같지만 same은 '같은'이라는 뜻이고 similar는 '비슷한'이라는 뜻이다. similar는 〈same + ar〉의 합성어이다. 접미사 ar은 '~에 속한, ~의 본성을 가진'이라는 뜻을 가진다. ar이 붙으면 '~에 속한, ~의 본성을 가진'의 뜻을 가지는 명사나 형용사가 만들어진다. 예를 들면 regul<u>ar</u>(자의 본성을 가진 → 규칙적인), schol<u>ar</u>(학교에 속한 사람 → 학자) 등이 있다.

Fun Word Story

synchronize의 chron은 시간과 관계있는 단어이다. 그리스 신화에 따르면 크로노스(Cronos)는 땅의 신 가이아와 하늘의 신 우라노스 사이에서 태어난 거인인 티탄족 12남매 중 막내였다. 그때까지는 우라노스와 가이아가 분리되지 않았다. 크로노스는 낫을 사용하여 하늘의 신 우라노스를 땅의 신 가이아와 분리시켜 공간을 만들었다. 그로 인해 그 공간 사이로 빛이 들어오고 우주는 혼돈의 상태를 벗어나 질서가 있는 장소가 되었다. 그리고 크로노스는 우주의 지배자, 시공간의 지배자가 되었다.

그래서 영어 단어에서 크로노스(Cronos)는 항상 시간과 관계가 있다. 그리스인의 관념에 따르면 크로노스 이후로 우주에 시간이 흐르기 시작한 것이다. synchronize(동시에 발생하다, 동시에 발생하게 하다), chronology(연대학, 연표), chronograph(크로노그래프, 시간을 기록하는 장치), chronic(만성의, 고질의), chronically(만성적으로)와 같은 단어들이 크로노스와 관계가 있다.

일반적으로 크로노스는 왼손에는 낫, 오른손에는 시간을 상징하는 모래시계를 들고 있다.

sympathy[símpəθi] 동정
- sym(same) + pathy(느낌)
- 같은 느낌 → 동정(同情)
- 참고 telepathy(텔레파시): 먼 거리에서 느끼는 것, 정신감응

symphony[símfəni] 교향곡
- sym(same) + phon(소리) + y(명, 형 접미사)
- 같은 소리를 어울려 냄 → 교향곡
- 참고 telephone(전화): tele(먼 거리) + phone(소리)

symptom[símptəm] 징후, 증상
- sym + ptom(pete → feather의 변형: 깃털 → 날다)
- 함께 나는 것 → 징후(조짐, 전조), 증상(증후)
- ☞ 고대 점성술에서 전쟁하러 가는데 새가 왼쪽에서 날면 불길한 징조

symphony의 sym
same(같은)

symmetry[símətri] 좌우 대칭
- sym(same) + metr(미터) + y(명, 형 접미사)
- 양쪽이 동일한 미터 → 좌우 대칭

synchronize[síŋkrənàiz] 동시성을 가지다
- syn(sym: same) + chron(시간) + ize(동사형 접미사)
  - 예 Synchronized swimming

synonym[sínənim] 동의어
- syn(sym: same) + nonym(name)
- 같은 이름 → 같은 뜻을 가진 말, 동의어
- 참고 nominate 지명하다 ← 이름(nom; name)을 부르다

similar[símələːr] 비슷한
- same + ar(명, 형 접미사: ~에 속한, 본성을 가진)

simulate[símjəlèit] 모의시험을 하다
- same + ate(명, 동, 형 접미사: ~하게 만들다)
- 같게(비슷하게) 만들다 → 가장하다, 모의 시험을 하다
- 명 simulation 가장, 모의시험

simultaneous[sàiməltéiniəs] 동시에 일어나는
- same + taneous(spontaneous)
- 동시에 자연스럽게 일어나는 → 동시에 일어나는

similar(비슷한)는 same + ar

assemble[əsémbəl] 모으다, 조립하다
- as(ad의 변형: at, to) + sem(same) + ble(able)
- 같은 기능이 있는 것으로 → (부품을) 조립하여 (~으로) 만들다 → 모으다

assembly 조립, 집회
- ① 조립(조립품, 조립 부속품)
- ② 집회(의회)

assimilate[əsíməlèit] 동화시키다
- ~게 같게 만들다 → ① (지식·문화 등을) 동화시키다 → ② (음식물을) 소화 흡수하다
- 명 assimilation
- absorb 흡수하다, 빨아들이다, 열중하게 하다: sorb는 '빨다(suck, soak)'라는 뜻이다. '쏙쏙 빨다, 썩썩 빨다'로 기억하면 쉽다.

resemble[rizémb-əl] ~와 닮다
- re(again, back, again, 강조) + sem(same) + ble(able)
- 똑같은 → ~와 닮다

014 MIDdle & ANAlogue

mid(중간) / ana(따라서)

Anchoring Ideas

middle school의 **middle**은 '중앙, 중간'이라는 뜻이다. 이 단어를 모르는 사람은 거의 없을 것이다. middle school(중학교), middle age(중년), Middle Age(중세) 등으로 활용된다. 아줌마는 뭐라고 할까? middle aged이다.

middle은 '양극단으로부터 동일한 거리에 있는 (것)'이란 뜻이다. 그림을 보면 가운데 여자가 middle(중앙)에 있다. 학교를 초등학교, 중학교, 고등학교를 일렬로 놓으면 middle school(중학교)이 중앙이다. 시간이나 시대를 일렬로 놓는다고 가정하면 중년이나 중세는 Middle Age이다.

analogue는 **ana**(up, according to: 따라서, 철저히)와 **logue**(말, 이성)의 합성어이다. analogue는 '연속적인 방식으로 말하는 것'이다. 여기서 ana의 뜻이 'up, according to(논리적 순서를 따라서, 철저히)'라는 것을 기억하자. 아날로그(analogue)는 연속되는 값으로 표현되는 정보를 말하고 디지털은 모든 정보를 서로 다른 숫자로 표시한다. 시계의 경우 시침과 분침, 초침 등이 연속적으로 흐르면서 시간을 가리키는 시계를 아날로그(analogue) 방식이라고 한다면 숫자로 시간을 알려 주는 전자시계는 디지털 방식이다.

Fun Word Story

명사, 형용사 접미사
1) -ean(예 American, Korean)
2) -ile(예 fragile, missile)
3) -ine(예 medicine, divine, routine)
4) -ent, -ant(예 servant, pleasant) cf -ence, -ance는 명사형 접미사
5) -ary, -ory(예 secretary, satisfactory), -y(예 discovery, lucky), -ar(예 regular, similar)
6) -ic(예 alcoholic, magic, music)
7) -ive(예 relative, active)
8) -al(예 arrival, national)

기억 TIP "언(an) 아일(ile, ine) - 개미(ant, ent)가 오리(ory, ary) 날개(ic, 날개 익: 翼)에 싣고 와서 이브(ive) 앞에 놓았더니 얼(al, 정신)이 돌아왔다." 그림으로 생생하게 상상하면 쉽게 기억할 수 있다. 좀 이상하지만 기괴하고 이상할수록 우리의 뇌는 그것을 잘 기억한다. 몇 번 반복해서 이 문장을 암송하자. 이런 접미사들은 명사이기도 하고 형용사이기도 하다는 정도만 기억해도 문장 속에서 품사를 판별할 수 있다. 복잡하게 구분해서 기억하려 하지 말고 이런 접미사들은 명사, 형용사형 접미사라고 기억해 두자.

middle의 mid 중앙의

middle [mídl] 중간(의)
- 양극단으로부터 동일한 거리에 있는 (것)
  → 중간(의), 중앙(의)
- 예 middle school(중학교), middle age(중년), Middle Age(중세)

mid [mid] 중앙의(가운데의)
- 예 the mid-finger(가운데 손가락), mid-June(6월 중순경), mid night(한밤중)

medium [míːdiəm] 중간
- 중간(매개물) → 중간의, 중간 정도로 구워진

medieval [mìːdiíːv-əl] 중세(풍)의
- medi + ev(← ever: 항상, at any time → 시대) + al(명, 형 접미사)

mediate [míːdièit] 중간에 위치하다, 중재하다

immediate 직접의
- 중간에 위치하는 것이 없는 → 직접의(즉시의)

mediterranean [mèdətəréiniən] 지중해의
- medi + terran(땅, 테라코타, 흙) + ean(명, 형 접미사)
- 땅 가운데 있는 → ① 지중해의 → ② 지중해 연안의

analogy[ənǽlədʒi] 추리, 유사

- ana(up, according to, 논리적 순서를 따라서, 철저히) + logy(말, 이성, 논리)
- 이성, 논리를 따라 있는 것 → ① 추리(추론) ② 유사(비슷함, 닮음)
- ☞ logy: collection(수집), election(선거)의 lec(모으다) – 말은 단어들을 모은 것, 말은 이성의 표현

analysis[ənǽləsis] 분석

- ana(up, according to, 논리적 순서를 따라서, 철저히) + lysis(lose, loose)
- 논리적 순서를 따라 철저히 풀어헤치는 것 → 분석(분해)

analyze 분석하다, 검토하다

analogue의 ana는 up, according to

anachronism[ənǽkrənìzəm] 시대착오

- ana(up → against: 반대) + chron(시간 ← 크로노스신) + ism(주의)
- 시간에 대항함 → 시대착오, 시대에 뒤떨어진 사람(사물)

anatomy[ənǽtəmi] 해부학

- ana(up) + tom(자르다) + y
- 따라 자르는 것 → 해부학
- **Tip** '토막내다'의 톰(tom)이라고 생각하자.
  atom(원자): a(not) + tom(토막내다, 자라다) → 더 이상 자를 수 없는 것
- **참고** anomy(무규범 상태): a(not) + nom(norm: 직각자, 규범)

015
PERIscope & CATAcomb

peri(철저한) / cata(아래로)

Anchoring Ideas

periscope(잠망경)는 **peri**(around → thorough: 철저한)와 **scope**(보는 것)의 합성어이다. 문자 그대로의 뜻은 '사방으로 철저히 보는 것'인데 한 방향으로만 보는 것이 아니라 사방으로 보는 기구이므로 'through(~를 통하여, ~를 지나서, ~를 꿰뚫어) 보는 기구'이다. **telescope**(망원경)는 **tele**(멀리)와 **scope**(보는 것)의 합성어로 문자 그대로의 뜻은 '멀리 보는 것'이다.

periscope의 peri는 'around → through(통하여), thorough(철저한) → 넘어서(beyond)'의 뜻이다. 고어에서는 through = thorough이다. '이 끝에서 저 끝으로'가 본래 뜻이다.

로마시대의 지하 무덤인 **catacomb**[kǽtəkòum]은 **cata**(down)와 **tomb**(무덤)의 합성어이다. catacomb(카타콤)은 로마의 기독교 박해 당시 기독교인들의 피신처이자 종교의식을 갖기 위해 이용된 지하 동굴이다. tomb[tu:m]이 무덤인 줄 모르는 사람은 영화 툼레이더(Tomb Raider: 무덤 침입자 → 도굴꾼, 유물 발굴자)를 생각하면 될 것이다.

Fun Word Story

trophy는 〈troph + y(명, 형 접미사)〉로 구성된 단어로, troph은 turn의 변형이다. troph의 r과 o의 순서를 바꾸면 torph가 되고 troph이 turn의 변형이라는 것을 알 수 있다.

trophy[tróufi]는 '적을 되돌아가게 하고(물리치고) 얻은 것'이 본래 뜻으로 '전리품, (경기 등의) 트로피(우승배)'라는 의미를 가진다. trophy wife란 말도 있는데 '남들에게 자랑할 만큼 젊고 예쁜 아내'를 가리킨다. 이러한 아내를 얻는 사람은 '사회적으로 성공한 남성'이다.

tropical[trápikəl]은 〈trop(trophy의 trop: 적이 돌아가는 순간 → 전리품) + ic(명, 형 접미사) + al(명, 형 접미사)〉로 구성된 단어이다. 문자적인 뜻은 '태양이 다시 돌아오는 지역 내의'이고, 실제 뜻은 '열대(지방)의, 열대산의, 열대성의'이다. 지구의 자전축이 기울어진 상태로 태양 주위를 공전하기 때문에  태양은 북위 30도와 남위 30도에서 각각 되돌아온다. 북위 30도와 남위 30도 사이의 지역이 tropical zone(열대지역)이다.

contrive[kəntráiv]는 〈con(함께) + trive(trophy의 변형: 전리품)〉로 구성된 단어이다. 문자적인 뜻은 'trophy를 얻기 위해 함께 전략을 세우고 전투하다'이다. 뜻은 '(어려운 가운데에도) 성사시키다, 고안하다(획책하다)'이다.

• He contrived a plan for an escape. 그는 도망계획을 세웠다.

tournament[túə:rnəmənt](경기대회; 승자 진출전, 토너먼트)는 두 패로 나뉘는 중세 기사의 마상시합에서 선수들이 돌아가면서(turn) 경기를 한 데서 유래한다.

periscope(잠망경)의 peri는 through, thorough

experiment [ikspérəmənt] 실험
- 외나무다리를 통과해(through) 나옴 → 안전한지 시험해 봄 → ① (과학상의) 실험 ② 실험장치

experience [ikspíəriəns] 경험
- 외나무다리를 통과해(peri) 나온 결과 얻은 경험, 지식 → 경험(체험)

peril [pérəl] 위험
- 외나무다리를 통과하는 것은 → 위험 (danger, risk)
- 형 perilous 위험한, 모험적인
- 동의어 hazard(위험): '해자'는 '위험'에 대비하기 위해 성 주위에 둘러 판 곳
  jeopardy(위험): 위험! 자빠질라!

empirical [empírikəl] 경험적인
- em(in) + pir(통과하여, 시도, 경험) + ic + al(명, 형 접미사)
- 시도나 시험(pir) 안에(em) 있는 → 경험적인, 실험에 의한
- 예 empirical philosophy 경험 철학
- empirically: cultural factors that cannot be measured empirically(14 수능)

empiric 경험주의자
- 경험에 의존하는 의사 (돌팔이) → 경험주의자

persuade [pəːrswéid] 설득하다
- per(peri: through, thorough) + suade (sweet: 단, 달콤한)
- 생각, 느낌을 철저히(per) sweet하게 하다 → ① 납득시키다 ② 설득하다

expert[ékspə:rt] 전문가
- experience가 많은 사람 → 숙달자, 전문가

fear[fiər] 두려움
- 외나무다리를 통과하려고 할 때 느끼는 → 두려움(무서움)
- 고어) fear = peril → pirate(해적, 해적선). '배를 통과, 경험, 시도 → 공격하는 자'

catacomb(지하 무덤)의 cata는 down

category[kǽtəgɔ̀:ri] 범주
- cate(cata: down) + gory(고리? 동그라미? → 대중, 무리)
- 아래로 쭉 있는 리스트를 그룹화 한 것 → 범주(종류, 부류)

catalog(ue)[kǽtəlɔ̀:g] 목록
- cata(down) + logue(말 ← lecture ← lec: 모으다)
- 상품의 종류를 아래로 다 말해 놓은 것 → 목록(일람표)

catastrophe[kətǽstrəfi] 큰 재해
- cata(down → final) + strophe (← trophy: turning)
- (down →) 마지막 turning point → ① 비극에서 마지막 turning point → ② 큰 재해

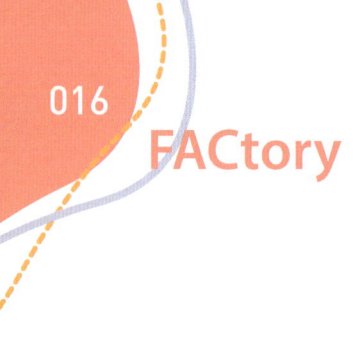

016
FACtory

fac = to do, to make

Anchoring Ideas

영화 〈Charlie and the chocolate factory(찰리와 초콜릿 공장)〉를 보면 강과 풀과 열매, 모두가 다 초콜릿으로 되어 있는 아름다운 the chocolate factory의 모습이 나온다. factory는 〈fac(to do, to make) + tor(행위자) + y(명, 형 접미사)〉의 구조이다. 문자 그대로의 뜻은 '만드는 자(행하는 자)의 장소'라는 뜻이다. factory의 fac는 to do, to make의 뜻이라는 것을 기억하자.

factory에서 중간의 스펠을 생략한 fy는 접미사에 사용되어 satisfy, magnify처럼 '~하게 만들다'의 뜻으로 사용된다.

Fun Word Story

citizen은 왜 '시민'과 '국민'의 뜻을 동시에 가지고 있을까?

중세의 city(도시)는 주로 상공업자들로 이루어진 영주로부터 독립된 자치, 자위의 city였다. city는 하나의 작은 국가와 비슷했다. 성곽으로 둘러싸인 작은 나라 형태의 city가 오늘날 주로 상공업의 중심지인 city로 의미가 확대되었다. 중세의 city에 대한 이러한 인식이 있으면 많은 단어들이 저절로 이해된다. citizen[sítəzən]은 '시민'이라는 뜻도 있고 '국민'이라는 뜻도 있다. 도시 사람이 곧 국민은 아닌데 영어의 citizen에서는 도시 사람이 곧 국민이다. 중세의 도시가 바로 자치 도시로서 하나의 국가와 같았기 때문이다. civilian[sivíljən]의 문자적인 뜻은 '도시법에 속한 (사람)'이고 의미는 '(군인·성직자가 아닌) 일반인(의), 민간인(의)'이다. 중세는 크리스트교가 지배하던 사회였고 영주는 기사에게 토지를 주고 대신에 기사는 영주에게 충성과 군사력을 제공하던 봉건 사회이었다. 중세의 도시민은 이런 중세의 법으로부터 자유로운 사람들이었다. 그래서 civilian은 '도시법에 속한 (사람) → (군인·성직자가 아닌) 일반인(의), 문관(의)'라는 뜻을 가지게 된다. civilization[sìvəlizéiʃən]의 문자적인 뜻은 '도시화'이다. '문명(文明), 문화, 문명화'라는 의미로 사용된다. civil[sívəl]은 city의 변형이다. 뜻은 '도시민의, 정중한, 문관의'이다.

참고로 polis도 '도시'라는 뜻으로 그리스어에서 온 말이다. metropolis [mitrápəlis]는 〈metro(mother) + polis(도시)〉로 구성된 단어이며 문자적인 뜻은 mother polis이다. 뜻은 '중심도시(주요도시), 수도(capital), 대도시'이다.

urban[ə́:rbən](도시의), suburb[sʌ́bə:rb](교외, 근교)의 urb도 city라는 뜻이다. "도시에서는 어~(urb), 어~(urb) 하는 사이에 코 베어 간다?"고 생각하면 기억하기 쉽다. urban의 반대말은 rural[rú-ərəl](시골의)이다. 'room(장소, 공간, 방)이 많은 곳'이 본래 뜻이다.

astute[əstjú:t](기민한, 빈틈없는; 교활한)의 ast도 city라는 뜻이다. 옛날에도 도시 사람들은 기민했었나 보다. 동의어는 smart, quick, perceptive(지각력 있는, 명민한) 등이다.

factory(공장)의 fac은 do, make

factor[fǽktər] 요인
- 만드는 자(or) → 요인(인자, 요소)

facile[fǽsail] 쉬운
- 하기 쉬운(ile) → 쉬운(용이한)
- 명 facility 쉬움, 편의시설
- 동 facilitate 쉽게 하다, 돕다

faculty[fǽkəlti]
- fac(만들다) + ul + ty(명, 형 접미사)
- 어떤 것을 하게 하는 것 → 능력(재능, 재력), 교수단, (대학의) 학부
- 교수단이 그 대학의 능력, 두뇌이다

feat[fiːt] 위업, 묘기
- 만들어진 것(행해진 것) → 위업(공적), 묘기(재주, 기술)

feature[fíːtʃər] 특징
- feat(fact의 변형: 만들어진 것) + ure(명사형 접미사)
- 만들어진 것(형성된 것) → 특징, (특징적인) 한 부분(특집란), 주연시키다

defeat[difíːt] 파괴하다
- de(down, completely, not, off) + feat(fac)
- 행한 것을 무효로 → 무효로 하다, 파괴하다(쳐부수다)

infect[infékt] 감염시키다
- factor(만드는 자 → 요인)를 안에 넣다 → 감염시키다

effect[ifékt] 효과
- 행한 결과 나오는 것(ef ← ex) → 효과(결과) → (변화 등을) 가져오다, 성취하다
- 형 efficient 효과적인, 유능한

affect[əfékt] 영향을 주다, 즐기다
- ① ~에게 …하게 만들다 → 영향을 주다(감동시키다) ② ~에게 반복해서 행하다 → 즐기다, ~인 체하다
- 명 affection 어떤 사람에게 계속 좋은 것을 행한 결과 → 애정, 감정(감동)

proficient [prəfíʃənt] 숙달된
- 만드는 데 있어서 앞선(pro) → 숙달된, 숙달된 사람
- 명 proficiency 숙달, 능숙

sufficient [səfíʃənt] 충분한
- suf(sub의 변형: 아래, 아래서 위로, up to ~까지) + fic(fac) + ient
- 수준(표준)까지 만든 (것) → 충분한 → 충분(한 양)

deficient [difíʃənt] 결함이 있는
- ~을 수행하기에 부족한 → 결함이 있는(멍청한) → 불완전한 것(사람)
- 명 deficiency 결함(부족)

fiction [fíkʃən] 소설
- 만들어진 것(꾸며 낸 것) → 소설

profit [práfit] 이익
- 앞으로 만들어진 것 → advantage(유리, 이익) → 이익(수익), 이자

satisfy [sǽtisfài] 만족시키다
- sat(sad의 변형: 슬픈 ← 지친 ← 충분한) + is + fy(fac: 만들다)
- ☞ sad(슬픈)는 본래 '충분한'의 뜻이었는데 '충분한 → 충분히 어떤 것을 들고 있으면 지친, 피곤한 → 슬픈'의 과정을 거쳐서 '슬픈'이라는 뜻을 갖게 되었다.
- 충분하게 만들다 → 만족시키다

defect [difékt] 결함, 이탈하다
- 동 해야 할 것을 하지 않고 → 이탈하다(변절하다, 도망하다)
- 명 만들고 난 후의 부족 → 결함(결점)
- 형 defective 결함이 있는, 장애자, 불량품

assets 자산
- as(ad: at, to) + set(sad: 충분한)
- 자산, 재산 ← ~에게 충분하게 하는 것

Part 2

사람의 탄생, 영혼, 생각과 그것의 작용

017 GENEsis

gene(낳는 것, 유전자)

Anchoring Ideas

자동차 Genesis(제네시스)의 모습이다. genesis [dʒénəsis]는 '기원, 창시, 시작'이란 뜻이다. 왜 자동차의 이름이 Genesis일까? genesis는 luxury sedan(럭셔리 세단)의 새로운 장을 열어갈 고급 차의 신기원(genesis), 새로운 시작(genesis)을 알리는 상징적 의미를 함축하고 있다고 한다.

genesis(제네시스)는 성경의 처음 책이자 창조의 기록인 창세기의 영어 이름이기도 하다.

genesis의 gene는 '낳는 것(산출하는 것)'이란 뜻이다. gene(유전자)은 '낳는 것'이 본래 뜻이다. gene(유전자)은 우리의 설계도이다. 우린 그 설계도로부터 태어났다. gender(성, 성별)는 본래 '종족, 가족, class'의 뜻이었다가 그 하위 개념인 '성, 성별'의 뜻이 된 단어이다. by gender는 '성별(性別)로'라는 뜻이다. gene(유전자)의 본체가 DNA이고 DNA 분자는 DNA molecule[mɑ́ləkjùːl]이라고 한다. molecule은 '분자, 미분자'이다. 분자는 너무 작아 보이지 않게 몰래(mole) 숨어 있는 것으로 생각하면 기억하기가 좀 쉽다.

nation[néiʃən]의 nat도 '낳다'는 뜻이다. 문자적인 뜻은 '태어난 곳'이고 뜻은 '① 민족(종족) → ② 국민 → ③ 국가'이다. nation의 nat는 '낳다'의 '낳(nat)'이라고 생각하자. international[intərnǽʃənəl]은 ⟨inter(between) + nation + al(명, 형 접미사)⟩로 구성된 단어이다. 뜻은 '국가 간의(국가들과 관계있는, 국가들에 영향을 미치는, 국가들의 연합을 구성하는); 두 나라(이상)에 관계하는 인물(기업, 조직)'이다. native[néitiv]의 문자적인 뜻은 '태어난'이다. 뜻은 '출생의(출생지의); 원주민, 토착민'이다. nature[néitʃər]는 '태어남(탄생)'이 문자적인 뜻이다. '① 본성(성질, 기질) → ② 자연의 힘(창조하고 통제하는 힘) → ③ 자연'이다. naive[nɑːíːv]는 'natural → 천진난만한, 순진한'이다.

Fun Word Story

아라비안나이트의 이야기 중 하나인 알라딘과 마법의 램프에서 지니(genie)는 '수호신'이라는 뜻이다. genie는 gene(유전자)과 어원이 같은데, 본래 뜻은 '낳다'이다. 탄생좌와 함께 결정되는 수호신이 지니(genie)이다.

그러면 genie(지니)와 genius(천재)는 어떤 관계가 있을까? 놀랍게도 genius의 본래 뜻은 '탄생좌와 함께 결정되는 수호신'이다. genie와 genius는 어원과 뜻이 같은 셈이다. genius는 '천성, 비상한 재주, 천재(적인 사람)'이라는 뜻으로 사용된다.

오늘날 우리는 사람의 용모, 키, 피부색, 머리색, 성격, 재능, 학습능력 등을 결정하는 것은 탄생좌와 수호신이 아니라 gene(유전인자)이라는 것을 알고 있다. 그러나 고대는 사람이 태어날 때 어떤 별의 기운에 의해 태어나고 수호신이 누구냐에 따라 그 사람의 성격, 재주 등이 결정된다고 생각했다. genius(수호신)가 '천성, 천재(天才)'인 셈이다.

gene[dʒi:n] 유전자
- 낳는 것 → 유전 → 유전자(유전인자)
- 형 genetic, -ical 유전(기원)의

genesis[dʒénəsis] 기원
- gene(낳는 것) + sis(명 접미사, analysis, basks, crisis)
- 낳는 것 → 기원(시작), 창세기(구약 성서의 제1권)

genuine[dʒénjuin] 진짜인
- 낳은 → 순종의 → 진짜의(가짜 아들 아닌), 진심에서 우러난, 저자 친필의
- 참고 ingenuous 순진한, 솔직한

general[dʒénərəl] 보편적인, 장군
- 같은 gene(유전자)를 가진 한 종류(a kind)의 모든 구성원에 관계된 일반의(특수하지 않은), 보편적인, 전체적인; 장군(captain general의 축약)
- ☞ 전체의 대장(captain general)이니까 장군
- 명 generalization 일반화, 보편화

ingenious[indʒí:njəs] 기발한, 교묘한
- 안에 수호신이 있는 → 천재의(폐어) → (창의력, 책략이) 풍부한, (발명품 등이) 교묘한

genesis(시작)의 gene은 낳는 것

hygiene[háidʒi:n] 위생학
- 태어날 때의 높은(건강한) 상태 → 위생학, 위생 상태, 위생법
- 유의어 sanitary 위생의, 위생적인

kind[kaind] 종류, 친절한
- kind → gene
- 종족(종류) → 친절한, 상냥한
- 같은 유전자를 가진 자녀에게는 친절하다.

akin 혈족의
- of kind → 혈족의, 같은 종류의

generate [dʒénəreit] 낳다
- 낳다(산출하다), (전기·열 등을) 발생시키다, 야기(초래)하다
- generator 발생시키는 사람[것], 발전기

generation 세대
- 낳는 것 → 창조의 행동, (전기·열 등의) 발생, 후손을 산출하는 행위, 산출하는 행위, 산출된 후손들(세대)

degenerate 퇴화하다
- 유전적 특성을 다운시켜서 산출하다 → 퇴화하다, 퇴화한, 퇴화물
- degeneration 퇴보, 타락

generous [dʒénərəs] 관대한, 풍부한
- gene(유전인자)이 좋은 → 고귀한 태생의 → 관대한, 풍부한(후한)
- ☞ 일반적으로 비천한 출신보다 고귀한 태생의 귀족들이 더 관대하고 후하다고 여겨졌다.

indigenous [indídʒənəs]
타고난, 지역 고유의
- indi(in) + gen(낳는 것) + ous

genius [dʒíːniəs] 천성, 천재
- 탄생좌와 함께 결정되는 수호신 → 천성, 천재(비상한 재주), 천재(적인 사람)

germ [dʒəːrm] 세균, 싹트다
- 싹(눈, 움) → 병원균(세균, 병균), 싹틈(기원) → 싹트다, 발생하다

engine [éndʒən] 엔진, 기관차
- 안에 수호신(genie)이 있도록 만든 것 → 투석기 등의 교묘한 기계 장치(고어) → 증기 기관(엔진) → 엔진(발동기, 기관) → 기관차(엔진을 가진 것)
- engineer 기술자, 기관사

kindle [kíndl] 불을 붙이다
- 동물이 새끼를 낳다 → 불을 붙이다
- kindle의 kin(킨)에서 gene(진)을 연상하면 좋다.
- 태어나는 순간 생명의 불꽃이 점화되었다가 죽으면 그 불꽃이 사라지는 것이다.

018 CORE & philoSOPHY

Core = Heart / sophy(지혜)

Anchoring Ideas

core(핵, 중심)와 **heart**(심장)는 같은 단어에서 출발했다.

heart ← khertan(원시 독일어) ← kerd(인도유럽어. 심장) → core

core는 heart와 고대에는 정확히 같은 단어였다. 위의 박스 안에서 인도 유럽어 kerd가 어떻게 오늘날의 core와 heart로 발전했는지를 볼 수 있다. core는 'kerd(인도유럽어. 심장) → core(중심, 핵)'로 발전되었고 heart는 'kerd → khert → heart'로 발전한 단어이다. core는 '핵심(정수, 중심)'이고 heart는 '마음'이다.

cardiovascular[kɑ̀:rdiouvǽskjələr]는 〈kerd, cord + vessel〉의 합성어로 '심장 혈관의'라는 뜻이다. 좀 어려운 단어지만 EBS 2012 수능특강 원문에 등장했던 단어이다.

philosophy의 **sophy**는 '지혜'라는 의미를 가진다. philosophy(철학)는 〈philo(형제 사랑) + sophy(지혜)〉로 구성된 단어이다. philosophy(철학)의 문자 그대로의 뜻은 '지혜에 대한 사랑'이다. Sophie Marceau(소피 마르소), Sophia Loren(소피아 로렌) 등의 유명한 배우들에서 보는 소피아는 지혜라는 뜻이다. Saint Sophia Cathedral(성 소피아 성당)의 소피아도 지혜라는 뜻이다.

Fun Word Story

vaccine[væksí(:)n](우두종, 백신. 우두의; 백신의)의 원래 뜻은 from cows이다. 라틴어로 vacca는 cow이다. 영국의 의사였던 제너는 cowpox(우두) 바이러스를 사람에게 주입하면 사람의 천연두가 예방된다는 것을 발견했다. 우두(cowpox)는 바이러스에 의해 유방에 원형이나 타원형인 중심부가 움푹 들어간 수포가 생기는 전염병이다. 천연두를 예방하기 위해 vacca(cow)로부터 취해진 cowpox(우두) 바이러스를 vaccine(백신, 우두종)이라고 한다. '백신 주사, 예방 접종'은 vaccination[væksənéiʃən]이다.

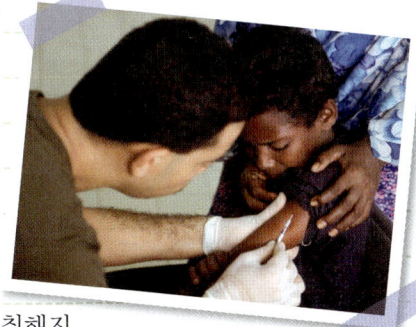

컴퓨터 바이러스 vaccine(백신) 중에 '알약'이라는 프로그램이 있다. 알약은 tablet이다. table에서 유래한 tablet이 왜 알약의 뜻을 가지게 되었을까? 둥근 테이블을 생각하면 답은 간단하다.

tablet은 또 다른 뜻도 가지고 있다. 옛 로마인들은 '종이 대신 쓴 나무·돌·상아 등의 얇은 판'을 tablet라고 불렀다. 그 tablet이 발전하여 오늘날 tablet PC가 되었다. 테이블 모양으로 생긴 것은 모두 tablet이다. '평판(平板), 명판, 패, 비누, 캔디 같은 작고 납작한 조각'이 모두 tablet이다.

pill[pil]은 '알약, 환약'이다. pill은 ball의 변형이다. pill, ball을 함께 발음해 보라. 연관성을 짐작할 수 있다. pill은 'small ball'이 본래 뜻이다. 비어나 속어에서는 공 모양의 것(야구공, 탁구공, 탄알, 폭탄 등)은 pill이라고 지칭한다. 수면제는 sleeping pill, sleeping tablet이다.

courage[kə́:ridʒ] 용기
- cour(core의 변형: 심장) + age(명사형 접미사)
- 심장(마음)의 행위(기능) → 용기
- ☞ courage는 처음에는 마음의 기능들인 분노, 확신, 정욕, 열정, 사랑 등을 뜻하는 단어였다가 지금은 '용기'의 뜻만 가지게 되었다.

encourage[enkə́:ridʒ] 용기를 돋우다
- en(put in) + courage(용기)
- 용기 있는 상태에 놓다 → 용기를 돋우다(격려하다)
- ☞ core(심장)가 생명이 머무는 곳이기 때문에 encourage는 생명(활력)을 준다는 뜻을 함축하고 있다.

discourage[diskə́:ridʒ] 용기를 잃게 하다
- dis(두 길 → apart, not, opposite) + courage(심장의 기능 → 용기)
- 용기를 잃게 하다, 낙심(落心)시키다(하다)

core[kɔ:r] 핵심
- 심장(heart) → 핵심(정수, 중심)

core(핵, 중심) = heart(심장)

cordial[kɔ́:rdʒəl] 생명을 주는, 중심의
- cord(core의 변형: 심장, kerd → core) + ial(명, 형 접미사)
- 심장의(위한) → ① 생명(활력)을 주는 ② 중심의(으로부터의) 심장을 위한 것 → ③ 강심제(흥분제)

accord[əkɔ́:rd] 일치시키다
- ac(ad의 변형: at, to) + cord(core의 변형: 심장, kerd → core)
- 심장을 심장(마음)에게 → 일치시키다(조화시키다)

chord[kɔ:rd] 코드
- accord의 축약형 → 코드(음이 일치하는 것)
- 악기의 현, 줄 ← cord(ex. 전기 코드)
- ☞ chord가 현, 줄이란 뜻도 있는데 어원이 다르다.

sophisticated [səfístəkèitid] 영리한
- sophist(지혜로운 자) + ic(형, 명 접미사) + ate + ed
- 지혜로운 자처럼 만들어진 → 영리한(교양 있는, 세련된), 정교한, 순진하지 않은

philosophy [filásəfi] 철학
- philo(형제 사랑) + sophy(지혜)
- 지혜에 대한 사랑 → 철학(지식애)

philosophy의 sophy는 지혜

sophomore [sɔ́f-əmɔ̀ːr] 2년생
- 좀 더 지혜가 필요한 사람 → (4년제 대학 · 고등학교의) 2년생
- 1학년: freshman → 2학년: sophomore → 3학년: junior → 4학년: senior(← sir, senate: 원로원)
- ☞ freshman과 sophomore가 한 묶음이고 junior, senior가 한 묶음이다. 이렇게 무리를 나누어 외우면 헷갈리지 않고 금방 기억할 수 있다.

junior 더 젊은
- jun(young: i=j=y) + or(er: 비교급 접미사)
- younger → 더 젊은(연소한, 손아래의) → 연소자(손아랫사람)
- 알파벳 j는 y 소리를 내는 자음 i의 필요에 의해 만들어진 것으로 i=j=y를 기억해 두면 유용하다.

juvenile 젊은
- juven(j를 y로 바꾸고 v를 묵음화 시키면 young에 가깝다) + ile(명, 형 접미사)
- 젊은, 소년소녀의 → 소년소녀, 아동, 아동을 위한 읽을거리

019
ANIMA & SPIRE

anima(호흡) / spire(영)

Anchoring Ideas

animation(만화영화)은 **anima**(호흡, 생명, 영혼)와 **tion**(명사형 접미사)의 합성어로 '**anima**(호흡, 생명, 영혼)가 있게 한 것'이다. 즉, 동화나 만화 등에 anima(생기)를 불어넣어 움직이게 한 것이다.

animal(동물)의 본래 뜻은 '호흡, 생명이 있는 것'이다. **unanimous**(만장일치의)의 문자적인 뜻은 '한 생명, 한 호흡'이다.

inspire의 **spire**는 **spirit**(영, 호흡)과 같다. **inspire**는 in(put in)과 spire(spirit: 영, 호흡)의 합성어로 '영, 호흡을 넣다, 어떤 사상·감정 등을 불어넣다'라는 뜻이다.

창세기 2장 7절에서 여호와 하나님이 땅의 흙으로 사람의 형태를 만드시고 생명의 호흡을 그의 코 안으로 불어넣으시니 사람이 산 혼이 되었다고 말한다. 하나님이 사람의 코 안으로 숨을 불어넣은(inspire) 결과 사람이 산 혼이 된 것이다. 그러므로 영어권에서 호흡, 바람, 공기, 영은 모두 같은 단어인 경우가 많다. 주로 '영'이란 뜻으로 사용되는 spirit은 '바람, 호흡, 공기, 영'을 의미한다.

Fun Word Story

캔자스의 농장에 사는 도로시(Dorothy)는 강아지 토토와 함께 tornado(회오리바람)에 휩쓸려 마술 나라 오즈로 가게 된다. 도로시는 고향 캔자스로 돌아가기 위하여 오즈의 마법사를 만나러 길을 떠난다. 이 유명한 동화 〈오즈의 마법사〉의 주인공의 이름인 Dorothy는 '신의 선물'이라는 뜻이다. 어떻게 그런 뜻이 될까?

그리스 신화에서 판도라의 상자로 유명한 pandora는 pan(모든, all)과 dora(선물)의 합성으로 '모든 선물을 받은 자'라는 뜻이다. Dorothy의 doro는 dora의 변형으로 '선물'이라는 뜻이고 thy는 '신, 하나님'이라는 뜻이다. 그래서 도로시가 '신의 선물'이 된 것이다.

thy(시)는 '신'이다. theist[θíːist]는 '유신론자', atheist[éiθiist]는 '무신론자'이다. enthusiasm(열중, 열광)의 문자적인 뜻은 '신 안에 들어감'이다. 신 안에 들어가 비몽사몽의 상태가 될 때 그것은 종교적인 '열광'의 상태가 된다. 비슷한 의미의 divine(신의, 신성한)은 Zeus(제우스)와 관계가 있다. Zeus → deus → divine의 과정을 거친 단어이다. 그리스어 theos(신)와 Zeus(→ deus)는 어원이 같다.

theos(신)와 비슷한 꼴을 가진 theme[θiːm]은 '주제'라는 뜻의 외래어이다. 테마는 theme의 독일식 표기이다. 관련 단어는 hypothesis[haipάθəsis](아래에 놓은 주제 → 가설(가정, 전제, 추측), synthesis[sínθəsis](종합, 통합)가 있다.

animator 생기를 주는 것(자), 만화영화 제작자
- anima(호흡, 생명) + t + or(행위자)

animation 생기 넘침, 만화영화
- anima(호흡, 생명) + tion(명사형 접미사)

animate[ǽnəmèit] 생명을 불어넣다, 만화영화로 만들다
- anima(호흡, 생명) + ate(명, 동, 형 접미사)

animal[ǽnəməl] 동물(의)
- anima(호흡, 생명) + al(명, 형 접미사)
- anima(호흡, 생명, 영혼)가 있는 것(의)
  → 동물(의)

animation의 **anima**는 호흡(생명)

asthma[ǽzmə] 천식
- '숨쉬기 곤란한'이 원래 뜻이다. anima, air와 연관시키면 기억하기 쉽다.

unanimous[ju:nǽnəməs] 만장일치의
- un(uni의 변형: one) + anima(호흡, 생명) + ous(형용사형 접미사)
- one anima(호흡, 생명, 영혼) → 만장일치의
- 참고 uniform(제복, 교복)의 uni는 one의 뜻 → one form

inspire [inspáiər] 불어넣다, 영감을 주다
- in(put in) + spire(sprit)
- 영(호흡)을 넣다 → (사상 등을) 불어넣다, 영감을 주다

aspire [əspáiər] 열망하다
- as(ad: at, to) + spire(sprit)
- ~에게로 숨쉬다(깊은 존재를 쏟아 붓다) → 열망하다

conspire [kənspáiər] 협력하다, 공모하다
- con(함께) + spire(sprit)
- 함께 호흡하다 → 악기를 함께 불다 → 조화 안에 있다 → ① 협력하다 → ② 공모하다

inspire의 spire는 spirit(영, 호흡)

respire [rispáiə:r] 호흡하다
- re(again, back, against) + spire(sprit)
- 다시(again) 숨 쉬다 → 호흡하다

perspire [pərspáiər] 땀을 흘리다
- per(peri: around, through, thorough) + spire(sprit)
- 통하여 호흡하다 → 피부를 통하여 호흡하다 → 땀을 흘리다

expire [ikspáiər] 만기되다, 숨을 내쉬다
- ex(밖으로) + spire(sprit)
- 숨을 내쉬다, 마지막 숨을 내쉬다(죽다), 만기가 되다

inhale 숨을 들이마시다, 들이쉬다
exhale 숨을 내쉬다 ← hale

020
PATHY & PASsion

pathy(느낌) / pas(고통을 겪다)

Anchoring Ideas

telepathy(텔레파시)의 **pathy**는 '느낌'이다. telepathy는 tele(먼 거리)와 pathy(느낌)의 합성어로 본래 뜻은 '먼 거리에서 느끼는 것'이다.

telepathy의 정확한 우리말 뜻은 '정신감응(술)'이다. 이심전심(以心傳心)과 비슷한 말이다. 이심전심은 마음으로써 마음을 전한다는 의미이다.

passion flower는 십자가 위에서의 예수의 고난 꽃을 가리킨다. 다섯 개의 꽃밥은 다섯 상처를, 꽃밥 위에 세 개는 세 개의 못을, 방사상의 꽃실은 가시면류관을, 씨방은 해머나 성배를 상징한다고 한다. 가시면류관, 세 개의 못, 상처, 성배, 해머 이런 것을 볼 때 예수의 십자가의 고통을 상기하게 된다. passion은 '고난, 고통'이다. passion은 초기에는 '예수의 십자가상에서의 고난'을 묘사하는 단어였다.

passion은 자기를 잊게 할 정도의 강렬하고 맹목적인 격정, 이성에 대한 정열을 묘사할 때 사용한다. 너무 사랑하면 그 사랑으로 인하여 마음이 아리고 아프다. 열정적인 사랑은 고통을 수반한다.

passion에서 pas는 pat의 변형인데 pat는 'suffer: 고통을 겪다, 견디다'의 뜻이다.

Fun Word Story

illusion(환영, 착각)의 lu는 to play의 뜻이다. illusion의 본래 뜻은 '가지고 노는 것(놀리는 것)'이다. 오른쪽은 실제처럼 보이는 착시(optical illusion) 사진이다. 가장 유명한 착시 그림은 소녀처럼 보이기도 하고 할머니처럼 보이기도 하는 그 그림일 것이다. 이런 그림들을 보고 있으면 그림이 마치 사람을 가지고 노는(to play) 것 같다.

allude(① 암시하다, ② 언급하다)의 본래 뜻은 '~에게 놀다, ~를 놀리다'이다. 어떤 남자에게 "아기는 언제 나옵니까?"라고 놀린다면 배가 지나치게 나왔다는 것을 암시하는 것이다.

- I will <u>allude</u> to the main points.
  나는 요점을 언급할 것이다.

collusion[kəlúːʒən]은 '공모, 결탁'이라는 뜻이다. 비슷한 철자인 collision(충돌)은 어원이 다르다.

elude[ilúːd](교묘히 피하다, 회피하다)의 문자적인 뜻은 '(추적·책임 따위를) 교묘히 피하다'이다. elude의 형용사형 elusive[ilúːsiv]는 '(사람·동물 등이) 교묘히 잘 빠지는 → (뜻·성격 등이) 파악하기 어려운; 표현[정의]하기 어려운'이라는 뜻이다.

telepathy [təlépəθi] 정신감응(술)
- tele(먼 거리) + pathy(느낌)
- 먼 거리에서 느끼는 것 → 정신감응(술), 텔레파시
- 참고 telephone: tele(먼 거리) + phone(소리)
  예 megaphone, earphone

antipathy [æntípəθi] 반감
- anti(반대) + pathy(느낌)
- 반대 느낌 → 반감

apathy [ǽpəθi] 무감각
- a(ab의 변형: 이탈하여) + pathy(느낌)
- 느낌으로부터 분리, 이탈함 → 무감각(무감동)

telepathy의 pathy 느낌

empathy [émpəθi] 감정 이입
- em(← en ← in) + pathy(느낌)
- 느낌을 넣음 → 감정 이입

비교 emphasize
- phas(보이다 → 빛), photograph(빛 그림, 사진)
- 안에 보이게 만들다 → 함축하다 → 강조하다
- ☞ 연설이나 문장에서 어떤 것을 함축한다는 것을 보여 주려면 강조해야 한다.

pathetic [pəθétik] 불쌍한
- pathe(느낌) + tic(명, 형 접미사)
- 슬픔, 동정 등의 느낌을 유발하는 → 불쌍한(애처로운)

passion[pǽʃən] 열정, 예수의 고난

- pas(suffer: 고통을 겪다) + sion(tion의 변형: 명사형 접미사)
- ① 십자가 위의 예수의 고난 → ② 열정 ③ 열애(정욕)

passive[pǽsiv] 수동적인

- pass(고통을 겪다) + ive(명, 형 접미사)
- 고통을 잘 받는 → 고통을 겪으나 저항 않는 → 수동적인

compassion[kəmpǽʃən] 동정심

- com(함께) + pass(고통을 겪다) + ion(명사형 접미사)
- 함께 고통을 겪음 → (깊은) 동정(심) → sympathy

passion flower는
예수의 고난 꽃

patient[péiʃənt] 인내심이 강한, 환자

- pati(pas의 변형: 고통을 겪다) + ent(명, 형 접미사)
- 예수처럼 불평 없이 고통을 받는 → ① 인내심이 강한 ② 환자

patience 인내력

- pati(suffer: 고통을 겪다) + ence(명사형 접미사)
- 예수처럼 불평 없이 고통받는 것 → 인내력

compatible[kəmpǽtəbəl] 양립하는, 조화되는

- com(함께) + pat(pas: 고통을 겪다) + ible(able: 형용사형 접미사)
- 함께 견딜 수 있는, 함께 설 수 있는 → 양립하는, 조화되는

021
VITA & beWARE

vita(생명) / ware = watch

Anchoring Ideas

bios는 그리스어로 몸의 생명을 뜻한다. biorhythm, biology, biography와 같은 단어들에서 bio는 '몸의 생명'을 의미한다.

vita는 라틴어로 '생명'이란 뜻이다. 따라서 bio vita의 문자적인 뜻은 '몸에 생명을 주는 것'이다. vita는 '생명'이란 뜻이라는 것을 알 때 거의 저절로 이해하고 기억할 수 있는 단어들이 수없이 많다.

비타민(vitamin)의 vita 역시 '생명'을 의미한다. amine은 '유기물'이라는 뜻으로 주로 약품 이름에 많이 붙는데 기억할 필요가 없다. vitamin[váitəmin]의 문자적인 뜻은 '생명을 주는 유기물'이다.

beware의 **ware**는 **watch**이다. 미국에서는 "beware of dog(개 조심)"라는 팻말을 볼 수 있는데 여기에서 beware는 '조심(주의, 경계)하다'의 뜻이다. beware[biwɛ́ər]는 ⟨be + ware⟩로 구성된 단어로 ware는 'watch, awake ← vital'과 어원이 같다. 한 마디로 beware는 be watchful이다.

aware[əwɛ́ər]는 〈a(강조) + ware(watch, awake)〉로 구성된 단어로 '알고(깨닫고, 의식하고)'의 뜻이다.

Fun Word Story

그리스 신화를 보면 프시케가 에로스의 말을 어기고 그의 얼굴을 보다가 등잔의 뜨거운 기름 한 방울이 에로스의 어깨에 떨어져 에로스가 잠에서 깨어나고, 에로스는 울부짖는 가엾은 프시케를 남겨 두고 날아가 버린다. 하지만 에로스와 프시케는 시련을 극복하고 결국 부부가 된다. 에로스는 에로틱(erotic)이라는 단어에서 보는 것처럼 '육체적인 사랑'을 뜻하고 프시케(Psyche)는 '마음, 정신'을 뜻한다. Psyche에서 나온 단어들은 psycho(정신병자), psychology(심리학), psychiatrist(정신과 의사) 등이 있다.

bios는 그리스어로 '몸의 생명'을 뜻한다. biorhythm(바이오리듬) biology(생물학, 생태학), biography(생애기록 → 전기)와 같은 단어들에서 bio는 '몸의 생명'을 의미한다. 혼이 없는 생명은 bio, 혼이 있는 생명은 psyche이다.

physics[fíziks]는 '물질에 관한 학문' 즉 '물리학(물질의 이치에 관한 학문)'이다. physics에서 phy는 '물질'이란 뜻이다. physicist[fízisist]는 '물리학자, 유물론자', physical[fízikəl]은 '① 물리학(상)의, 물리적인 → ② 물질의(물질적인) → ③ 육체의, 신체의(영혼은 물질적인 것이 아니고 육체는 물질적인 것이다)', physician[fizíʃən]은 물질적인 몸인 육체(신체)를 돌보는 사람 즉 '의사, 내과의사'이다. physics의 phy(피)는 皮(가죽 피)라고 생각해서 표면적인 것, 물질적인 것을 뜻하는 어원이라고 기억해 두자.

vitamin [váitəmin] 비타민
- vita(생명) + amine(유기물)
- 생명을 주는 유기물 → 비타민
- amine은 '유기물'이라는 뜻으로 주로 약품 이름에 많이 붙는데 기억할 필요는 없다.

vital [váitl] 생명의, 급소
- vita(생명) + al(명, 형 접미사)
- ① 생명의(생명 유지에 필요한) → ② 생생한(생기가 넘치는) → ③ 치명적인 → 생명 유지에 필요한 기관들, 급소, 핵심

vitae [váitə] 약력, 이력서
- course of one's life
- curriculum vitae 이력서

revive [riváiv] 다시 살아나게 하다
- re(again, back, against) + vive (vita: 생명)

bio vita의 vita는 생명

survival [sərváivəl] 살아남음
- sur(super ← up: over) + viv(생명) + al(명, 형 접미사)
- 전쟁이 끝난 후에도 삶 → 살아남음 (생존, 생존자)

vigor [vígər] 생기
- vi(vita의 변형: 생명) + gor
- 생명 → 생기(힘, 활력, 정력, 체력)

vivid [vívid] 생생한, 선명한
- viv(생명) + id
- ① 생생한(생기에 찬) ② (빛·색이) 선명한(밝은) ③ (묘사·인상 따위가) 명확한

beware[biwɛ́ər] 조심하다

- be + ware(watch, awake: 잠 깨다, 각성하다)
- be watchful → 조심(주의, 경계)하다

aware[əwer] 알고 있는

- a(강조) + ware(watch, awake)
- watch → awake → 알고(깨닫고, 의식하고)

warn[wɔːrn] 경고하다

- wa(awake & watch의 wa: 깨어서 지켜보다) + rn
- 어떤 잠재적인 위험에 대해 깨어 있게 하다 → 경고하다(조심하게 하다)

beware의 ware는 watch

warrant[wɔ́(ː)rənt] 보증하다

- warr(to warn, guard: 경고하다, 경계하다, 지키다) + ant
- 지키다(watch) → 보증하다(보장하다) → 보증(서)
- 명 warranty 품질 보증서

reverence[rév-ərəns] 존경, 숭배

- re(강조) + ver(wer → war, awake & watch의 wa) + ence
- 강하게 깨어서 지켜봄 → 너무나 놀라운 존재(것)를 보고 어안이 벙벙한 모습 → 존경, 숭배, 경의

guarantee[gæ̀rəntíː] 보증하다

- warrant의 변형(gu = w) → 보증하다(보장하다) → 보증(서)
- 명 guaranty 보증, 보증인, 보증물

022 FORT & GUARD

fort = strong / guard = watch

Anchoring Ideas

fort[fɔːrt]는 적의 어떤 공격에도 견딜 수 있도록 조직적이며 견고하게 건축된 군용시설을 말한다. **fort는 본래 strong 이다.** '강한(strong) → 강한 장소 → 요새(성채, 보루)'의 과정을 거친 단어이다. fort(요새)는 Fort apache(아파치 요새)와 같은 전쟁영화의 주제가 되기도 한다.

guard[gɑːrd]는 watch의 뜻이다. 영어에서는 종종 gu = w이고 w = v이다. 그러므로 guard는 ward, wait, watch(→ wake → vital)와 같은 어원의 단어이다. guard의 어원에 따른 뜻은 '깨어서 지켜보며 기다리는 자'이고 뜻은 '보초병, 경호원, 호위병'의 뜻이다. guard = watch 로 기억하자.

regard는 '주의, 존중, 안부'라는 뜻이 있지만 기본 뜻은 watch이다. 당대 인기 정상의 배우였던 케빈 코스트너와 최고의 인기 여가수 휘트니 휴스턴이 주연한 영화 Bodyguard는 전 세계를 흥분의 도가니로 몰아넣었다. bodyguard의 guard(경호원, 호위병)의 본래 뜻은 'watch하는 자'이다.

접두사 re와 guard의 합성어인 regard의 문자적인 뜻은 '계속해서 지켜보다(watch)'이다. 이 원래 뜻에서 '주의(관심), 존중(고려), 안부'의 뜻이 나왔다. 영화 Bodyguard에서는 bodyguard와 가수가 서로를 계속 지켜보고, 관심을 가지고 서로를 고려하고 존중하고 결국 사랑에 빠진다. 그래서 regard는 watch, 관심, 존중 등의 뜻이 있다고 기억하면 될 것 같다.

Fun Word Story

hospitality와 hostility는 어원이 같은데 왜 '환대'와 '적의'라는 정반대 뜻을 가지고 있을까?

guest[gest]는 본래 '적(대적)'이란 뜻인데 '이방인'이란 뜻을 거쳐서 '손님, 여관 등의 숙박인'이란 뜻으로 사용된다. host[houst]는 guest의 변형으로 본래는 'guest의 주인'인데 '(연회, 여관 등의) 주인'이라는 뜻으로 사용된다. hospital[hάspitl]은 'host가 guest를 접대하는 시설'이라는 본래 뜻에서 '자선 시설, 병원'이 되었다. hospitality[hὰspitǽləti]는 'host로서 guest를 접대하다'라는 본래 뜻에서 '환대, 후대'가 되었다. hospitality와 어원이 같은 hostility[hɑstíləti]는 본래 '적에 대한 마음, 행위'이고 '적의(적개심), 적대 행위'라는 뜻이다. host의 변형인 guest가 본래는 '대적'이었다가 '손님'이라는 뜻으로 사용된다는 사실은 host가 붙은 단어들이 '환대'나 '적대감'이라는 뜻으로 사용되는 이유를 설명해 준다. hostage[hάstidʒ/hɔ́s-](볼모, 인질)는 숙박인(guest)이 보증으로서 집주인에 의해 잡혀 있다는 데서 '인질'이라는 뜻으로 발전했다.

fort[fɔːrt] 성채, 요새
- 강한(strong) → 강한 장소 → 성채, 요새
- a fortiled town = burg(예 게티스버그) = borough[bé:rou/bʌreg] → burrow[bə:rou] - (여우나 토끼의) 굴 (피난처, 은신처)
  The rain had washed out his burrow. (13 수능)

force[fɔːrs] 힘, 억지로 시키다
- strength(힘) → 힘(세력, 기세), 무력 → 힘을 행사하다 → 억지로 시키다

reinforce[rìːinfɔ́ːrs] 보강하다
- 다시(re) 힘을 넣다 → 보강하다(증원, 보급 따위로)

fortitude[fɔ́ːrtətjùːd] 불굴의 정신
- fort(strong) + (i)tude(명사형 접미사)
- 강한 상태(성질) → 마음의 힘 → 불굴의 정신(용기)

fort(성채)는 strong

potent[póutnt] 힘센, 강한
- powerful(세력 있는, 힘센), effective(효능 있는), 성적 능력이 있는

↕ impotent 무력한

effort[éfərt] 노력
- 힘(fort)을 냄(ex) → 노력, 노력의 결과물

potential[pətén∫l] 가능한, 잠재적인, 가능성, 잠재력

possess[pəzés] 소유하다
- poss(pot: power) + ess(to be)
- 있도록 능력 있는 → 소유하다

enforce [enfɔ́:rs] 시행하다
- 힘을(force) 넣다(en ← in) → 강요하다, (법률 등을) 시행하다

comfort [kʌ́mfərt] 위로하다
- 힘(fort)을 많이(com) 주다
  → 위로하다 → 위로

comfortable 힘을 주는, 위로의, 평안한

tutor 감시자, 보호자, 후견인, 가정교사

guardian 감시인, 보호자, 후견인
- guard + ian(사람)

guard [gɑ:rd] 보초병, 경호원
- watch하는 자 → 보초병, 경호원, 호위병

ware [wer] 상품, 판매품
- ware ← ward ← guard
- 본래 뜻은 '지켜지는' 대상
- warehouse 창고, 큰 상점

regard [rigɑ́:rd] 주의, 고려, 안부
- 다시(계속해서) watch
  → 주의(관심), 고려(존중), 안부

guard (→ ward → wait → watch)

disregard [dìsrigɑ́:rd] 무시하다
- dis(apart, not, opposite) + regard
- not watch → 무시(無視)하다

reward [riwɔ́:rd] 상, 벌을 주다
- re + ward(guard=ward → wait → watch)
- 계속해서 watch한 후 → 상, 벌을 주다, 보수(보답, 응보)

award [əwɔ́:rd] 상
- watch한 후 ~에게(a) → 공식적인 상 (상을 주다)
- ☞ 과거에는 법률용어, 공적인 뜻, academy award와 Grammy Award

023
VALiant & TERror

val = strong / ter(몸이 덜덜 떨리다)

Anchoring Ideas

미국의 시사주간지 〈타임〉이 선정한 10대 연재만화 중 세계적으로 4400만 명의 팬을 보유한 Prince Valiant라는 만화가 있다. Prince Valiant는 아서왕의 빼앗긴 엑스칼리버를 되찾으려는 바이킹의 후예 Prince Valiant의 여정을 그렸다. 왕자의 이름이 Valiant인데 valiant는 '힘센(건장한) → 용감한(영웅적인)'의 뜻이다. **valiant의 val이 strong**임을 기억하자.

- Every dog is <u>valiant</u> at his own door.
  어떤 개든지 자기 집 앞에서는 용감하다.

여기서도 valiant는 strong이다. strong dog는 용감한 개다. valiant는 약간 어려운 단어이지만 value, valid, prevail 등과 같은 단어들을 익히기 위한 기초로 아주 좋은 단어이다.

참고로 valiant는 violate[váiəlèit]와 함께 알아 두자. 어원과 발음이 비슷하다. violate의 어원도 '힘(strength)'이다. '힘으로 깨뜨리다(break) → 위반하다'가 된다. violence[váiələns]는 '손상을 주기 위해 사용된 물리적인 힘 → 폭력(강간)'이다. 힘을 가진 것은 태풍같이 격렬하므로 '격렬함'의 뜻도 있다. violation[vàiəléiʃən]은 '위반, 침해, 폭행'이다.

104

terror(두려움, 두려운 것)의 ter는 '덜(ter)덜(ter) 떨리는'으로 기억하면 좋다. 오사마 빈 라덴과 그가 이끄는 terror 조직 '알 카에다'의 소행으로 추정되는 terror 공격으로 세계무역센터(WTC) 남쪽 빌딩과 북쪽 빌딩이 모두 붕괴되었다. terror는 '몸이 덜덜 떨릴 정도의 두려움'이다. terror의 뜻은 '두려움 → 두려운 것 → 테러'이다.

Fun Word Story

vanguard는 프랑스어 아방가르드(avant-garde)의 변형이다. avant-garde는 프랑스어로 'avant(앞에)'와 'guard(watch)'의 합성어이다. 군사용어로 '척후병, 전위, 선봉'이라는 뜻이고 일반적으로 '선구자'라는 뜻으로 사용된다. 척후병(斥候兵)은 적의 형편이나 지형 따위를 정찰하고 탐색하는 임무를 맡은 병사를 말한다. '전위(前衛)'라는 한자어는 '앞에서 지킴(보호, 호위)'이라는 뜻이다.

vanguard는 avant-garde의 문자적인 뜻과 완전히 일치한다. 아방가르드라는 용어가 예술에 전용되면 앞으로 전개될 새로운 예술을 탐색하고 이제까지의 예술개념을 일변시킬 수 있는 혁명적인 예술경향 또는 그 운동을 뜻한다. 허브 루발린이 창간한 아방가르드(Avant-garde)라는 유명한 잡지가 있었다. 잡지 Avant-garde는 제목이 암시하는 바대로 전위적인 내용으로 가득했다. 1960년대 인종주의와 성차별 그리고 여성의 인권, 반전 등을 다루었는데 결국 음란죄로 폐간되었다.

valiant(용감한)의 val은 strong

valid [vǽlid] 유효한
- (고어) strong → 효력(效力) 있는 → 유효한

invalid 무효한
- in(in, en, un) + valid(유효한)
- 무효한, 병약한, 병약자
- 유의어 ailing 병든, 괴로운, 약화된 ail(괴로움, 고민, 병)은 '아~ 아흐!'와 같은 신음소리의 변형

value [vǽljuː] 가치
- strong → effective(효력 있는) → 가치 → 가치를 지니다
- 동의어 estimate 견적, 평가 → 어림잡다, 평가하다

prevail [privéil] 우세하다
- pre(앞에) + vail(val: strong)
- 힘에 있어서 앞서다 → 우세(優勢)하다

avail [əvéil] 효력이 있다
- a(ad: at, to) + vail(val: strong)
- ~에게 힘이 있다 → 효력 있다 → 효력

available 이용할 수 있는
- avail + able(~할 수 있는)
- 효력 있는 → 이용할 수 있는
  + 약이 효력이 떨어지면 이용할 수 없다.

evaluate [ivǽljuèit] 평가하다
- e(ex: 밖으로) + valu(val: strong) + ate(명, 동, 형 접미사)
- ~의 가치를 발견해 내다(ex) → 평가하다

terrorism 테러리즘, 폭력주의
- terror + ism(주의)

terror[térəːr] 두려움, 테러
- 무서워서 몸이 덜덜 떨리게 하는 것 → 두려움, 두려운 것, 테러(파괴적인 두려움을 일으키는 행동)

tremble[trémb-əl] 떨다, 전율하다, 떨림

terrify[térəfài] 겁나게 하다
- terror + fy(만들다)
- 덜덜 떨게 만들다 → 겁나게 하다, 놀래다

terror의 ter는 덜(ter)덜(ter) 떨리는

deter[ditəːr] 제지하다, 단념시키다
- de + terror
- 명 deterrent 제지하는 것, 방해물

terrible[térəb-əl] 소름 끼치는
- terror + ible(able)
- 몸이 덜덜 떨리는 → 소름 끼치는(무서운), 굉장한

tremendous[triméndəs] 엄청난
- 몸이 덜덜 떨리는 → 소름 끼치는(무서운) → 굉장한, 대단한

terrific[tərífik] 대단한
- 몸이 덜덜 떨리는 → 소름 끼치는 → 대단한(빼어난)

024 PLEAsure & GRAce

plea = gra(기쁘게 하다)

Anchoring Ideas

pleasure(쾌락)의 **plea**는 '기쁘게 하다'이다. '제발, 부디'라는 뜻인 please는 if it pleases you의 축약이다. Please come in.은 May it please you to come in(들어오시는 것이 당신을 기쁘게 만들기를).의 축약형이다. 어린 왕자가 말했다. "If you please, draw me a sheep!(만약 당신이 기뻐하신다면 나에게 양을 그려 주세요!)"

grace의 **gra**는 **pleasing**, 즉 '기쁘게 하는 것'이다. '은혜'로 알고 있는 grace는 라틴어 gratus에서 온 단어로 문자적인 뜻은 '기쁘게 하는 것(pleasing)'이다. 본래 뜻인 '기뻐하는 것'에서 좀 더 의미가 확장되어 '기쁘게 하는 특성, 기뻐하는 뜻(호의)'이라는 의미도 있다. grace의 모든 뜻을 외우려고 하지 말고 일단 '기쁘게 하는 특성, 기뻐하는 뜻(호의)' 이 두 가지 뜻만 기억하자. 그러면 문맥에서 자동으로 해석이 된다.

- He's given me a month's <u>grace</u> to get the money.
  그는 돈을 구하도록 한 달간의 호의(기간)를 나에게 주었다.
- She <u>graced</u> the meeting.
  그녀가 기쁘게 하는 특성을 주었다. → 그녀가 모임을 기쁘게 했다.
- She walked across the stage with <u>grace</u>.
  그녀는 기쁨을 주는 특성(우아함)을 가지고 무대를 가로질러 걸었다.

grace를 '은혜'로만 알고 있는 사람들은 결코 이 문장들을 해석할 수 없을 것이다. 단어의 한국말 뜻에 얽매이지 말자. 한국말의 뜻은 사전마다, 단어 책마다 다소 다르다. 원래의 핵심 의미를 파악하는 것이 중요하다.

Fun Word Story

solar는 '태양의'라는 뜻으로, solar system(태양계), solar energy(태양에너지) a solar eclipse(일식) 등으로 사용된다. 여기서 sol은 sun이다.

solar(태양의)와 silly(어리석은)를 함께 발음해 보면 그 유사성에 놀란다. 자형도 비슷하다. 실제로 두 단어는 어원상 관계가 있는 것일까? silly는 고어에서는 '태양이 빛나는 것처럼 행복한'이란 뜻이었다. "바보는 늘 행복하다."라는 말을 생각하면 왜 '행복한'이라는 뜻이었던 silly가 지금은 '어리석은, 바보'라는 뜻으로 사용되는지 이해할 것이다. solace[sɑ́ləs/sɔ́ː]는 '위안, 위안하다', console[kənsóul]은 '위로하다, 위문하다'이다. 이들의 문자적인 뜻은 '태양처럼 따뜻하게 하다'이다.

참고로 eclipse[iklíps](일식)는 〈ec(ex) + lipse〉로 구성된 단어인데 lipse는 leave이다. eclipse의 문자적인 뜻은 '(해, 달, 등이) 밖으로 떠나버리다'이다. relinquish[rilíŋkwiʃ](포기하다, 떠나다), delinquent[dilíŋkwənt](연체된, 의무를 다하지 않는)도 eclipse 관련 단어이다.

please[pli:z] 제발, 기쁘게 하다

- ① 기쁘게 하다
  ② 제발, 부디, 미안하지만(if it pleases you의 축약)

pleasure 쾌락

- pleas + ure(명사형 접미사)
- ① 쾌락(기쁨, 만족) ② (관능적) 쾌락

pleasure(쾌락)의 plea는 기쁘게 하다

plead[pli:d] 변론하다, 간청하다

- please의 변형 → 상대방(원고, 판사 따위)을 기쁘게 하다
  → ① 변론하다 → ② 이유로서 주장하다 → ③ 간청하다
- 명 plea 변론, 소송, 간청

complacent[kəmpléisənt] 만족한, 안심한

- 기쁘게 하는 → 만족한(마음속으로 즐거워하는) → 안심한
- 명 complacence, -cency 자기만족(만족감을 주는 것)

gratuity[grətú:əti] 팁, 봉사료

congratulate[kəngrǽtʃəlèit] 축하하다

- con(함께) + grat(grace: 기쁘게 하다) + (ul) + ate(명, 동, 형 접미사)
- 함께 기뻐하다 → 축하하다

grace [greis] 은혜
- 기쁘게 하는 것 → 기뻐하는 뜻(호의), 은혜 → 기쁘게 하는 특성(우아함, 예의)

disgrace [disgréis] 창피
- dis(apart, not, opposite) + grace
- 호의를 잃게 하다(~을 망신시키다) → 눈밖에 남, 창피(치욕)

grateful [gréitfəl] 감사하는, 기분 좋은
- 기쁘게 하는 것으로 가득 찬 → ① 기분 좋은 → ② 감사하는

grace의 gra는 기쁘게 하는 것(pleasing)

gratitude [grǽtətjuːd] 감사
- grati(grace) + tude(명사형 접미사)
- 기쁨으로 가득 찬 상태(the state of being grateful) → 감사

gratis [grǽtɪs] 무료로, 공짜로

disagree [dìsəgríː] 동의하지 않다
- dis(apart, not, opposite) + agree(기뻐하다 → 동의하다)
- 기뻐하지 않다 → 동의하지 않다

agree [əgríː] 동의하다
- a(ad의 변형: at, to) + gree(grace의 변형: 기쁘게 하는 것)
- ~에 기쁘다 → 동의하다(승낙하다)

agreeable [əgríːəbl] 유쾌한
- agree(~에게 기쁘다 → 동의하다) + able(형 접미사)
- ~에게 기쁜 → 유쾌한
- ☞ '동의하는'이 아니다. 이유는 agree의 본래 뜻이 '기쁘다'이기 때문이다.

025 MIND

mind(생각, 정신)

Anchoring Ideas

mind control의 mind는 '생각, 정신'이라는 뜻이다. mind는 '마음'이란 뜻으로 사용되기는 하지만 본래 의미는 '생각(감정, 의지에 대하여)'이라는 뜻이 강하다. 볼프 메싱이 경비원들을 자기가 스탈린이라고 mind control(생각 조종)하여 아무런 검문도 받지 않고 오히려 경례를 받으며 경비가 삼엄한 크레믈린궁 밖으로 걸어 나간 일화가 있다.

monitor의 moni는 mind의 변형이다. 모니터라는 단어를 볼 때, 보통은 컴퓨터 모니터를 먼저 생각하지만 본래 모니터는 병원에서 환자의 혈압상태 등을 체크하고 주의하게 하는 기계였다. monitor의 문자 그대로의 뜻은 '무언가가 전달되는 상태를 끊임없이 체크해 주는 것'이다. monitor는 '충고자, 권고자'라는 뜻도 있다. monitor의 문자 그대로의 뜻이 '생각나게 하는 자, 체크해 주는 자'라는 것을 알면 왜 monitor가 '충고자'라는 뜻이 있는지 이해할 수 있다.

monster(괴물)의 어원을 알면 매우 재미있다. monster의 문자적인 뜻은 '나쁜 일이 일어날 것이라고 생각나게 하는 자'이다. 고대인은 기이한 괴물이 나타나면 곧 나쁜 일이 일어날 징조라 믿었다. 그 기이한 괴물은 나쁜 일이 일어날 것을 깨우쳐 주는 것이었다. 반인반마의 켄타우로스 같은 상상의 괴물이 monster이다. monster의 본래 의미는 '재앙이 올 것을 생각나게 하는 것(경고하는 것)'이다. monster의 monst도 mind의 변형이다.

Fun Word Story

뮤즈(Muse)는 시·음악·학예를 주관하는 9여신 중의 하나이다. 그림은 위대한 시인 헤시오도스와 그에게 영감을 주고 있는 뮤즈의 모습이다. 뮤즈는 일반적으로 시나 음악의 신으로 알려져 있지만, 고대에는 역사나 천문학까지도 포함하는 학예(학문과 예능) 전반의 신으로 간주되었다.

'(시인이 뮤즈로부터 영감을 받기 위해) 명상하다'는 muse, 그리고 그 시에 곡을 붙이면 music(음악), 그 시로 인해 '즐겁게 하다'는 amuse이다. museum(박물관, 미술관)은 본래 'Muse의 신전'이라는 뜻인데 고어에서는 학문하는 곳인 '대학, 도서관'의 뜻이었다가 지금은 '박물관, 미술관, 기념관'이라는 뜻으로 사용된다.

temple[témp-əl]은 신을 경배하는 곳 즉 '신전, 성당, 절'이다. contemplate[kántəmplèit]은 〈con(함께, 강조) + templ(temple: 경배하는 곳 → 주의 깊게 응시하다, 명상하다) + ate〉로 구성된 단어이며 '응시하다(바라보다) → 명상하다(깊이 생각하다)'라는 뜻이다. contemplate는 '경배'와 관련된 단어이기 때문에 '지속적인 어떤 것에 대해 주의 깊게 지속적으로 고려하고 생각하다'라는 의미를 가진다.

- I <u>contemplate</u> visiting Serengeti.
  세렝게티 초원으로 갈까 생각하고 있다.

remind [rimáind] 생각나게 하다
- 다시 생각나게 하다 → 생각나게 하다

mind [maind] 생각, 마음
- 명 생각(감정·의지에 대하여), 마음(정신)
  동 생각(정신)을 쓰다 → ~에 주의를 기울이다

mastermind 입안자, 지도자
- master(주인, 선생, 대가) + mind

mind control의 mind는 마음(생각, 정신)

summon [sʌ́mən] 소환하다, 소집하다
- sum(sub: 아래) + mon(monitor: 기억나게 하는 자, 충고자 → 모니터)
- 비밀하게(sub) 충고하게 하기 위해 → 소환하다, (의회 등을) 소집하다

admonish [ədmάniʃ] 깨우치다
- ad(at, to) + mon(monitor: 기억나게 하는 자) + ish(형, 동 접미사)
- ~에게 생각나게 하다 → 깨우치다(훈계를 주다)

monitor [mάnitər] 체크해 주는 자
- 기억나게 하는 자 → 체크해 주는 자(것), 모니터

mental[méntl] 마음의(정신의)
- ment(mind의 변형) + al(명, 형 접미사)

comment[kάment] 촌평, 해설
- com(함께, 강조) + ment (mind의 변형)
- 강하게 생각을 나타냄 → 논평(비평), 해설(주석)

mention[ménʃən] 말하다, 언급
- 생각을 나타내다 → 말하다(언급하다) → 언급(진술)

monument[mάnjəmənt] 기념물
- monu(mind) + ment(명사형 접미사)
- 고인을 기억나게 하는 것 → (고어) 납골당 → 기념물→기념물(비)를 세우다

ceremony[sérəmòuni] 의식
- cere(로마 근교의 caere) + mony (mind)
- 로마 근교의 caere에서 종교의식으로 기념함 → 의식(의례)

monster[mɔ́nstər] 괴물
- mon(mind) + (st) + er(행위자)
- 재앙이 일어날 것이라고 생각나게 하는 자 → 괴물
- 고대인들은 기이한 괴물이 나타나면 곧 나쁜 일이 일어날 징조라고 믿었다.

demonstrate[démənstrèit] 증명하다
- de(down, completely, not) + monster(깨닫게 하는 자 → 괴물) + ate
- 완전히 깨닫게 하다 → (실험, 증거, 논리, 모형으로) 증명하다(설명하다)

026 READ & comPUTEr

read, rid(생각하다) / pute(계산하다)

Anchoring Ideas

"아침에는 네 다리로, 낮에는 두 다리로, 밤에는 세 다리로 걷는 짐승이 무엇이냐?" 오이디푸스가 riddle(수수께끼)을 풀자 스핑크스는 억울해서 자살하고 말았다.

riddle(수수께끼)을 풀려면 많이 생각해야 한다. riddle(수수께끼)의 본래 뜻은 '생각해야만 풀 수 있는 것'이다. riddle의 rid는 '생각하다'이다.

read(읽다)의 본래 뜻도 '생각하다'이다. read의 뜻 중에 'riddle을 풀다'라는 뜻도 있다는 것을 알면 놀랄 것이다. "다시 생각함이 없이 읽는 것 (reading)은 소화하지 않고 읽는 것과 같다." 이런 명언을 볼 때 reading과 생각의 관계를 알 수 있다. **영어에서 riddle의 rid와 read의 문자적인 뜻은 '생각하다'이다.**

참고로 '해방하다(자유롭게 하다), 제거하다'의 rid는 ride(타다, 타고 가다)와 관계있는 단어이다. '구조하다, 구출하다'가 본래 뜻이었다. '말에 태워서 구조하다'로 생각하면 기억하기 좋다. **get rid of**는 '~을 면하다, 제거하다'의 뜻이다.

1946년에 만들어진 최초의 computer(컴퓨터)라고 알려져 있는 에니악(ENIAC)은 발사된 탄알이나 미사일이 목표에 이르기까지 그리는 선(탄도)을 계산하기 위해 만들어졌다. computer의 문자 그대로의 뜻은 '계산하는 것, 계산하는 기계'라는 뜻이다. **computer의 pute는 '계산하다'이다.**

Fun Word Story

1. Memo

시, 음악, 천문, 역사의 신인 뮤즈(Muse)는 기억의 신인 므네모시네(Mnemosyne)의 딸들이다. 시, 음악, 천문, 역사가 기억과 밀접한 관계가 있기 때문일 것이다. MnEMOsyne를 대문자 부분만 읽으면 memo(기억되기 위한 것 → 메모)가 된다. 같은 어원의 단어는 memory[mémə ri](기억, 기억력), memorial[mimɔ́ːriəl](기억의, 기념의, 기념물), commemorate[kəmémərèit](축사·의식 등으로 기념하다), mourn[mɔːrn](고인을 기억하고 슬퍼하다 → 슬퍼하다, 한탄하다), memoir[mémwɔːr](회고록, 전기)가 있다.

2. Trick

trick(속임수, 책략)은 본래 '카드를 뒤섞다'라는 뜻이다. 카드를 섞을 때 나는 소리 '트르륵'을 연상시킨다. trick[trik]은 '① 속임수(책략, 계교) → ② 묘기(재주, 곡예) → ③ 비결(요령)'이라는 뜻이다. trick의 본래 뜻이 '카드를 뒤섞다'임을 아는 순간 trick의 뜻은 저절로 기억된다. intricate[íntrəkit]은 '안으로 뒤섞인'이 문자적인 뜻이고 '뒤얽힌(얽히고 설킨), 복잡한'이라는 뜻이다. intrigue[intríːg]는 intricate의 변형이다. trick에서 '음모(술책), 정사(밀통, 간통), (연극 따위의) 줄거리(구성)'라는 뜻으로 발전했다. intrigue가 동사로 사용되면 '음모를 꾸미다, 흥미(호기심)을 자아내다'이다.

read(읽다)는 생각하다

riddle[rídl] 수수께끼
- 생각(추론)해야만 풀 수 있는 것
→ 수수께끼

rate[reit] 요금, 평가되다
- 생각된 것(계산된 것)
→ 요금, 율, 속도, 등급, 평가되다

rational[rǽʃ-ənl] 이성적인, 합리적인
- 생각이 있는 → 이성적인 (것), 합리적인 (것)
- ratio 비율

rationality 합리성, 합리적인 행동
- utilitarian rationality 실용주의적인 합리성(14 수능)

reckon[rék-ən] 생각하다, 계산하다, 판단하다

reckless 분별 없는
- 생각이 없는 → 분별 없는(무모한)

reason[ríːz-ən] 이성
- read(생각하다 → 읽다)의 변형 → 생각하는 능력 → 이성(지성, 추리력, 판단력), 이성적인 생각(행위) → 추론하다

reasonable 이치에 맞는, 분별 있는

arithmetic[əríθmətik] 산수
- 계산하는 학문(것) → 산수(계산), 산수책
- 비교 mathematic 수학

rite[raɪt] 의례
- 이성적인 것 → 의례(의식), 교회의 의식
☞ 종교의식을 행하는 사람들은 이것이 가장 이성적인 것이라고 생각한다.

ritual 의식의, 관습의, 의식

reputation 평판, 명성

repute[ripjúːt] 고려하다, 평판
- re(again, back, against) + pute(계산하다)
- 계속해서 계산하다 → 고려하다(consider) 사람들에 의해 계속해서 계산되고 생각되는 것 → 평판(세평), 명성

pave[peɪv] 도로를 포장하다
- 라틴어 putare(불필요한 부분을 잘라내다)가 pute, pave의 어원

dispute[dispjúːt] 반론하다, 다투다
- dis(apart, not, opposite) + pute (계산하다)
- 반대로 계산하다(생각하다) → 반론하다, 다투다(경쟁하다)

computer의 pute는 계산하다

deputy[depjuti] 대리인, 부관
- 자격이 있는지 계산해서 맡긴 사람

count[kaunt] 계산하다, 의지하다
- ① 계산하다, 계산 ② 중요성을 지니다 ③ 의지하다 ④ 믿다
- computer의 변형: pu를 발음하지 않으면 count와 발음이 거의 같다.
- count on 믿다, 의지하다
- counter 계산대

account[əkáunt] 예금, 원인
- ac(ad: at, to) + count
- (고어) computation(계산) → 계산서(받거나 주어야 할 돈의 기록) → 예금 → 계좌(은행에 주거나 받아야 할 돈의 기록) → (금전 처리에 관한) 보고(서) → 이유(원인)
- account book 회계장부
  동의어 ledger: lie, lay가 어원, 한 장소에 항상 놓여(lie, lay) 있는 것

027 SCIssors & WIDow

sci(자르다) / wid(분리하다)

Anchoring Ideas

scissors(가위)는 〈sci(자르다) + ss + or(행위자) + s(복수형 접미사)〉로 구성된 단어이다. scissors(가위)의 문자적인 뜻은 '자르는 것들'이다. **scissors의 sci는 '자르다'라는 의미임을 기억하자.**

science(과학)은 '분리된 것 → 전문화되어 나누어지는 각 분과의 학'이 문자적인 뜻이다. 처음 '과학'이란 용어를 만든 사람은 일본인 니시 아마네로 알려져 있다. 그가 '명륜잡지'에 연재하던 '지설'이란 글에서 '과학'이란 말을 처음으로 그것도 꼭 한 번 사용했는데, 당시만 해도 전문화되는 각 '분과(分科)의 학(學)'이란 정도의 뜻으로 쓴 표현이었다고 한다.

ship(배)의 어원은 '통나무로부터 분리해 낸 나무'라는 뜻이다. 통나무 배를 생각해보라. 통나무를 배 모양으로 만들려면 많은 부분을 잘라내고, 벗겨내고, 분리해 내어야 한다. 그러면 통나무가 배가 된다.

shed[ʃed]는 많은 뜻이 있는데 그중 '분리하다'라는 뜻만 알면 된다. ship과 shed를 연관시켜 생각해 본 적이 없겠지만 두 단어는 어원이 같다. shed와 ship은 발음도 비슷하다. ship과 shed, scissors(자르는 것 → 가위)는 어원이 같다.

shed의 뜻을 영한사전에서 검색해 보면 정말 많은 뜻이 나온다. '(눈물·피 등을) 흘리다, (잎·씨 따위를) 떨어뜨리다, (뿔·껍질·깃털·이 따위를) 갈다, (빛·열·향기 등을) 발(산)하다, ~와 이혼하다(결별하다), (천 따위가) 물이 스며들지 않다, (물을) 튀기다, 탈모(탈피)하다, 껍질(허물)을 벗다' 등등이 있는데 이 많은 뜻을 따로 따로 외우는 것은 정말 어리석은 일이다.

이 다양한 뜻을 각각 모두 외울 필요가 없고 어원상의 핵심 뜻인 '분리하다'만 기억하면 된다. 눈물을 몸으로부터 분리하니까 <u>눈물을 흘리다</u>, 땀을 몸으로부터 분리하니까 <u>땀을 흘리다</u>, 피를 몸으로부터 분리하니까 <u>피를 흘리다</u>, 오리의 깃털이 물을 분리하니까 깃과 물을 분리한다 → 물이 깃 안으로 <u>스며들지 않다</u> 등이 된다. '헛간, 오두막'이라는 뜻의 shed[ʃed]는 shade[ʃeid](그늘, 응달)에서 나온 단어로 어원이 다르다.

shift[ʃift](변경, 교체, 이동)도 shed(분리하다)에서 발전한 단어이다. shift(분리하여 자리를 안배 → 변경), gearshift(기어변속기), shifter(이동장치, 옮기는 것이나 사람) 등으로 사용된다.

widow(과부 ← 남편과 분리된 사람)의 **wid**는 '분리하다'라는 뜻이다. wid(분리되다)는 다른 접두사, 접미사 등과 함께 쓰일 때는 vid로 바뀐다. 영어에서 종종 w = v이기 때문이다. 이 계열의 단어로는 divide(나누다, 분배), individual(개개의, 독특한), devise(고안, 고안물)과 같은 단어들이다.

science [sáiəns] 과학
- 분리된(sci) 것(ence) → 나누어지는 각 분과의 학 → 과학

conscience [kánʃəns] 양심
- con(함께 → 가지다) + sci(분리하다 → 알다) + ence
- con + science (×)
☞ 분리할 줄 아는 것은 안다는 뜻이다.
  예 오지 선다형 시험
- 앎을 가지는 것 → (고어) 자각(의식) → 양심(본래부터 알고 있는 것)

conscious [kánʃəs] 의식하고 있는
- 앎을 가지는 → 의식하고 있는, 알고 있는
- consciousness 의식

concise [kənsaɪs] 간결한
- con(함께, 강조) + cise(자르다)
- 자른 → 간결한(간명한)
- concisely 간결하게

decide [disáid] 결정하다
- de(down, completely, not, off) + cide(자르다)
- 잘라내다 → 선택하다 → 결정하다
- 명 decision 결정

precise [prisáis] 정밀한
- 미리(pre) 자른(cise) → 딱 들어맞는 → 정밀한(정확한)
- 명 precision 정확성

scissors (가위)
자르는 것

equip [ikwíp] 장비하다
- e(ex) + quip(← cuip ← ship ← sci)
☞ equip의 quip은 ship(배)의 변형. ship은 통나무에서 잘라낸(sci) 것
- 배가 떠날 장비를 갖추다 → 장비하다

유사 의미의 어원 tail
- tailor 재단사 → 재봉사
- detail 완전히 자른 것 → 세부, 상세
- entail 상속 재산을 자르다 → 상속인을 한정하다 → 잘라놓은 것들이 연속 발생하다 → 일어나다, 수반하다
- retail 잘라서 다시 팔다 → 소매, 소매하다
- curtail(삭감하다)은 어원은 다르지만 의미가 유사하므로 함께 기억해 두자.

widow[wídou] 과부
- wid = vid = 분리하다
- 남편과 분리된 사람 → 과부(미망인)

divide[diváid] 나누다
- di(dis: apart, not, opposite) + vide(wid의 변형: 분리하다)
- 나누어서 따로 두다 → 나누다(분배)

widow(과부)는 남편과 분리된 사람

individual[indəvídʒuəl] 개개의
- in(in, en, un) + divide + al(명, 형 접미사)
- 나누어질 수 없는 (것) → 개개의(각각의), 독특한(특유의)

devise[diváiz] 발명하다
- 분리된 것들을(vise) 아래로 놓다(de) → 부분들을 배열하다 → 발명하다

device 고안, 고안물

revise 개정하다, 바꾸다
- 어원이 다르다. 문자 그대로의 뜻은 '다시 보다'이다.

028
JUdge & BECAUSE

ju(iu: 똑바로) / by + cause

Anchoring Ideas

judge의 ju는 iu이다. 알파벳 j와 i를 함께 놓고 보면 그 모습이 매우 비슷하다. j는 i의 꼬리를 구부린 것이다. iu의 i는 '똑바른 막대기'라고 생각하자. 오사마 알사위 박사에 따르면 i는 기둥 모양에서 유래했다고 한다. **judge의 ju(iu)는 '똑바른'이라는 뜻이다.** 고대에 judge는 ruler(통치자)와 동의어였다. ruler는 본래는 '자'라는 뜻이다. judge(판사)는 본래 '똑바른 것을 말하는 사람'이란 뜻이다.

그림은 judge(판사)가 law(곧은 막대기로 상징된)를 팔고 있는 모습이다. judge가 똑바른 막대기를 들고 있는 것이 인상적이다. 남자는 judge가 들고 있는 곧은 막대기(law)를 판사로부터 사서 그것으로 아내를 다루고 있고 아내는 그로 인해 고통스러워하는 그림이다. judge의 ju(iu)는 '똑바른 막대기'라는 것을 기억하자.

because(~한 원인에 의해)는 〈**by** + **cause**(원인, 이유)〉의 구조를 갖는다. because의 be가 by의 변형이라는 것을 알면 because보

다 조금 어려운 cause가 '원인, 이유'라는 뜻임을 자연스럽게 알게 된다. because는 〈by + cause(원인)〉의 합성어이지만 cause(원인)보다 because가 훨씬 더 자주 나오는 단어이므로 because(원인에 의해)를 통해 cause(원인)를 학습하는 것이 더 쉬운 경우이다.

Fun Word Story

behold는 왜 '잡다'가 아닌 '보다, 보라'라는 뜻일까? behold가 〈be + hold〉라면 이 단어의 뜻은 '잡다'와 관련이 있어야 한다. 그런데 behold의 뜻은 '잡다'와는 아무 상관없는 듯 보이는 '보다, 보라'이다.

hold는 지금은 '붙잡다'라는 뜻이지만 과거에는 '(양 따위를) 지켜보다(watch over), 치다, 지키다, 보호하다'라는 뜻이었다. 즉, '양을 우리 안이나 어떤 영역 안에 지키다'의 뜻이었다. 그래서 hold는 고어에서는 '감옥, 요새, 피난처, 은신처'라는 뜻으로도 사용되었다. 이러한 뜻이 아직도 남아 있는 단어가 stronghold(요새 ← 강하게 지키는 곳)이다.

hold가 본래 '잡다'가 아니라 watch over이기 때문에 behold는 hold의 본래 뜻이 그대로 남아서 '보다, 보라'라는 뜻으로 사용되는 것이다. halt[hɔːlt](중단, 정지)는 hold의 변형이다.

judge[dʒʌdʒ] 재판관, 판결
- 똑바른 것을 말하는 사람 → 재판관(판사), 심판관 → 판결을 내리다

just[dʒʌst] 올바른, 직접
- 형 올바른(정당한)
- 부 일직선으로 직접(곧), 바로 그 방식대로 정확히, 그 방식대로만, 다만(오로지)

justice[dʒʌ́stis] 정의
- 똑바른 것 → ① 정의(공명정대) ② (J–) 정의의 여신

judge의 ju(iu)는 똑바른 막대기

justify[dʒʌ́stəfài] 옳다고 하다
- 똑바르다고 하다 → 옳다고 하다(정당화하다)
- 명 justification 타당한 이유, 정당화

prejudice[prédʒudis] 편견
- 미리(pre) 판단함(judge) → 편견(선입관), 편견을 갖게 하다
- ☞ bias[báiəs]: 사선, 편견(prejudice), many errors and biases

injure[índʒər] ~에게 해를 끼치다
- in(in, en: put in, un) + jure
- to do an injustice to(~에게 바르지 못한 것을 행하다) → ① ~에게 해를 끼치다(모욕을 주다) → ② 상처를 입히다

injury 해치기(모욕), 손상, 상처

behalf [bihǽf] 측, 이익
- be(by) + half(반, 절반)
- by (his) side(그의 편에서) → 측(편), 이익

because [bikɔ́ːz; -kʌz] ~한 이유로
- be(by) + cause(원인)
- 원인(cause)에 의해(by) → ~한 이유로, (왜냐하면) ~이므로

behave [bihéiv] 행동하다
- be(강조) + have
- 행동을 가지다 → 행동하다, (기계, 약 따위가) 작용하다
- 명 behavior 행동(행실), 움직임

behold [bihóuld] 보다
- be(강조) + hold(watch over → 지키다 → 붙잡다)

hold 붙잡다
- 지금은 '붙잡다'의 뜻이지만 과거에는 양 따위를 '지켜보다(watch over), 지키다, 보호하다'의 뜻이었다. 신념을 붙잡으면 '지지하다', 계속 붙잡으면 '지탱하다'가 된다.

because는 by + cause(원인)

cause [kɔːz] 원인
- 원인(이유) → ~의 원인이 되다 (…로 하여금 ~하게 하다)

accuse [əkjúːz] ~에게 원인을 돌리다
- ~에게 원인을 돌리다 → 고소(고발)하다, ~을 비난하다
- 명 accusation 비난, 고발, 기소

029 RULE

rule = ruler(자)

Anchoring Ideas

영한사전들에서 rule[ru;l]의 뜻을 찾아보면 '규칙, 원칙, 법칙, 지배, 통치'와 같은 뜻이 나열되고 대여섯 번째쯤에 '자'라는 뜻이 등장한다. 아마 대부분의 사람들이 rule의 다른 뜻은 많이 알아도 '자'라는 뜻이 있다는 것을 몰랐을 것이다. rule의 문자 그대로의 뜻이 '자'라는 것만 알면 다른 모든 뜻들은 자연스럽게 이해되는데 대부분의 사람들은 rule에 '자'라는 뜻이 있다는 것조차 모르고 있다는 것은 어떻게 보면 우스운 일이다. 똑바르게 선을 긋도록 사람을 통제하고 안내하는 자의 이미지로부터 '규칙, 원칙, 법칙, 지배, 통치'라는 다른 뜻이 나왔다.

마찬가지로 ruler(통치자)의 본래 뜻도 '자'이다. 라틴어 regula(자)가 옛 프랑스어 riuler를 거쳐 ruler(자)가 되었다. ruler는 본래 '자'라는 뜻이 무엇이든지 바르게 하는 '통치자'의 뜻으로 확대된 것이다. 라틴어로 regula가 '자'라는 것 하나를 기억하면 이 계열의 단어를 거의 공짜로 건질 수 있다. regular(규칙적인, 정기적인)는 '자(ruler)의 눈금처럼 균일한 원칙, 형태를 가진'이 본래 뜻이다.

dress(정장)는 direct(똑바르게 하다 → 지도하다)와 정확히 어원이 같다. dress의 어원도 rule, regular와 같다. dress의 대표적인 뜻은 '정장'이지만 다른 뜻도 많다. ① 옷을 똑바르게 하다 → 정장시키다, 정장 ② 진열장 따위를 똑바르게 하다 → 장식하다 ③ 일과 일한 장소를 똑바르게 하다 → 마무리하다 ④ 군대를 똑바르게 하다 → 군대를 정렬하다(dress troops in line) 등이 있다.

dress는 '옷, 머리카락, 가죽, 말 등의 털, 진열장, 상처, 광석 등을 바르게 하다, 옳게 하다'의 뜻으로 사용되는 반면에 direct는 '행동, 방향, 태도 등을 바르게 하다, 옳게 하다'의 뜻으로 사용된다.

dress의 본래 뜻이 '똑바르게 하다'인 것을 알면 다음의 문장들을 해석할 수 있다.

- The nurse <u>dressed</u> the cut on my knee.
  그 간호사는 내 무릎의 상처를 치료해 주었다.
- Her father <u>dressed</u> her down for coming late.
  그녀의 아버지는 그녀가 집에 늦게 온다고 해서 그녀를 꾸짖었다.

dress의 뜻을 어원에 따라 철저히 공부하지 않은 사람은 이 문장을 어떻게 해석해야 할지 모를 것이다.

dressing(요리 소스)은 '요리를 바르게 하는 것(맛있게 하는 것)'이라는 문자적인 뜻이 발전하여 '요리나 샐러드 위에 붓는 소스'로 사용되고 '상처를 바르게 하는 것(치료하는 것)'인 '붕대, 연고'로 사용된다. address는 '기록된 말(편지)이 어떤 사람이 사는 곳에 똑바로 가도록 하다'라는 문자적인 뜻이 발전하여 '주소를 쓰다(주소)'라는 뜻으로 사용된다. 또한 '말해진 말들이 어떤 사람에게 똑바로 가도록 하다'라는 문자적인 뜻이 발전하여 '연설하다(연설)'라는 뜻으로 사용된다.

rail[reil] 철도, 울타리
- 자처럼 똑바른 것 → 철도, guard rail, 울타리, (수건걸이 따위의) 가로대

rule[ruːl] 통치, 자, 규칙
- 자 → 규칙(원칙, 법칙), 통치 → 통치하다
- ruler 자 → 통치자

regular[régjələːr] 규칙적인
- regul(rule: 규칙) + ar
- 자의 눈금처럼 균일한 원칙, 형태를 가진 → 규칙적인(정기적인)
- 라틴어 regula는 자
- regulate 규정하다

royal[rɔ́iəl] 왕의
- 자의(roy + al) → 통치자의 → 왕의(왕족의)
- 동의어 regal: regal → real → royal

royalty[rɔ́iəlti] 사용료
- 왕의 것(ty) → 왕의 것을 사용한 대가로 왕에게 바치는 세금 → 사용료

rule(통치)은 자

realm[relm] 왕국, 영역
- real(royal의 변형) + m

reign[rein] 통치
- 통치(통치권, 통치의 시기) → 통치하다

region[ríːdʒ-ən] 지방
- 통치하는 영역 → 지방(지역, 영역)

right[rait] 곧은, 바른, 옳은
- right가 '오른쪽'이라는 뜻을 가지게 된 이유: 동·서양 모두 오른쪽은 바른쪽, 왼쪽은 틀린쪽이라는 인식이 있었다.

rigid[rídʒid] 굳은, 완고한
- 목이 자처럼 똑바른 → 굳은(단단한), 완고한, 엄격한(엄밀한)

arrogant[ǽrəgənt] 거만한
- ~에게(ar = ad = at: to) 똑바르게 하는 → 목이 곧은 → 거만(오만)한, 건방진

correct[kərékt] 바로잡다
- 함께(com → cor) 바르게 하다 → 바로잡다 → 옳은

direct[dirékt] 지도하다, 안내하다
- 떨어져서(dis → di) 바르게 하다 → 지도하다(통치하다), 안내하다
- directory 지령집, 중역회, 주소록

erect[irékt] 똑바로 세우다, 똑바로 선
- 밖으로(ex) 똑바르게 하다 → 똑바로 세우다, 똑바로 선

alert 경계시키다
- 경계시키다 → 방심 않는(정신을 바짝 차린) → 경계(경보)
- ☞ erect의 변형. 프레리 독이 똑바로 서서 경계하는 모습을 상상.

rank[ræŋk] 열, 계급
- reg의 변형 → 횡대로 선 똑바른 줄 → 횡렬(열), 계급
- ☞ 오와 열(file & rank), rank & file(열과 오)

range[reindʒ] 열, 산맥, 범위
- range ← rank ← reg ← regula: 자
- ① 사람들의 줄(열) → ② 산맥(산들이 줄을 선 것처럼) → ③ 시계(범위) → ④ 방목 구역, 서식지 → ⑤ 사거리, (양궁·골프) 연습장
- rank의 변형

arrange[əréindʒ] 배열하다
- ~에(ad → ar) 줄을 세우다 → 배열하다, 조정하다

030 NOtice

no(know: 알다)

Anchoring Ideas

notice[nóutis]의 no는 know(알다)의 kno의 변형이다. notebook의 no도 마찬가지이다. note는 '나중에 알게 되도록 적어 두다'에서 '써 놓다, 써 놓는 것'이 되었고 notice와 같이 '주목하다, 알아차리다'의 뜻도 가진다.

ignorance의 gno는 know이다. g는 묵음이라고 생각하면 된다. 서양 철학에서 그노시스(gnosis)는 '인식, 앎, 지식, 깨달음'의 뜻이다. kno, no, gno는 모두 '알다'라는 뜻이다.

recognize(알아보다, 사실을 인정하다)의 cogni도 know의 뜻이다. kno = no = gno = cogni의 공식을 기억해 놓자.

quaint(기묘한, 이상한)의 quai는 cogni의 변형이다. '아는(cogni) → 다르고 unusual하다면 알아보기 쉽다 → 기묘한, 이상한(strange)'의 식으로 의미가 확장되었다. kno, no, gno, cogni, quai 모두 know의 뜻이다.

Fun Word Story

deal[di:l]의 뜻은 다음의 세 가지로 요약할 수 있다. ① 분배하다 ② 다루다(처리하다, 관계하다, 상대하다) ③ 거래(장사)하다; 분량, 거래(→ 협정 → 정책)

각기 달라 보이는 뜻을 잘 기억하는 비결은 deal의 핵심 뜻이 '부분(part), 몫(portion)'임을 아는 것이다. 그리고 deal의 주된 세 가지 뜻을 가장 잘 기억하는 방법은 'Deal out the cards(카드들을 나누어 주십시오).'라는 문장을 기억하는 것이다.

카드를 나누어 주는 것(분배하다)은 각자의 몫(부분)을 주는 것이다. 카드를 나눠 주고 있는 사람은 다른 게이머들을 다루고 (처리, 관계, 상대) 있는 것이다. 그 게이머들 사이에는 거래(장사)가 일어나고 있다.

deal이 명사로 사용되면 '분량, 거래'뿐 아니라, '협정, 정책'이라는 뜻으로도 사용되는데, 거래는 일종의 협정이 맺어져야 발생한다. 문제들을 다루는 방식은 일종의 정책이다. big deal은 '큰 거래, 큰 건(큰 일)', dealer는 '거래하는 사람, 상인', New Deal은 '뉴딜 정책'을 의미한다.

card(종이, 판지, 마분지 → 카드) 관련 단어는 cartoon[kɑ:rtúːn](마분지 → 마분지 위에 그린 밑그림, 풍자화, 만화, 만화영화), carton[kɑ́:rtən](판지, 마분지 → 판지로 만든 상자), cartridge(종이로 싼 약포 → 탄약통, → 탄약통처럼 프린터기 등에 끼우는 카트리지) 등이 있다.

note [nout] 기록, 주목
- 인식(앎)의 수단, 마크, 사인 → 기록, 주목 → 기록하다, 주목하다

notable 주목할 만한
- mark할 만한 → 주목할 만한

notice [nóutis] 알게 하다
- 알게 하다(알다), 통고하다, 주의하다, 주목하다

notion [nóuʃ-ən] 관념, 생각
- no(know: 알다) + tion
- 아는 것 → 관념(개념), 생각(의견, 의향), 이해력

notorious [noutɔ́:riəs] 소문난, 유명한
- notor + ious(형용사형 접미사)
- 공적으로 알려진 → (보통 나쁜 의미로) 소문난, 유명한

noble [nóub-əl] 유명한, 고상한, 귀족
- 잘 알려진 → 유명한(훌륭한, 멋진), 고상한(고결한), 귀족의 → 귀족

notice(통지)의 no는 know

knowledge [nálidʒ] 경험, 지식
- 앎 → (고어) 이성에 관한 경험 → 경험, 인식(이해, 지식), 학식(학문)

acknowledge [æknálidʒ] 인정하다
- ac(ad: at, to) + knowledge
- 아는 것에 더하다 → 인정하다, 알았음을 표시하다(선물 등에 답례하다)

quaint [kweint] 기묘한, 이상한
- quai(cogni의 변형: 함께 알다) + nt
- 아는(cogni) → 다르고 unusual하다면 알아보기 쉽다 → 기묘한, 이상한

recognize [rékəgnàiz] 알아보다, 인정하다
- re(again) + co(함께) + gni(know) + ize(동사형 접미사)
- 다시 함께 알게 하다 → 이미 알고 있는 어떤 것을 지각하다 → 알아보다(보고 곧 알다), (사실을) 인정하다(승인하다)

cognitive 인식의, 인지의
- cognitive power(인식력), cognitive science(인지과학)
- Such mental rehearsal is disastrous cognitive static.(13 수능)

acquaint [əkwéint] 숙지시키다
- ac(ad: at, to) + quaint
- ~에게 알게 하다 → 숙지(정통)시키다
- 형 acquainted 아는, 정통한

diagnosis [dàiəgnóusis] 진단
- dia(← duo ← two: 두 번이나 보니까 철저히) + gno(know) + sis
- 철저히 앎 → 진단(진찰)

ignorance [ígnərəns] 무지
- ig(in의 변형: in, en, un) + no(know: 알다) + (r)ance(명사형 접미사)
- 알지 못함 → 무지
- 형 ignorant 타동 ignore

narrate [næréit] 말하다
- 알게 하다 → 말하다(이야기하다, 서술하다)
- 명 narration 서술하기, 내레이션

031 QUEST & reSERVOir

quest = search / servo = save

Anchoring Ideas

quest[kwest]의 뜻을 기억하기에 가장 좋은 방법은 영화 제목인 〈The Quest for the Holy Grail(성배 탐색)〉을 기억하는 것일 것이다. **quest**는 '탐색(search)'의 뜻이다.

- The quest for the grail is not archeology, it's a race against evil. If it is captured by the Nazis the armies of darkness will march all over the face of the earth. Do you understand me?

성배의 탐색은 고고학이 아닙니다. 그것은 악과의 경주입니다. 만약 그것이 나치의 수중에 들어간다면 어둠의 군대가 온 땅을 뒤덮을 것입니다. 내 말 이해하시겠습니까? -인디아나 존스 중-

what은 본래 khwat, qwod가 어원이다. khwat, qwod은 question, quest의 어원이기도 하다. '찾는 것(quest)'은 '무엇(what)'을 찾는 것이다. quest와 what은 어원이 같다. question(질문, 질문하다)의 핵심 뜻은 '찾아냄'이다. 재미있게도 고어에서는 '고문'의 뜻으로 사용되었다. 숨기고 있는 것을 찾아내기 위해 사람에게 고통을 주는 것이 고문이다.

reservoir(저수지)의 **servo**는 **save**이다. reservoir 는 re(again, back, against) + servo(save: '섬기다' 의 serve가 아님) + ir〉로 구성된 단어로, reservoir 에서 servo(save)를 발견해 내는 순간 이해된다. save는 safe하게 지키는 것 즉 어떤 것(사람)이 손상 되거나 잃어버려지는 것으로부터 safe하게 하는 것이 란 뜻에서 '구하다, 저축하다, 저장하다'라는 뜻이 된다.

Fun Word Story

miracle(기적, 경이)의 mira는 smile의 mi이다. 그래서 miracle 의 본래 뜻은 'smile하게 하는 것, 입이 벌어지게 하는 것'이다. admire[ædmáiər, əd-]의 본래 뜻은 '입이 저절로 벌어질 정도로 놀 라운 것에'로, '~에 감탄(찬탄)하다, 사모하다'라는 뜻이 되었다. admiral[ǽdmərəl]의 본래 뜻은 '감탄(찬탄)의 대상'으로, '해군 대장, 제독'이라는 뜻이다. marvel[mɑ́:rvəl]의 본래 뜻은 '입이 저절로 벌어 질 정도로 놀라운 것'으로, '놀라운 일, 놀라다'라는 뜻이며 형용사형은 marvelous[mɑ́:rvələs]이다.

smile이 '미소(짓다)'라면 laugh는 '소리 를 내어 웃다'이다. laugh at은 '놀리다, 비웃다'이다. laughter[lǽftər]는 '웃음; 웃음소리'이다. laughable(우스운)과 동 의어는 ridiculous[ridíkjələs](우스운, 어리석은; 엉뚱한), hilarious[hilɛ́əriəs] (유쾌한, 즐거운, 우스운)이다. hilarious는 Hilary(힐러리)라는 이름의 어원이다. ridiculous의 dicul 은 'tickle(간지럼), tickle'이 생각나게 하는 단어이다.

The quest for the Holy Grail (성배의 탐색)

quest [kwest] 탐색, 탐구, 추구

question [kwéstʃən] 심문, 의문
- 찾아냄 → (고어) 고문(숨기고 있는 것을 찾아내기 위해 고통을 주는 것)
  ① 심문(질문, 물음) → ② 의문(의심), 심문(질문)하다

request [rikwést] 요구
- 계속(re) 찾음(quest)
  → 요구, 요구서 → 요구하다

inquire [inkwáiər] 묻다
- 안으로 찾다 → 묻다, 조사하다

require [rikwáiəːr] 요구하다
- 계속(re) 찾다(quest) → 요구하다, 필요로 하다
- 명 requirement 필요조건, 요건
  동의어 prerequisite

conquer [káŋkər] 얻다, 이기다
- con(함께, 강조) + quer
- 찾다 → 얻다, 이기다(무력에 의해 얻다 → 무력으로 얻다)

conquest 정복, 획득

acquire [əkwáiər] 얻다
- 찾아서(얻어서) 자기에게 (ac=ad: at, to) → 손에 넣다(획득하다)

exquisite [ikskwízit] 극상의, 절미한
- 찾아(qui) 내어진(ex) → 극상의, 절미한(조망, 아름다움)
- 도공이 많은 도자기들 중 극상의 것만 찾아내어 남기고 다른 것은 다 깨뜨려 버리는 것을 생각하면 exquisite를 이해할 수 있을 것이다.

reservoir[rézərvwɔ̀ːr] 저수지, 저장소
- to save back → 저장소, 저수지, (지식·부 따위의) 축적

reserve[rizə́ːrv] 비축하다, 준비하다
- reservoir의 동사형 → 비축하다, 준비해 두다
- 명 reservation 예약

conserve[kənsə́ːrv] 보존하다
- con(함께, 강조) + serve(save)
- 지키다 → 보존하다(보호하다)
- 명 conservation 보호, 보존
- 형 conservative 보수주의자, 보수주의적인

reservoir(저수지)의 servo는 save

preserve[prizə́ːrv] 보존하다
- 미리(pre) 지키다(보존하다) → 보존하다, 저장 식품으로 만들다
- 명 preservation 보존

observe[əbzə́ːrv] 지키다, 인지하다, 관찰하다
- ob(in the way, against) + serve(save)
- ~에 대항하여 지키다 → ① 인지하다(점, 징조, 예감으로) → ② (법률 따위를) 지키다 → ③ 관찰하다(감시하다) → ④ (소견을) 말하다
- 형 observant 관찰력 있는
- 명 observance (법률 등의) 준수, (생일 등의) 축하, 종교의식
- in observance of ~을 기념하여

032 VICTory & inCREDible

vict(정복) / cred(신뢰)

Anchoring Ideas

흔히 손가락 두 개로 하는 V자 표시가 victory의 V라는 것은 누구나 알 것이다. victory(정복, 승리)는 〈vict(정복하다) + ory(ary의 변형: 명사, 형용사 접미사)〉로 구성된 단어이다. **victory의 vict**는 '정복'의 뜻이다. 그림은 상대방을 완전히 정복하고 victory를 얻은 모습이다.

"Veni, vidi, vici(왔노라, 보았노라, 이겼노라)"는 카이사르가 소아시아를 정복하고 원로원에 보낸 라틴어 명문 승전보이다. 이 문장을 기억하자. victory의 vic은 라틴어 vici(이겼노라)의 변형이다. Veni는 avenue에서, vidi는 'vision과 video'에서 공부하게 된다.

incredible의 cred는 '믿다, 신뢰하다'라는 의미이다. 픽사의 애니메이션 〈인크레더블(The Incredibles)〉은 믿을 수 없는(incredible) 초능력을 가진 가족이 악인과 대항해 싸우는 내용이다. 슈퍼맨 같은 믿을 수 없는 능력을 가진 Mr. incredible, 몸이 고무줄처럼 늘어나는 믿을 수 없는 초능력을 가진 엄마, 자기장을 사용하여 자신을 보호하는 믿을 수 없는 초능력을 가진 딸, 달리기가 눈에 보이지 않을 만큼 빠른 믿을 수 없는 초능력을 가진 아들, 그리고 몸이 화산처럼 바뀌는 믿을 수 없는 초능력을 가진 아기의 이야기다. 영화는 내내 믿을 수 없는 (incredible) 내용만 나온다.

Fun Word Story

true(변함없는, 진짜의)는 tree의 변형이다. true가 tree와 어원이 같다는 것을 알면 아마 놀랄 것이다. true와 tree는 자형과 발음이 비슷하다. true의 본래 뜻은 '참나무처럼 확고부동한, 불변의'이다.

true[truː]는 참나무(tree)가 변하지 않고 확고부동하게 서 있는 것처럼 '영원불변의, 실제로 존재하는, 가짜가 아닌 진짜의, 실제(사실)와 일치되는'이라는 의미이다. 신은 영원불변하며 영원히 존재한다. 존재자로 인해 생겨난 것들은 영원하지 않고 진짜가 아니다. 이것들은 실제의 그림자이다.

true의 명사형은 truth(진리, 사실)이다. tree, true, truth를 함께 연결해 기억하면 true의 참된 의미를 파악할 수 있다. trust는 '확고부동한 것(영원불변의 것) → ① 신뢰할 수 있는 사람, 신뢰하다 → ② 위탁, 위탁물'이라는 의미를 가진다.

trustworthy는 '신뢰할 가치가 있는'이 원래 뜻이고 '신용(신뢰)할 수 있는, 확실한, 믿을 수 있는'이라는 뜻으로 사용된다. entrust는 〈en(in의 변형: put in) + trust〉로 뜻은 '맡기다, 기탁[위탁]하다, 위임하다'이다.

victory(승리)의 vict는 정복

convict [kənvíkt] 유죄를 입증하다
- 논쟁에서 완전히 승리하다 → 유죄, 잘못을 깨닫게 하여 승리하다 → 유죄를 입증하다(죄나 잘못을 깨닫게 하다)
- 명 conviction 유죄 판결, 신념

convince [kənvíns] 납득시키다
- (폐어) 논쟁에서 완전히(con) 승리하다 → 납득시키다(확신시키다)

victory [víktəri] 승리
- 정복함(정벌하여 복종시킴) → 승리(승전)

victim [víktim] 희생(자)
- victory team은 ~을 victim(희생, 희생제물)으로 삼았다? → 희생(자)

province [prɑːvɪns] 지방, 주, 범위
- '정복하고 얻은 땅'이라는 의미

revenge [rivéndʒ] 복수
- re(again, back, against) + venge
- 대항하여 정복함 → 복수

avenge [əvéndʒ] 복수하다
- a(ad: at, to) + venge(정복, 승리)
- ~에게 정복하다 → 복수(복수하다)
- ☞ revenge와 avenge는 서로 바꾸어 사용할 수 있으나 뉘앙스 차이가 있는데, avenge는 정의의 실현을 위한 것이며, revenge는 사적이고 정의와 덜 관련이 있다.

grant[grænt, grɑːnt] 허락, 주다

- credit의 변형 → 믿다(신용하다) → 허락(승인, 인정, 동의), 주다
- 은행에서 돈을 빌릴 때 그 사람이 신용이 있다고 판단되면 허락(승인, 동의)하고 돈을 준다. 그 사람은 돈을 갚을 신용이 있다고 인정되는 것이다. 미국 비자를 받는 사람은 미국대사관의 신용 평가에 의해 인정된 사람이다.
- grant가 보조금이란 뜻으로 사용되는 경우는 어떤 심사를 거쳐 주어진 것이란 뜻이다.

accredit 신용하다; 인가하다, 승인하다

credit[krédit] 신용, 명성

- 어느 회사 제품은 믿음이 간다. 제품의 질에 대한 명성이 있는 것. 믿음이 가는 사람은 명성이 있는 사람이다.
- 참고 creditable 훌륭한
- 참고 credential 신임장, 자격증명서

creditor[kréditər] 채권자

- 믿는 자 → 채권자(믿고 돈을 빌려 주는 사람)
- 반의어 debtor ← dehabit(dehave): down시키는 어떤 것을 가지고 있는 자 → 빚진 자

incredible의 cred는 믿다

incredible[ɪnkrédəbl] 믿을 수 없는

- in(in, en, un: put in, not) + cred + ible(형용사형 접미사)

creed[kriːd] 믿는 교리, 신조, 신념

credulous[krédʒələs] (남을) 쉽사리 믿는

- cred + ul + ous(형용사형 접미사)

Part 3

오감과 언어, 신체와 기능, 사람의 환경과 움직임

033 SENSE & AUDIO

sence(감각) / audio(소리)

Anchoring Ideas

sense[sens]의 핵심 뜻은 '(오감의) 감각'이다. 감각하면 분별하고 의미를 알게 되므로 '분별력, 의미(뜻)'의 뜻을 가지게 되었다. five senses(오감)는 sight(시각), hearing(청각), taste(미각), smell(후각), 그리고 touch(지각)이다. 이 오감 외의 감각을 육감이라고 하는데 '예감, 영감'과 비슷한 말이다.

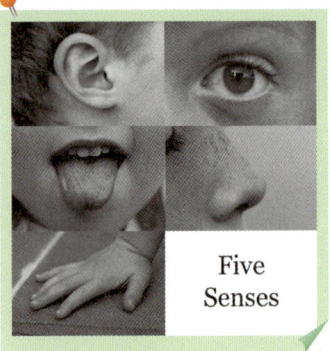

Five Senses

Sixth Sense(여섯 번째 감각)라는 영화가 있었다. 오감 외에 특별한 감각 즉 죽은 사람들을 보고 그들의 말을 들을 수 있는 소년과 심리학자의 이야기였다.

audio는 '들음(소리)'이다. 음악 따위를 듣기 위한 장치를 통틀어서 audio(오디오)라고 한다. video(비디오)는 보는 장치이고 audio는 듣는 장치이다. 장치뿐 아니라 제작물에서도 소리 부분을 audio, 영상 부분을 video라고 한다. audio는 '듣다'에서 나온 단어로 '들음, 소리'라는 뜻이다.

audition(오디션, 가수나 배우 등의 음성 테스트)의 원래 뜻은 '듣는 능력(청력)'을 뜻하는 단어인데 '법정에서의 들음'이란 뜻을 거쳐서 (가수·배우 등의) 음성 테스트를 가리키는 오늘날 '오디션'의 뜻을 가지게 되었다.

Fun Word Story

그림은 초장, 양무리, 목자들의 신(A god of pastures, flocks, and shepherds)인 Pan 신의 모습이다. 허리 위쪽은 사람의 모습이고 허리 아래는 염소의 다리를 하고 있으며 머리에는 뿔이 나 있다. Pan은 산과 들에 살면서 가축을 지키는 신이라고 한다. 연애를 즐기고 춤과 음악을 좋아하는 명랑한 성격의 소유자이지만 그가 부는 피리(pipes)는 가축이나 군중, 혹은 외진 곳에 있는 사람에게 이유 없는 공포를 유발한다고 생각되었다. 그래서 panic[pǽnik]은 '(원인이 분명치 않은) 돌연한 공포, 패닉'이다. terror, fright, fear와 동의어이다.

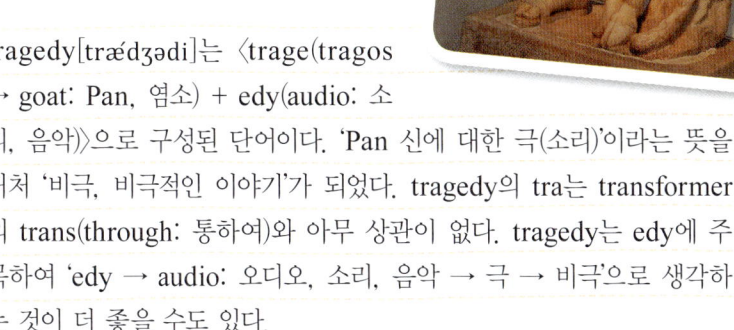

tragedy[trǽdʒədi]는 〈trage(tragos → goat: Pan, 염소) + edy(audio: 소리, 음악)〉으로 구성된 단어이다. 'Pan 신에 대한 극(소리)'이라는 뜻을 거쳐 '비극, 비극적인 이야기'가 되었다. tragedy의 tra는 transformer의 trans(through: 통하여)와 아무 상관이 없다. tragedy는 edy에 주목하여 'edy → audio: 오디오, 소리, 음악 → 극 → 비극'으로 생각하는 것이 더 좋을 수도 있다.

sense 오감의 감각

nonsense [nánsens] 무의미, 허튼 말
- 감각이 없음 → ① 무의미(터무니없는 생각) ② 허튼 말(짓)

sense [sens] 감각, 분별력
- ① (오감의) 감각 ② 분별력 ③ 의미(뜻)
- sentence 느낌의 표현 → 문장 → 의견 → 판정, 선고

sensation [senséiʃən] 감각, 센세이션
- ① 감각, 감각한 결과 ② 마음(기분, 감동, 흥분) → 감동, 흥분을 가져 오는 것 ③ 센세이션(물의, 대사건)

sensor [sénsər] 감지기, 감지 장치
- Touch-free sensor soap pump

sentimental [sèntəméntl] 감성적인

resent [rizént] 분개하다
- 대항하여(re) 느끼다 → 분개하다(원망하다)

assent [əsént] 동의하다
- ~에게(as = ad = at: to) 감각하다 → 동의하다(동의): 심사숙고의 결과로

consent [kənsént] 동의하다
- con(함께) + sent(sense)
- (고어) 동감하다 → 동의하다(동의): 자발적, 기꺼이 동의

dissent [disént] 찬성하지 않다
- dis(apart, not, opposite) + sent (sense)
- 반대로 느끼다 → 찬성하지 않다(불찬성)

sane[sein] 제정신의, 건전한
- 유의어 sensible 분별 있는
- 반의어 insane 정신이상의, 미친

audio[ɔ́ːdiou] TV의 소리 부분
- 들음, 소리(sound) → TV의 소리 부분, 소리의 송수신(장치)

audience[ɔ́ːdiəns] 청취, 청중
- audio + ence(명사 접미사)

auditorium[ɔ̀ːditɔ́ːriəm] 청중석, 강당
- audit + orium
- 듣는 곳 → 청중석, 강당
- ☞ 명사, 형용사 접미사 ory(ary)는 라틴어 명사, 형용사 접미사 −orius, −oria, −orium의 변형이다.

audio는 들음, 소리

audition[ɔːdíʃən] 음성 테스트
- 들음 → 법정에서 들음 → (가수·배우 등의) 음성 테스트

acoustic[əkúːstɪk] 청각의
- audible → 청각의(가청음의, 음파의), 일렉트릭이 아닌 악기

audit[ɔ́ːdɪt] 심사
- ① (폐어) 청취, 청문 ② (고어) 심리, 재판 ③ 회계감사, 심사

034 teleVISION

vision(보이는 것)

Anchoring Ideas

television[téləvìʒ-ən]은 〈tele(먼 거리) + vision(보이는 것)〉으로 구성된 단어로 문자 그대로의 뜻은 '먼 거리에서도 보이는 것'이다. television의 vision은 '보이는 것'의 뜻이다. "Veni, vidi, vici(왔노라, 보았노라, 이겼노라)"의 라틴어 명문을 기억하자. vision, video의 vi는 라틴어 vidi(보았노라)의 변형이다.

Fun Word Story

lace[leis]는 본래 '올가미, 그물'을 가리켰다. '올가미'가 '끈'이라는 뜻으로 발전했고 '그물'이 우리가 일반적으로 알고 있는 '그물 모양의 레이스'라는 뜻으로 발전했다. 올가미와 그물은 모두 유혹하고 속여서 동물을 잡는 것과 연관이 있다. lace는 라틴어 lacere(lure: 유혹하다, deceive: 속이다)에서 온 단어이다. 동물을 잡던 올가미가 구두 끈, 코르셋 끈이란 뜻으로 사용되고, 물고기나 짐승을 잡던 그물이 옷의 장식이나 꽃받침, 책상보 등의 레이스로 사용되는 셈이다.

lace는 '속이다, 유혹하다'와 관계있는 단어라는 것을 기억하자. 테이블보나 꽃받침, 여자의 옷의 장식 등은 사람을 유혹하기 위한 것이라고도 할 수 있다. lace의 본래 뜻은 '유혹하다'이다.

delicious[dilíʃəs]는 〈de(down, completely, not, off) + lici(lace의 변형: 유혹하다) + ous〉로 구성된 단어이다. 우리는 delicious를 '맛있는, 냄새가 좋은'으로 기억하지만 사실 delicious의 뜻은 '너무 좋아 정신이 나가는'이다. a delicious cake는 '너무 좋아 정신이 나가는 케이크 → 맛있는 케이크', delicious smell은 '너무 좋아 정신이 나가는 냄새 → 아주 좋은 냄새'가 된다. delicious story는? 맛있는 이야기? 아니면 냄새 좋은 이야기? 아니다. delicious의 뜻을 '너무 좋아 정신이 나가는'으로 알고 있으면 문제없다. delicious story는 '너무 좋아 정신이 나가는 이야기'이다.

delicate[délikət]도 delicious와 같이 '감각들에 너무 기뻐서 정신이 나가는'이라는 뜻이다. delicate은 고대에는 source of pleasure(즐거움, 쾌락의 근원)의 뜻이었다. '감각들에 너무 기뻐서 정신이 나가는', 'source of pleasure(즐거움, 쾌락의 근원)'이 본래 뜻인데 왜 '우아한, 섬세한, 민감한, 예민한'이라는 뜻으로 사용될까? 어떤 남자가 어떤 여자와 사랑에 빠지면 '너무 기뻐서 정신이 나간' 상태가 된다. 그녀의 매력이라는 그물과 올가미에 걸린 것이다. 그러면 그에게 그녀는 세상에서 가장 귀한 존재가 되고 그녀를 매우 우아하고, 섬세하고, 민감하고, 예민하게 대하게 된다. 그래서 delicate은 '*감각들에 너무 기뻐서 정신이 나가는* → 우아한, 섬세한, 민감한, 예민한'이다. delicate china는 깨지기 쉬운 자기, delicate manners는 품위 있는 예의범절, a delicate refusal은 말을 꺼내기 어려운 거절, a delicate instrument는 정밀한 기구이다.

delight[diláit]은 '너무 기뻐서 정신이 나갈 정도의 기쁨(기쁘게 하다)'이다. delicious, delicate와 어원이 똑같으며, 〈de + light(빛)〉으로 구성된 단어가 아니다. elicit는 '꾀어내다, 이끌어 내다'이다.

vision[víʒən] 꿈, 미래도, 상상력

- 보이는 것, 보는 능력 → ① 꿈(비몽사몽) → ② (마음속에 그린) 미래도 → ③ 상상력
- visionary 환영의, 환상을 좇는 사람
- visual 보는, 보기 위한; 영상 부분
- visible 눈에 보이는, 명백한

evident[évidənt] 분명한

- e(ex의 변형: out) + vid(vision, video의 변형) + ent(명, 형 접미사)
- 보이도록 나오는 → 분명한(명백한)
- ☞ '사실, 증거, 상황 따위에 비추어 분명한'의 뜻이다. 어원을 보면 '보이도록 나오는'이 본래 뜻인데 증거나 상황을 분석해 볼 때 분명하게 나타나는 경우에 사용한다.

advice[ədváis] 조언

- 나에게(ad) ~처럼 보입니다(vi) → 조언(충고)

television의 vision은 보이는 것

disguise 변장, 겉치레

- 실제와 멀리 떨어진(dis) 겉모습 → 변장(가장, 가장복), 겉치레

guise[gaiz] 겉모습

- wise의 변형: 보는 → 현명한, w = gu
- 보는 → 보이는 모습 → (평상시와 다르거나 가장된) 겉모습(외관, 외양)

wise[waiz] 슬기로운, 박식한

- w = v
- 보는 → 아는 → 슬기로운(총명한, 현명한), 박식한 → 방법, 양식, 식(way)
- 참고 likewise, otherwise

wisdom 지혜, 학문

- wis(vision의 변형: 보다) + dom(명사형 접미사)
- wise + dom → 슬기로움(지혜, 현명함), 학문(지식)

revise [riváiz] 교정하다
- 다시(re) 보다 → 교정(개정)하다 → 교정, 개정

envy [énvi] 시샘하다
- en(in의 변형) + vy(vision의 변형: 보다)
- 안으로 보다 → 도둑이 도둑질 하려고 악의를 가지고 집 안을 보다 → 시샘하다(부러워하다) → 질투(부러움), 선망의 대상

supervise [sú:pərvàiz] 감독하다
- 위에서(super) 보다(look over) → 감독하다

survey [sə:rvéi] 내려다보다, 조사하다
- sur(← super: over) + vey(vision의 변형: 보다)
- 위에서 보다(oversight) → 내려다 보다, 조사하다

provide [prəváid] 공급하다
- 앞으로(pro) 보다(vide) → 미리 준비하다 → 공급하다
- 명 providence 앞으로 미리 보시고 인도하고 돌보심 → ① 섭리 ② 하나님, 신 ③ 선견지명, 배려
- 명 provision 미리 준비된 것 → 준비, 공급

wit [wit] 지혜, 재치
- 보다 → 알다 → 지혜, 기지(재치), 지혜(재치) 있는 사람

witness 목격자
- wit(vision의 변형: 보다. w = v) + ness(명 접미사)
- 본 자 → 목격자(증인), 증언(증거) → 목격하다, 증언하다

035 SPECtrum

spec(보다)

Anchoring Ideas

spectrum[spéktrəm]의 spec은 '보다'라는 뜻이다. spectrum의 문자 그대로의 뜻은 '보이는 것, 나타난 것'이다. 그래서 이 단어는 처음에는 '유령, 허깨비, 환영'이라는 의미로 사용되었다. '보이지 않던 것이 보이는 것(나타난 것) → 유령, 허깨비, 환영'의 뜻이 된 것이다. 프리즘을 통해 나타나는 무지개색깔의 분광도 프리즘을 통과하여 보이지 않는 것이 보이게 되므로 spectrum(스펙트럼)은 '보이게 된 것 → 스펙트럼(분광)'이 되었다.

spy[spai]는 '몰래 보다, 보는 사람'이란 뜻이고 aspect[ǽspekt]는 '~에(ad) 보이는 것(spec) → 하늘에 보이는 것 → ① 별이나 혹성의 위치나 보이는 모양 → ② 모습(외관) → ③ 견지(견해)'로 발전한 단어이다. aspect는 본래 점성술 용어였다. 달이 태양과 지구와의 상대적 위치에 따라 보이는 모습이 다르다. 달의 위치와 그것의 모양이 각각 다른 것을 생각하면 이 단어는 완벽히 이해된다. aspect의 핵심 뜻은 '별의 위치와 그것의 국면(phase, appearance)'이고 비유적으로 의미가 확대되어 사용된다.

Fun Word Story

idea(생각, 방안, 계획)는 플라톤의 이데아(idea)에서 나온 말이다. 머릿속에서 원을 생각하면서 실제로 원을 그려 보면, 그릴 때마다 그 모양과 형태가 다르다. 우리가 생각하는 원은 완전한 형태로, 실제로 영원히 존재하는 원이지만 현실 속에서는 다르게 나타난다. 영원불변의 실재하는 완전한 원이 플라톤이 말하는 원의 이데아이다. 플라톤은 그의 유명한 동굴의 비유에서 현실 세계는 이데아 세계의 그림자에 불과하다고 했다. 현실 세계는 참이 아니고 모조품, 그림자, 가짜에 불과한 것이다. 머릿속에 생각한 이상적인 것이라는 의미에서 idea[aidi:ə]는 '생각, 관념'이라는 뜻이 되었고 '방안, 계획'이라는 뜻으로 사용된다. ideal[aidí:əl]은 이데아의 명사, 형용사형이므로 '이상적인(완벽한); 이상'이라는 뜻이다. idealistic[aidi:əlístik]은 '이상주의적인, 비현실적인, 관념론적인'이다.

'가상세계'는 virtual world(the virtual)이다. virtual의 영영사전상 정의는 '실제로 존재하지 않지만 효과나 본질에 있어서 그러한 것'이다. virtue(미덕, 장점)의 본래 뜻이 '힘(능력) → 효력(효능)'이라는 것을 알면 왜 virtual world가 가상 세계가 되는지 알 수 있다.

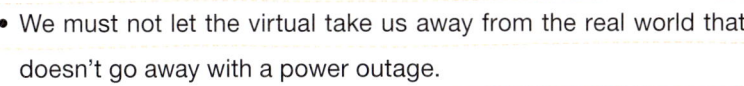

- We must not let the virtual take us away from the real world that doesn't go away with a power outage.
  우리는 가상세계가 정전으로도 사라지지 않는 현실 세계에서 멀어지게 하는 것을 허용해서는 안 된다. (14 수능)

토마스 모어가 저술한 책 '유토피아'에서 유래한 단어 utopia는 그리스어 ou(not)와 topos(place)의 합성어로서 '아무 데도 없는 곳 → 이상적인 세계, 이상향'을 뜻하며, 반대말은 당연히 dystopia이다.

spy[spai] 스파이
- (몰래) 보는 사람(보다) → 스파이

spectacle[spéktək-əl] 장관
- spect(to loot at: 보다) + acle
- ① 볼거리(구경거리, 쇼) ② 장관 ③ 비참한 광경 → (-s) 안경

specimen[spésəmən] 견본
- spec(to look at: 보다) + imen
- 보는 것 → 견본(見本), 표본

species[spíːʃiz] 종
- 보이는 것들 → 종(종류)
- ☞ 생물은 그 종류가 눈으로도 확연히 구분된다. 보이는 대로가 그 생물의 종류.

spectrum(보이는 것 → 분광)의 spec은 보다

speculate[spékjəlèit] 숙고하다
- spec(보다) + ul + ate
- 살펴보다 → ① 숙고하다 ② 추측하다 ③ (주식에) 투기를 하다

special[spéʃ-əl] 특별한
- spec(보다) + ial(명, 형 접미사)
- 보이는 → 눈에 띄는 → 특별한(특수한, 독특한)
- ☞ species로부터 온 단어이다. 좋은 다른 종과 다르고 특별히 구분된다. '다른 것과 특별히 구분되는 → 특별한(특수한)'의 뜻이다.

despise[dispáiz] 깔보다
- 아래로(de) 보다 → 깔보다(눈을 아래로 내리뜨고 보다), 싫어하다

despite 멸시. 악의, ~에도 불구하고

expect [ikspékt] 기대하다, 예상하다
- 밖으로(ex) 보다(spec) → 기다리다(고어) → 기대하다 → 예정되어 있다

inspect [inspekt] 조사하다
- 안을 보다 → (세밀히) 조사하다 (검사하다, 감사하다)

respect [rispékt] 고려, 주의, 존중
- re(again, back, against) + spect(보다)
- 다시(re) 보다(spect) → ① 고려(생각하고 깊이 헤아려 봄) ② 주의 ③ 존중(존경) ④ 특별한 것(상세한 항목, 세목, 점)
- respective 각각을 주목하는 → 각각의
- irrespective 주목하지 않는 → 관계없는

aspect [æspekt] 모습, 견해
- as(ad의 변형: at, to) + spect(보다)
- ~에 보이는 것 → 하늘에 보이는 것 ① 별 따위가 보이는 모양 ② 모습(외관) ③ 견지(견해)

prospect [práspekt] 전망
- 앞으로 보다 → 앞으로 멀리 보는 행동 → ① 전망, 조망 ② (장래의) 가망(어떤 사람에게 광활한 미래가 펼쳐질 가능성이 있음)
- 형 prospective 장래의, 유망한

scope [skoup] 보는 대상, 범위
- spec(to look at: 보다)의 변형: scope ← spe ← spec
- telescope 멀리 보는 것 → 망원경
- microscoope 작은 것을 보는 것 → 현미경

conspicuous [kənspíkjuəs] 명확하게 보이는
- con(함께, 강조) + spic + ous(형용사형 접미사)
- 명확하게 보이는(눈에 띄는, 똑똑히 보이는)

036
VO*i*Ce & DI*C*tionary

voc(소리) / dic(말하다)

Anchoring Ideas

voice[vɔis]가 '목소리'라는 것을 모르는 사람은 거의 없을 것이다. **voice**의 **voc**가 '**소리**'라는 것을 기억하자. 숨어 있다가 갑자기 다른 사람을 놀랄게 할 때, "우-!"라고 한다. "우-!"와 voice의 "vo-!"는 비슷하다.

아래 사진은 메리엠 웹스터 dictionary이다. dictionary[díkʃənèri]는 〈diction(말, 낱말) + ary(명, 형 접미사)〉로 구성된다. dictionary의 diction은 '말, 낱말'의 뜻이다. diction은 다시 〈dic + tion(명사형 접미사)〉로 분해할 수 있다. **dic**은 '**말하다(speak, tell, say)**'이다. dictionary(낱말을 모아 놓은 것)의 dic이 '말하다'임을 기억하자.

Fun Word Story

benediction(축복, 좋은 말)의 **bene**는 **good**이다. benediction [bènədíkʃən]은 bene(good)와 diction(말)의 합성어로 '좋은 말, 축복'이다. 자신에 대해, 다른 사람에 대해 좋게 말하는 것이 자신과 다른 사람의 삶에 결정적인 영향을 미친다. 한자로 祝福(축복)은 복을 비는 것이고 영어의 benedict는 '좋게 말하는 것'이다. bene(good)는 bonus(good → 보너스, 특별수당), bonjour(프랑스 인사말로 좋은 날: 안녕하십니까?)와 어원이 같다.

bless[bles]는 '축복하다'라는 뜻의 타동사이다. bless는 blood(피)의 변형이다. blood와 bless는 발음도 비슷하다. '신의 제단에 제물의 blood를 뿌리고 복을 구하다'가 문자적인 뜻이고 '축복하다'라는 의미로 사용된다. bliss[blis](더없는 행복, 천국의 기쁨, 희열)는 bless의 변형이다. 축복을 받으면 더없는 행복, 천국의 기쁨을 누린다.

다시 bene(good) 계열의 단어로 돌아가 보자. benefactor[bénəfæktər]는 〈bene(good) + factor(만드는 자)〉로 구성된 단어이다. 문자적인 뜻은 '좋게 만드는 자'이고 뜻은 '은혜를 베푸는 사람, 후원자'이다. benefit[bénəfit]은 고어에서는 '좋은 행동, 좋은 것'이었고 지금은 '이익, 은혜'이다. 미녀와 야수의 여주인공 이름 Belle도 bene의 변형이다. embellish[imbéliʃ](꾸미다, 장식하다)도 어원이 같다.

better(더 좋은)는 good의 비교급이다. better[bétər]는 boot[bu:t]와 약간의 관련성이 있다. 'boot(부츠, 목이 긴 구두)로 차서 말이 더 잘(better) 가게 하다'에서 나온 단어라고 할 수 있을 것이다. sabotage[sǽbətɑ̀:ʒ](사보타주, 태업, 고의로 파괴하다)의 bot이 boot(부츠)와 관련이 있다. 프랑스 sabot은 '나막신'이라는 뜻이다. 영주의 부당한 처사에 항의해 수확물을 sabot으로 짓밟은 데서 유래했다.

vocal [vóukəl] 목소리의, 보컬
- voc(목소리) + al(명, 형 접미사)
- 목소리의, 소리를 내는 → 유성음, (재즈, 팝뮤직의) 보컬

vocation [voukéiʃən] 천직, 소명
- voc(목소리) + ate(명, 동, 형 접미사) + tion(명사형 접미사)
- 신의 부르심, 천직 → (특정 직업에 대한) 적성(재능, 소질)

advocate [ǽdvəkit] 옹호자
- ad(at, to) + voc + ate(명, 동, 형 접미사)
- 뭔가 도움이 필요할 때 부른 사람 → 옹호자(지지자), 변호사

voice(목소리)의 voc은 소리

evoke [ivóuk] 불러일으키다
- 밖으로 불러내다 → (영혼, 웃음, 기억, 감정 등을) 밖으로 불러내다 → (기억·감정을) 불러일으키다, (영혼 따위를) 불러내다
- 명 evocation 불러냄, 초혼

vouch [vautʃ] 입증하다
- voice의 변형
- 소리내다, 부르다 → 보증인으로서 소환하다(입증하다)

provoke [prəvóuk] 일으키다
- pro(앞으로) + voke(소리)
- 앞으로 부르다 → (감정 따위를) 일으키다, 성나게 하다, 유발시키다

voucher 증인, 증거, 영수증

in**d**ex [índeks] 색인
- 책 안에 있는 것을 말하는 것 → 색인(찾아보기), 집게손가락

in**dic**ate [índikèit] 지적하다
- 안에 숨겨져 있는 것을 말해 내다 → 암시하다, 지적하다

de**dic**ate [dédikèit] 헌신하다
- de(down, completely, not) + dic + ate(명, 동, 형 접미사)
- 완전히 선포(말)하다 → 신성한 존재에게 헌신하다 → (생애, 시간, 건물, 저서, 작곡 등을) 바치다

dictation 받아쓰기, 명령

dictator
- 명령하는 사람 → 절대 권력자(독재자)

dictate [díkteit] 받아쓰게 하다, 명령하다
- 말하다 → ① (말하여) 받아쓰게 하다 ② 명령하다(명령)

con**dit**ion [kəndíʃn] 조건, 상태, 지위
- 함께(con) + 말함(diction의 변형)

dictionary의 **dic**은 말하다

pre**dict** [pridíkt] 예언하다, 예보하다
- 미리(pre) 말하다 → 예언하다, 예보하다

contra**dic**tion [kɑ̀ntrədíkʃən] 반박
- 반대(contra) 말, 반대로 말함 → 반박, 모순

ver**dict** [və́ːrdikt] 평결, 판단
- ver(very: true, 진짜) + dict(말)
- 참된 말 → (배심원의) 평결, 판단 (의견, 결정)

037
FAble & contraBANd

fa(말) / ban(금지하는 법)

Anchoring Ideas

그림은 이솝 이야기(Aesop's Fables)에 나오는 '여우와 두루미'의 한 장면이다. fable(이야기, 우화)을 가장 잘 기억하는 방법은 'Aesop's Fables(이솝 이야기)'이라는 문구를 기억하는 것이다.

fable(이야기, 우화)의 **fa**가 '話(말)'이라는 것을 기억하자. 'fa → 파 → 화(話) → 말씀 화(話) → 말, 이야기' 순으로 생각을 발전시키면 fa가 '말'이라는 것을 쉽게 기억할 수 있을 것이다.

fa(말, 말하다)는 fame(명성, 풍문), phone(소리)과 관계있는 단어이다. 그러므로 'fa(話) → fame(풍문, 명성) → phone(소리)' 순으로 정리해 두자.

fa(말, 말하다)의 어원은 초기 인도유럽어 bha이다. 어려운 단어지만 수능에 출제된 적이 있는 rhetorical(수사학의, 화려한)의 rhe도 '말'이란 뜻이다. rhe → were(초기 인도 유럽어 우에레) → word(말)가 되었다.

contraband(밀수품)의 **ban**은 '금지하는 법(명령)'이다. contraband [kɑ́ntrəbænd]는 〈contra(반대) + ban(금지하는 명령, 법) + d〉로 구성된 단어로, 문자적인 뜻은 '밀수를 금지하는 명령(법)에 대한 반대'이다. 뜻은 '밀수(의), (수출입)금지(의)'이다.

2012년에 개봉한 콘트라밴드(Contraband)라는 영화가 있다. 전직 프로 밀수 리더로 활약을 펼치다가 가족을 위해 손을 씻고 평범한 삶을 살아가고 있는 크리스가 그의 가족을 지키기 위해 다시 contraband를 하게 되면서 밀수입의 천국, 파나마시티의 1억 5천만 달러의 밀수품을 둘러싼 음모와 잔인한 범죄 조직을 제거하는 내용의 영화다.

contraband가 '금지하는 명령(법)에 반대 → 수출입 금지 (품목), 밀수입(품)'의 뜻이라는 것을 기억하자.

ban는 초기 인도유럽어 bha가 어원이다. fa(말)와 어원이 같다. ban → bha → fa를 함께 놓고 보면 ban(금하는 명령)과 fa(말) 사이의 연관성을 짐작할 수 있다. ban은 본래 '금지하는 말'이란 뜻으로, 고어에서는 '저주하다, 파문하다'라는 뜻으로 사용되었다.

fascinate[fǽsənèit] 매혹시키다
- fa(話, 말, 주문을 걸다) + (scin) + ate
- 주문을 걸어 홀리다 → 매혹시키다

fate[feit] 운명, 죽음
- 신에 의해 말해진 말(fa) → 운명(숙명), 죽음(최후, 파멸)
- ☞ 오이디푸스는 "아버지를 죽이고 어머니와 결혼할 것이다"라고 신에 의해 미리 말(fa)해졌고 그는 그 운명(fate)을 피할 수 없었다.
- 형 fatal 운명의, 치명적인

fame[feim] 명성
- 말(fa) → (고어) 세평, 소문 → 풍문(평판), 명성(명예)

profession[prəféʃən] 직업
- ① 공언(언명) ② 신앙고백 → 신앙고백하고 ③ 수도원에 들어감 → 그러면 그것은 ④ 직업이 된다 (지적 직업)

profess[prəfés] 공언하다, 주장하다
- pro(앞으로) + fess(fa의 변형: 話, 말)
- professor 교수

이솝 fable(우화)의 fa는 話(말 화)

confess[kənfés] 고백하다
- 함께(con) 말하다(fess) → 사람이 신 앞에, 함께 앉아 신에게 말하다 → 신, 성직자에게 (과실·죄를) 고백하다

blaspheme[blæsfíːm] 악하게 말하다
- 블라 블라 말하다(허튼소리하다) → (신에 대하여) 악하게 말하다

prophecy[práfəsí] 예언
- pro(앞으로) + phe(fame: 말, 평판) + cy
- 앞 일을 말함 → 예언
- prophet 예언자

blame 비난하다
- blaspheme의 변형 → 신에 대해 악하게 말하다 → 비난하다(~의 원인으로 돌리다)

infancy [ínfənsi] 유아기

- in(in, en, un) + fan(fa: 話, 말) + cy(명사형 접미사)
- 말할 수 없는 사람 → 유아기(초기) → infant(유아)

banish [bǽniʃ] 추방하다

- ban(금지하는 법, 명령) + ish(형, 동 접미사)
- 추방하는 법(명령)을 내다 → 추방하다

forbid [fəːrbíd] 금하다

- for(before → 맞은편에 → 대항하여) + bid(ban의 변형: 말하다)
- 반대하여 말하다 → 금하다(허락하지 않다)
- forbidden kingdom 금지된 왕국, forbidden fruit 금단의 열매

abandon [əbǽndən] 버리다

- a(ad의 변형: at, to) + ban(금지하는 법, 명령) + don
- 법(명령)에게 → 법(명령)에 복종(to give up)하다 → (사람·장소·지위 등을) 버리다(give up)

bid 명령하다, 입찰

- forbid의 bid
- ① 명령하다(말하다) ② 값을 매기다 → 매긴 값, 입찰, 노력

contraband(밀수품)의 **ban**은 금지하는 법(명령)

abide [əbáid] 머무르다

- a(ad의 변형: at, to) + bid(명하다 → 요청하다) + e
- 요청한 후 기다리다 → 머무르다(살다)

confidence 신용, 확신

- con(함께, 강조) + fid(faith) + ence

faith 신용, 성실

- 요청한 후 신뢰하며 기다리다 → 신용(trust), 믿음(belief), 성실
- bide의 변형
- ☞ faith가 abide의 bide의 변형이라는 것을 파악하려면 약간의 연습이 필요하다. faith와 bide는 어원이 같고 그래서 발음도 유사하다.

defy 반항하다

- de(down, completely, not, off) + fy(faith의 변형: factory의 fy가 아님)
- 믿음, 신뢰, 동맹을 깨다 → 동맹을 깨고 전쟁을 선포하다 ① 도전하다 ② (권위 등에) 반항하다

038
CALendar & ASTROnaut

cal(소리치다) / astro = star

> **Anchoring Ideas**

calendar[kǽləndər]의 **cal**은 **call**(소리치다)이다. calendar(달력)의 문자 그대로의 뜻은 '소리치는 것'이다. 이 의미가 어떻게 '달력'이 되었을까? 옛날 로마 제사장들이 그 달의 첫날에 새 달이 시작되었음을 소리치며(call) 알렸다. 그래서 '소리치는 것 → 달력'이 된 것이다.

cal은 cock(수탉)과도 관계가 있다. cock(수탉)의 문자 그대로의 뜻은 '목청껏 소리쳐 외치는 것'이란 뜻이다. 수탉이 새벽마다 외치는 모습과 로마의 제사장들이 새달의 첫날에 새달의 시작을 온 땅에 외치는(call) 모습은 아주 비슷하다.

astronaut[ǽstrənɔ:t](우주 비행사 ← **star navigation**)의 **astro**는 **star**이다. astro의 str 부분은 star과 스펠과 발음이 비슷하므로 연관지어 생각할 수 있다.

naut는 '항해자(sailor)'인데, navigation의 navy(함대 → 해군)와 어원이 같다. navigation은 '항해하게 하는 것, 항해를 인도하는 것 → 길을 안내하는 것'으로 뜻이 확대되었다.

desire(욕구, 갈망)의 sire도 star(별)의 변형이다. sire와 star를 함께 놓고 보면 자형과 발음이 유사하다. desire의 de는 down의 변형이다.

'별에 소원을 빌고 그 별이 그 소원에 대한 응답을 아래로 내려 주기를 바란다'는 것이 이 단어의 본래 뜻이다.

- When you wish upon a <u>star</u>, your dreams come true.
  당신이 별에 소원을 빌 때 당신의 꿈은 이뤄집니다. (피노키오 OST)

Fun Word Story

council과 counsel은 비슷해서 헷갈리기 쉬운 단어이다. council[káunsəl]은 '부름을 받아 함께 있는 사람들 → 상원(원로원, 의회)'이고, counsel[káunsəl]은 '도움을 주는 말(조언)'이 기본 뜻이다. council과 counsel을 구분하는 팁은 council의 cil이 to call인 것을 기억하는 것이다. counsel의 s는 가스가 올라오는 모습과 비슷하다.

고대에 '피디아'라는 무녀는 올리브 잎을 먹고 땅속의 기운을 흠뻑 들이마신 황홀한 상태에서 신탁을 말했다. 이 신탁이 counsel의 유래이다. 본래 counsel은 '신의 조언, 신의 해답'의 뜻이었는데 오늘날은 그냥 '조언'으로 사용된다. 델피의 무녀는 그 시대의 counsellor였던 셈이다.

consult[kənsʌ́lt](조언을 구하다, 고문 노릇을 하다)의 문자 그대로의 뜻은 '함께 취하다'이다. consul[kánsəl](영사), consulate[kánsəlit](영사의 직, 영사관)은 one who consults the Senate(원로원을 consult 하는 자) 즉 로마의 '집정관'이 본래 뜻이었다. consul은 consult와 어원이 같다.

oracle[ɔ́:rəkəl](신탁)은 어원이 다르지만 oral[ɔ́:rəl](입의, 구두의, 구술의)과 함께 기억하는 것이 좋다. oral의 동의어 verbal[və́:rbəl](구두의, 말의)의 verb는 'word(v = w)'이다.

calendar(달력)의 cal은 call(소리치다)

classify 등급으로 나누다

class[klæs] 계급, 학생들, 수업
- 군대로 부르다(call out) → 로마의 군인들 → 계급, 학생들, 수업

clear[kliər] 명확한
- 소리가 크고 분명한(청아한) → 분명하고 명확하게 보이는, 장애물이 없는, 깨끗한

declaim[dikléim] 웅변하다
- de(down, completely, not, off, 강조) + claim(call)
- 수탉(cock)처럼 크게(자신을 완전히 소진할 정도로) 외치다 → 웅변하다
- 참고 declare 선언하다

exclaim[ikskléim] 외치다
- 속에서 터져 나오도록(ex) 외치다 → (감탄적으로) 외치다

proclaim[proukléim] 선언하다
- 앞으로(pro) 외치다 → 선언(공포)하다

acclaim[əkleɪm] 갈채를 보내다, 환호하다

council[káunsəl] 상원
- coun(co의 변형: com, 함께) + cil(call)
- 함께 부름받은(소집된) 사람들 → 상원(원로원, 의회)

claim[kleim] 요구하다, 주장하다

reconcile[rékənsàil] 화해시키다
- 다시 함께 부르다 → 친구가 되게 만들다 ① 화해시키다 ② 조정하다 ③ 단념케(복종케) 하다

168

stroll 산책, 산책하다, 이리저리 돌아다니다

- 동의어 roam: 어원보다는 문장으로 기억하는 것이 낫다. Be alert. Your enemy roams around like a roaring lion. 경계하십시오. 당신의 대적이 우는 사자처럼 이리저리 돌아다니고 있습니다.
- 명 stroller 순회 공연자, 무숙자
- ☞ 별(star, astro)로 점을 쳤던 astrologer(점쟁이)와 관련이 있다. stroll은 astrologer가 이리저리 다니며 점을 봐 주며 숙식을 해결하던 데서 유래한 단어이다.

astronaut [ǽstrənɔ̀ːt] 우주비행사
- astro(star: 별) + naut(navi: 항해자)
- 별들을 항해하는 사람 → 우주 비행사

astronaut(우주 비행사)
astro는 star

astronomy [əstrάnəmi] 천문학
- astro(star) + nomy(norm: 직각자 → 기준, 법)
- 별에 관한 법(학문) → 천문학
- 참고 이 노옴(norm)! 하며 직각자로 때린다?

astronomer 천문학자
- 천문학을 연구하는 사람 → 천문학자

astrology [əstrάlədʒi] 점성학
- astro(star) + logy(lec의 변형: 선택하다, 말하다)
- 별에 대해 말하는 것 → 점성학(술)
- 참고 lec: 선택하다(예 collect, select)

disaster [dizǽstər] 재앙
- dis(apart, not, opposite) + aster (star)
- 행운의 반대편에 있는 별 → (폐어) 별의 악한 영향 → 천재(天災), 큰 실패

039 CARE

car(gar--: 외침, 고함) + e

Anchoring Ideas

care[kɛər]는 크게 ① 슬픔(걱정, 근심), ② 돌봄(oversight, attention)의 뜻이 있다.

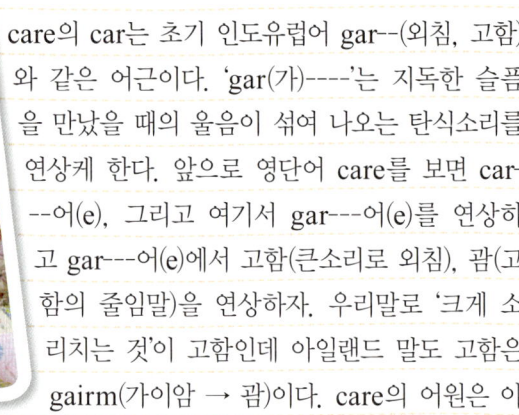

care의 car는 초기 인도유럽어 gar--(외침, 고함)와 같은 어근이다. 'gar(가)----'는 지독한 슬픔을 만났을 때의 울음이 섞여 나오는 탄식소리를 연상케 한다. 앞으로 영단어 care를 보면 car---어(e), 그리고 여기서 gar---어(e)를 연상하고 gar---어(e)에서 고함(큰소리로 외침), 괌(고함의 줄임말)을 연상하자. 우리말로 '크게 소리치는 것'이 고함인데 아일랜드 말도 고함은 gairm(가이암 → 괌)이다. care의 어원은 아일랜드어 gairm(고함, 외침)이다. 기억하자. care의 원래 핵심 뜻은 '고함, 외침'이다.

아주 가까운 사람이 중병으로 쓰러진다면 첫 번째 반응은 깊은 슬픔으로 인한 울음(슬픔의 고함)일 것이다. 그다음에는 하던 모든 일을 접어두고 그 사람에게로 가서 그를 돌볼 것이다. 돌보고 모든 정신을 어떤 대상에 집중하는 것, 이것이 care의 두 번째 뜻이다. care의 뜻은 '슬픔(걱정, 근심) → 돌봄(oversight, attention)'으로 확대된다.

Fun Word Story

barbarian(야만인)은 어원상 'bar-bar-라고 말하는 사람들'이다. 벙어리를 사투리(방언)로 '버버리'라고 한다. 아마 벙어리의 말이 '버-, 버-'로만 들리기 때문일 것이다. 이와 비슷하게 옛날 그리스인들이 듣기에 야만인들의 말은 'bar-, bar-'라고만 들렸다. 그래서 barbarian은 '야만인(의)'의 뜻이다.

아마 bravo와 brave를 연결해 본 적은 없겠지만 놀랍게도 두 단어는 어원과 뜻이 너무나 비슷하다.

	명사	감탄사	형용사	동사
bravo	야만인, 자객	잘한다, 좋다		잘한다고 외치다
brave	야만인, 전사		용감한	용감하게 맞서다

초기에 bravo는 명사로서 '고용된 킬러(killer), 야만인'을 뜻하는 말이었다. 고용된 킬러나 야만인에게 내뱉을 만한 칭찬의 말이 무엇이겠는가? 아마 그것은 "잘 죽였다, 잘했다."일 것이다. 그러므로 본래 브라보(bravo)는 고용된 킬러가 사람을 죽였을 때 '용감했어, 잘했어'라는 뜻으로 하는 말이었다.

brave는 주로 barbarian의 용감한 행동을 묘사하는 형용사로 사용된다. 그러니까 뜻은 '용감한'이다. bravo는 barbarian의 용감한(brave) 행동에 대한 감탄사이다. 그러니까 뜻은 '잘한다, 좋다, 신난다'이다. 우리는 이렇게 한 문장으로 묶어서 기억할 수 있을 것이다. <u>barbarian의 brave한 행동을 보고 "bravo!"을 외쳤다.</u>

courage(용기)는 정신력을, bravery(용감)는 야만인의 행동과 같은 대담한 행위를 강조하는 단어이다.

care(걱정, 돌봄)은 car--어(e)- 슬픔의 고함

careful [kέərfəl] 주의 깊은
- (고어) 슬픔으로 가득 찬 → 돌봄으로 가득 찬, 주의 깊은

curious [kjúəriəs] 호기심 있는
- curious = carious, 돌봄(attention)으로 가득 찬 → 어떤 것에 모든 신경이 집중되는 → 호기심 있는

care [ker] 걱정, 돌봄
- ① 걱정(근심) ② 돌봄 ③ 주의(관심) → 걱정하다, 돌보다

secure [sikjúə:r] 안전한
- se(분리하여 따로 두다) + cure
- 걱정하며 돌볼 필요가 없는 → 안전한
- ☞ 고어에서 cure = care이므로 secure의 문자적인 뜻은 '치료가 없는'이 아니라, '슬픔(걱정, 근심)이 없는'이다. 뜻은 '안전한, 위험이 없는'이다. secure의 뜻을 쉽게 기억하는 방법은 secure를 secare라고 생각하는 것이다.

sure [ʃuər] 안전한, 확실한
- secure의 동의어(쌍둥이 단어) → 안전한(확실한, 틀림없는)

ensure [enʃúər] 보증하다
- en(in의 변형: put in, ~하게 만들다) + sure(secure: 안전한, 확실한)
- 안전(확실)하게 만들다, 보증(보장)하다 → 실제적인 보증

insure [inʃúər] 안전하게 만들다
- 안전하게 만들다, 보증하다, 보험을 계약하다 → 미래의 불안 제거
- ensure의 변형이고 서로 바꾸어 사용할 수 있으나 약간의 뉘앙스 차이.

careless[kɛ́ərlis] 돌봄이 없는
- care + less(~가 없는 ← loose: 풀다)
- (고어) 걱정, 근심이 없는 → 돌봄(oversight)이 없는

cure[kjuər] 치료
- 성공적인 의학적인 돌봄(치료) → 치료(과정, 방법, 제)

incurable[inkjúərəbəl] 낫지 않는
- in(in, en, un) + cure + able(형용사형 접미사)
- 낫지 않는(불치의) → 불치의 병자

accurate[ǽkjərit] 정확한
- 치료(돌봄)의 결과에게로(ac = ad) → 정확한(정밀한)

assure[əʃúər] 확실하게 하다
- as(ad의 변형: at, to) + sure(secure: 안전한, 확실한)
- 확실하게 하다, 보증하다 → 의심, 불안을 제거

> ensure, insure, assure, secure는 모두 '어떤 것이나 어떤 사람을 안전하게(확실하게)하다'라는 뜻이다. 이들은 모두 서로 바꾸어 사용할 수 있다. 그러나 ensure는 실제적인 보증을 함축한다. 반면에 insure는 미리 필요한 방책들을 강구하는 것을 강조한다. 그리고 assure는 사람의 마음에서 의심이나 불안을 제거하는 것을 함축한다. secure는 공격이나 손실로부터 지키기(guard) 위해 취해진 행동을 함축한다.

040 SIGN & VOW

sign(손짓, 신호, 기호) / vow(맹세)

Anchoring Ideas

sign[sain]은 '손짓(몸짓)'이 원래 핵심 뜻이며 '기호(표시, 부호), 신호, 징후(조짐)'의 뜻으로 확대되어 사용된다. **seal**(인장, 도장, 봉인)은 sign의 변형이다. sign의 g가 묵음이기 때문에 sign과 seal은 발음이 비슷하다. seal은 '도장에 새겨 넣은 sign'이란 뜻이다.

mark도 '표, 표시, 기호'의 뜻이다. **remark**[rimá:rk]는 강한 표시를 보면 주의하게 되니까 '주의하다, 알아차리다' 특별한 요점들에 주의를 요청하다는 뜻에서 '(소견으로서) 말하다'의 뜻이다. 명사로도 사용된다.

mark의 본래 뜻은 'boundary, 경계선'이다. 그러므로 mark의 변형인 **margin**은 '가장자리, 여유, 판매수익'이라는 뜻이다.

mark와 비슷한 말인 **spot**은 '점(반점), 지점'의 뜻이다. **spotlight**는 '스포트라이트, 각광, 관심(주목)'의 뜻이고, 무선랜 서비스 지역을 뜻하는 **hot spot**은 본래, '분쟁지역, 유흥업소 등 위험지역을 가리키는 용어이었다. hot spot은 사람이 많이 몰리는 곳에 설치된다.

vow는 약속과 동의어라고 할 수도 있지만 단순한 약속은 아니고 '형식을 갖춘, 의식을 통한 약속'이란 뜻이다. **vow(맹세)는 엄숙한(의식에 맞는) will의 표현이다.** 영어에서 v와 w는 종종 바꾸어 사용되므로 vow는 일종의 will이라는 것을 이해할 수 있을 것이다. 본래 vow[vau]는 신에게 희생제물을 드리며 맹세하거나 서원(맹세하여 원함)하는 것을 뜻하는 단어였다.

결혼 서약을 영어로는 marriage vows라고 한다. 이 어구를 기억한다면 vow의 뜻을 잊어버릴 수가 없을 것이다.

Fun Word Story

중세의 feud(장원, 영지)의 모습이다. 주군이 가신에게 군사력 제공과 같은 일정한 의무를 요구할 목적으로 준 토지(feud)이다. 이 토지를 가신으로 봉하면서 준 땅이라 하여 봉토라고 한다. **feud(봉토)는 군무(군사적 의무) 이행에 대한 일종의 fee(보수, 봉급)인 셈이다.** 약간 어려운 단어 feud도 fee와 연결시키면 쉽게 이해되고 기억된다.

fee[fi:]는 feud(봉토, 영지)의 변형이다. 지금은 '요금'의 뜻으로 주로 사용되지만 feud → ① 봉토(영지) → ② 보수(봉급) → ③ 요금(수수료)의 과정을 거친 단어이다.

feudal[fjú:dl]은 〈feud(봉토, 영지) + al〉로 구성된 단어이다. 뜻은 '봉토의 → 봉건의 → 봉건 시대의'이다. the feudal age는 '봉건 시대', the feudal system는 '봉건 제도'를 가리킨다.

signature [sígnətʃəːr] 서명(하기)

sign [sain] 손짓(몸짓), 기호(표시, 부호), 신호, 징후(조짐)

signal [sígn-əl] 신호(군호, 암호, 신호기)
- 항상 어떤 뜻을 갖는 sign을 말한다.
  예 a signal lamp (신호등)
- ☞ mark: sign과 동의어이지만 주로 사물의 성격을 나타내는 표시
  token: sign과 비슷한 말, 감정을 나타내거나, 과거의 일들을 상기케 하는 것으로 품위 있는 말
  Please accept this as a token of my gratitude.

design [dizáin] 설계하다
- sign out(표시해 내다) → 도안을 만들다, 설계하다
- designer 도안가, 설계자

designate [dézignèit] 표시하다, 지명하다
- design + ate
- sign out(표시해 내다) → 표시하다, 지명하다
- ☞ designate은 design과 어원상 의미가 같지만 design은 '도안을 만들다'의 뜻이고 designate은 '표시해 내다'의 뜻이다.

sign 손짓(몸짓)

signify [sígnəfài] 표시하다
- 기호(표시)를 만들다 → 표시하다, 의미하다
- significance 의미, 중요성

seal [siːl] 인장, 봉인
- 도장에 새겨 넣어진 sign → 인장(문장, 도장), 봉인(봉인하다)

vow [vau] 맹세

- 의식을 통한 약속 → 맹세(서약), 맹세하다
- 참고 bow[bau] 경례 / [bou] 활
  bow는 '굽어진 것 → 경례, 활'로 발전한 단어이다. bow의 b는 경례하면서 구부러진 모습이나 활의 구부러진 모습을 닮았다.

swear 맹세하다

- 맹세하다, 선서하다 → 선서
- oath 맹세(서약)
- swear an oath 맹세하다

answer 응수하다, 답하다

- an(ante, anti의 변형) + swer(swear의 변형: 맹세하다)
- 어떤 질문, 요청, 비난 등에 대해(ante, anti) 맹세하며 말하다 → (비난·공격 등에) 응수하다, (사람·질문에) 답하다 → 대응, 대답

vo(w)는 의식을 갖춘 will

vote [vout] 투표

- 공식적으로 표현된 will → 투표(투표권)

devote [divóut] 헌신하다

- 맹세(vow)하고 (신, 일 등에) 자신을 완전히 아래로(de) 쏟다 → 의식을 통해 자신을 위탁하다 → 어떤 목적, 활동 등에 자신을 헌신하다

resign [rizáin] 사임하다

- re(again, back, against) + sign
- 입사할 때 사인하고 사임하면서 다시(반대로) 사인하다 → 사임하다, 포기하다

assign [əsáin] 할당하다, 배정하다

- as(ad의 변형: at, to) + sign(기호, 표시)
- ~에 사인하다 → 양도증서에 sign하다 → 할당하다, (임무 따위를) 부여하다
- assignment: 할당(할당된 몫. 연구과제, 숙제), 임명(임무)

041
SCRIPT & LETTER

script(scratch) / letter(글자)

Anchoring Ideas

script는 'scratch해서 쓴 글'이다. script [skript]의 핵심적인 뜻은 '뾰족한 펜으로 진흙 판을 scratch해서 쓴 글'로, '손으로 쓴 글, 원본'이다.

왼쪽 그림은 scribe[skraib]의 모습이다. scribe은 '뾰족한 펜으로 진흙 판을 scratch 해서 글을 쓰는 사람'이 본래 뜻으로 '필기사(서기)'의 뜻으로 사용되고 '유대인 율법학자'를 뜻하기도 한다.

letter[létə:r]의 원래 뜻은 '글자'이다. 의미가 확장되어 '편지, 문학(학문, 교양)'의 뜻으로도 사용된다.

글자로 단어들을 만드는 것(to form words with letters)은 spell이다. spell은 '철자하다'의 뜻이다. 철자(綴字)란 알파벳 글자가 아니라 '자음과 모음을 맞추어 음절 단위의 글자를 만드는 일'이다. 철자(綴字)의 철(綴)은 '연결하다, 잇다'의 뜻이다. 한 글자(letter)씩 읽거나 쓰거나 말하는 것을 spell이라고 한다. 이 기본적인 의미가 확장되어 '(글을) 뜯어보다, 판독[해석]하다, 의미하다'의 뜻으로 사용된다.

- He knew instantly that a hole <u>spells</u> home.
  그는 즉시 한 구멍이 집을 의미한다는 것을 알았다. (13 수능)

spell은 고대 영어에서는 'story, command(명령)'의 뜻으로 사용되었다. gospel(좋은 소식, 복음)은 good과 spell(story, command)의 합성어이다. spell은 '주문, 마력'이라는 뜻으로도 사용되는데 이것은 spell의 고대 뜻 'story, command'에서 의미가 확장된 것이다.

Fun Word Story

graph(도식, 도표)는 진흙을 **cut**하고 **carve**(조각하다, 새기다)한 것이다. graph와 carve(조각하다, 새기다)는 본래 둘 다 '진흙 판에 scratch하다'라는 뜻이었다. scratch의 cratch, graph, carve를 함께 발음하면 그 유사성을 발견할 수 있다. graph는 본래 진흙판 위의 상형문자를 지칭하던 것이었다. 오늘날 graph는 주로 '도표, 도식'을 말한다. telegram(전보)이나 hologram(3차원 입체상)의 gram도 graph의 변형이다.

graph(그림, 도식) 방식의 시계를 chronograph watch(시간 도식 시계)라고 한다. geography[dʒiːágrəfi]는 〈geo(땅) + graphy(그림, 도식, 도해)〉으로 '지형(지리), 지리학'이다. geo는 '地(땅 지)'로 기억하면 좋다. geology[dʒiːálədʒi]는 '지질학', geometry[dʒiːámətri]는 〈geo(땅-地) + metr(meter) + y(명. 형 접미사)〉로 '기하학(토지 측량을 위해 도형을 연구하던 데서 유래한 학문)'이다.

script [skript] 손으로 쓴 글, 원본
- 뾰족한 펜으로 진흙 판을 scratch해서 쓴 글 → 손으로 쓴 글, 원본

describe [diskráib] 묘사하다
- 진흙판에 송곳 같은 것으로 아래로, 철저히(de) 눌러 scratch해서 쓰다 → (도형, 곡선 등을) 그리다, 묘사하다, 말로 설명하다
- 동의어 depict 그리다, 묘사하다

description 작도, 묘사, 서술

prescribe [priskráib] 처방하다
- 미리(pre) 쓰다 → 규정하다, (약을) 처방하다

prescription 처방전
- 미리 쓴 것 → 규정, 처방전

scribe [skraib] 필기사
- 뾰족한 펜으로 진흙 판을 scratch 해서 글을 쓰는 사람 → 필기사(서기), 유대인 율법학자
- ☞ clerk(사원, 점원)은 본래 scribe와 비슷한 말로 본래는 '성직자'라는 뜻이었다. '칼(cle)로 성직자와 평신도를 나누다'로 기억하면 편하다.

script는 scratch해서 쓴 글

ascribe [əskráib] ~에 기인하는 것으로 하다
- 필기사에게(작가에게) → ~에 기인하는 것으로 하다(~에 돌리다)
- ☞ '해리 포터'의 저자는 해리 포터와 그 모든 등장인물들과 스토리의 근원이다. 소설의 스토리 등장인물들의 외양, 성격 모든 것은 작가의 탓이다. 작가가 원인(기원, 근원)이다.

subscribe [səbskráib] 구독하다
- (성명 따위를) 문서의 밑에(sub) 쓰다, (잡지 등을) 구독하다
- 명 subscription 구독
- 명 subscript 아래쪽에 쓴 기호·숫자·문자(H_2SO_4의 2, 4 따위)

literal[lítərəl] 문자의, 글자 그대로의

letter 글자(문자)

literary[lítərəri] 문학의
- 문학에 속한 → 문학의, 문학에 통달한, 문학에 종사하는

literature[lítərətʃər] 문학, 문헌
- (고어) 학문, 학식 → 문학(문학 연구, 저술), 문헌

literate[lítərit] 읽고 쓸 수 있는
- 읽고 쓸 수 있는, 교양이 있는, 문학적 소양이 있는 → 교육받은 사람
- 명 literacy 읽고 쓰는 능력

illiterate 문맹의
- (문학 등의) 교양이 없는 → 무식자(문맹자)

042 MANIcure & PEDal

mani(손) / ped(발)

Anchoring Ideas

manicure는 〈**mani**(손) + **cure**(care의 변형: 돌보다)〉로 구성된 단어이다. manicure의 cure가 '치료'라는 뜻이 있기 때문에 manicure는 어원상 '손 치료'인데 왜 '손 관리'라고 번역하는지 의아해할 수 있다. manicure의 cure는 care(돌보다)의 변형이다. 그러므로 manicure는 '손톱 손질, 손 관리, 매니큐어'가 되는 것이다. pedicure는 '발톱 가꾸기, 발 치료'이다. pedal(페달, 발판)의 ped는 foot(발)이다.

manicure할 때 사용하는 것(제품)이 nail polish이다. polish는 본래 make smooth의 뜻으로 '광을 내다, 광택제'를 가리킨다. 손톱광택제는 nail polish, 구두 광택제는 shoe polish이다. polite[pəláit](예의 바른, 공손한), politeness(예의, 공손함)는 polish에서 온 단어이다. 사람과 사람 사이를 smooth하게 하는 것, 광택이 나게 하는 것이 예의이다.

manipulate은 〈**mani**(손) + **pul**(plus의 변형: 더하다, 채우다) + **ate**〉로 구성된 단어이다. 원래 뜻은 '손에 가득 채우다(한 움큼 쥐다) → 손

안에서 주무르다'이다. '어떤 대상이나 사람을 제 맘대로 움직이다'라는 의미로 사용된다.

pedal은 〈**ped**(발) + **al**(명, 형 접미사)〉로 구성된 단어이다. 자전거를 앞으로 나가게 하기 위해 발로 밟는 발판이 페달이다. pioneer의 pion은 ped의 변형이다. ped → pawn(보병) → pion으로 발전했다. '군대를 위한 길을 예비하는 보병 → 개척자, 선구자'라는 뜻이다.

Fun Word Story

pierce는 '꿰뚫다'라는 뜻이다. piercing은 우리말로 번역하면 '꿰뚫기'라고 할 수 있겠다. 사람들은 코에, 귀에, 입술에, 혀에, 심지어 배꼽에 피어싱(piercing)을 하기도 한다. interfere[íntərfíər](간섭하다, 훼방 놓다)는 〈inter(← enter, between) + fere(pierce의 변형)〉으로 구성된 단어이다. '중간에 침입하다'가 본래 뜻이다. 비슷한 발음을 가진 interpret[intə́:rprit]은 〈inter + pret(풀이?)〉으로 구성된 단어로 생각하면 기억하기 쉽다. '해석하다, 통역하다'라는 의미로 사용된다. 역시 비슷한 발음 interval[íntərvəl]은 〈inter + val(wall의 변형: v = w)〉로 구성된 단어이다. '중간에 있는 벽, 극장 등의 막간'이 문자적인 뜻으로 '간격, 격차' 등의 의미를 가진다.

manicure의 mani는 손

manicure [mǽnɪkjʊr] 매니큐어
- mani(손) + cure(care의 변형: 돌보다)
- 손 cure(care) → 매니큐어(손톱 손질, 손 관리)

manifest [mǽnəfèst] 명백한, 나타나다
- mani(손) + fes(패서 → 패다, 치다 → 만지다) + t
- 손으로 만질 수 있는 → 감각, 시각으로 명백히 지각할 수 있는 → 명백한(명백히 하다), 유령 등이 나타나다

manipulate [mənípjəlèit] 조종하다
- mani(손) + pul(plus: 더하다, 채우다) + ate(명, 동, 형 접미사)
- 손에 가득 채우다(한 움큼 쥐다) → 손 안에서 주무르다 → 어떤 대상이나 사람을 제 맘대로 움직이다(조종하다)

manufacture [mæ̀njəfǽktʃər] 제조하다
- manu(손) + fact(만들다) + ure(명사형 접미사)
- 손으로 만들다 → 제조하다, (이야기 따위를) 꾸며내다 → 제조(업)

manuscript [mǽnjəskrìpt] 손으로 쓴 글, 원고, 필사본
- manu(mani: 손) + script(scratch 해서 쓴 글, 손글)

manual [mǽnjuəl] 손의, 소책자
- manu(손) + al(명, 형 접미사)
- ① 손의(손으로 하는, 손으로 만드는) → 손에 쥘 수 있는 ② (책 따위가) 소형의 → 소책자(입문서, 교범)

manner [mǽnər] 방법, 예절
- handling의 방식 ① 방법(방식) ② 태도 ③ 예절(예의)

manage [mǽnidʒ] 처리하다, 경영하다

- (손으로) 다루다(handle) → (말 따위를) 잘 다루다 → (사람을) 조종하다 ① (사무를) 처리하다 ② (사업 따위를) 경영하다 ③ (어려운 일을) 해내다

expedition [èkspədíʃən]
긴 여행, 원정

- ex(밖으로) + ped + (i) + tion (명사형 접미사)
- 발을 차꼬(족쇄)로부터 자유롭게 함 → (탐험·전투 등 명확한 목적을 위한) 긴 여행, 원정

pedestrian [pədéstriən]
보행자

- ped(foot) + estr(ist: 행위자) + ian(사람)

expedient [ikspí:diənt] 방편, 편리한

- ex(밖으로) + ped + ent(명, 형 접미사)
- 발이 차꼬(족쇄)로부터 풀려난 → 편리한, 유리한 → 수단(방편)

pedal의 ped는 발

pessimism [pésəmìzəm] 비관주의

- pessi(ped의 변형: 발) + mi(most의 변형) + ism(주의)
- 발 맨 아래 → 비관주의

impudent [ímpjədənt]
뻔뻔한

- 발로 차도 수치를 느끼지 않는 → 뻔뻔스러운(철면피의)

optimism 낙관주의

- optimus는 bonus(good의 최상급)
- optimal 최적의, optimum 최적의, 최적조건
- Optimus Prime는 영화 트랜스포머에서 오토봇의 지도자

ARm & DOCTOR

ar(연결된 것) / doctor(교사, 학자)

Anchoring Ideas

arm[a:rm]이 '팔'도 되고 '무기'도 되는 이유를 모르는 사람이 많을 것이다. **arm의 ar이 '연결된 것'**이라는 뜻이기 때문에 몸에 연결된 것은 팔이고, 서로 정교하게 연결된 것은 무기가 되는 것이다. 세계에서 가장 정교한 첨단 발명품은 arm(무기)의 발명에 기인한 경우가 대부분이다. 그러한 첨단 발명품은 부속품들이 정교하게 연결된 것이다. 이제 영어단어 arm을 보면 '연결'을 먼저 생각하자. 그림은 armor(갑옷)을 입은 장수의 모습이다.

태권도, 쿵후, 유도 같은 무술(무도)은 martial art라고 한다. martial은 '전쟁의, 호전적인, 용감한'이라는 뜻이다. Mars는 전쟁을 관장하는 로마의 신이었다. Mars는 농사도 관장했는데 봄을 좋아해서 봄(march)에게 그의 이름을 빌려 주었다. 화성도 Mars[ma:rz]라고 하는데 그 붉은 혹성이 지구인에게 악영향을 주어 호전적으로 만든다고 믿었다.

doctor는 '박사, 의학박사, 의사'의 뜻으로 사용되는 단어이다. 그러나 관련된 단어들을 학습하는 데 있어서 doctor의 본래 뜻이 '교사, 학자'

라는 뜻을 파악하는 것이 중요하다. doctor와 관련된 단어들은 모두 '교사, 학자'와 관련이 있다. 그림은 중세 때의 유명한 doctor(크리스트교 교사, 학자)의 모습이다.

Fun Word Story

프리랜스(freelance, freelancer)는 중세의 용병, 무소속의 무사를 지칭하던 말이었는데 지금은 '자유 논객(기고가), 프리랜서, (특별 계약 없는) 자유 작가(배우) 등'을 가리키는 말이 되었다. **freelance의 lance는 중세의 기사가 들고 다니던 창을 뜻한다.** lance는 spear[spiə:r](창)와는 달리 말 위에서 전사가 사용하도록 디자인된 것이다. spear보다 더 길고 두껍고 무겁다.

'(새로 만든 배를) 진수(進水)시키다, 발사하다'라는 뜻인 launch[lɔ:ntʃ]는 lance의 변형이다. 끝이 나뭇가지처럼 둘 또는 세 가닥으로 갈라진 창은 pike이다. 관련 단어는 pique[pi:k](자극하다, 화), spike[spaik](긴 못, 운동화 따위의 스파이크)이다.

throat(목구멍)는 '음식물이 밀어 넣어지는 곳'이고 thrust는 '밀어 넣다'의 뜻이다. 사진은 thrusting arm(찌르는 무기)의 모습이다. 관련 단어는 threat[θret](위협, 협박, 우려, 징조), intrude[intrú:d](밀어 넣다, 강요하다, 밀고 들어가다, 침입하다)가 있다.

arm(팔, 무기)의 ar은 연결

alarm [əlá:rm] 경보
- al(all) + arm(모두 무장하라!)
- 경보를 발하다 → 경보, 경보기(자명종)
- 적이 쳐들어와서 모두 무장하라는 경보가 울린다.

armamen [á:rməmənt] 무기, 군사력(군비)
- arm(무기 ← 정교하게 연결된 것) + ment(명 접미사)

art [a:rt] 예술, 기술
- ar(fit, join: 꼭 맞추다) + t
- 정교한 무기를 짜 맞추는 기술 → 기술(교묘한 솜씨), 예술, 미술

artist 예술가
- art + ist(행위자 접미사)
- (고어) 명인(명장) → 예술가, 예능인(배우, 가수)

artificial [a:rtəfíʃəl] 사람이 만든
- art(기술) + fic(fac: 만들다) + ial(명, 형 접미사)
- 기술에 의해 어떤 것을 만드는 (것) → 사람이 만든 (것)
- artifact 공예품

aristocracy [ærəstákrəsi] 귀족정치
- ar(arm) + ist(est의 변형: 최상급) + cracy(통치)
- 꼭 맞추는 통치 → ① 귀족정치 ② 귀족(사회) ③ 귀족풍
- 참고 cracy(통치): cracy에 복종하지 않으면 나라가 crash(붕괴)된다?
- ☞ 왕정은 왕의 명령에 따라 움직이면 되지만 귀족정은 귀족들끼리 서로 꼭 맞추어야(합의되어야) 정치가 된다.

article [á:rtikl] 조항, 기사
- 맞추어진 것의 한 부분 → (규칙·계약 따위의) 조항, (동종의 물품의) 한 품목, (신문·잡지의) 기사(쓰여진 어떤 것의 한 부분)

gear [gɪr] 맞게 하다, 기어
- 본래 뜻은 '전투장비를 설치하다'
- be geared to ~에 맞춰져 있다

doctor [dάktər] 박사, 의사
- 교사(특히 중세 크리스트교의 교사, 학자) → 박사, 의학박사, 의사

doctrine [dάktrin] 신조
- doctor(교사) + ine(명, 형 접미사. medicine, divine, routine)
- 교회의 교사(doctor)가 가르치던 교회의 교리 → (정치·종교·학문 상의) 신조(학설), 공식(외교)정책

doctor(박사, 의사)는 중세의 교수(학자)

paradox [pǽrədɔ̀ks] 역설
- para(옆에, 넘어, 반대) + dox(가르침, 학설, 의견)
- 반대 가르침(학설) → 역설(패러독스)

document [dάkjəmənt] 문서
- docu(교사) + ment(명 접미사)
- 어떤 가르침이나 이론을 증명하는 문서 → 문서, 기록

documentary 문서의, 기록물의
- document + ary(명, 형 접미사)

044 TECHnique & ARCHangel

tech(옷감을 짜다) / arch(대장)

Anchoring Ideas

technique[tekníːk]는 연주, 노래, 운동 따위를 훌륭하게 해 내는 기술이나 능력을 말한다. **여기서 tech는 '거미줄이나 옷감을 짜다 → 만들다'라는 뜻이다.** 거미가 거미줄을 짜는 technique(기술)을 보라. 얼마나 놀라운가!

그리스 신화에는 아라크네의 이야기가 있다. 아라크네는 베 짜는 솜씨(weaving technique)가 뛰어나 여신 아테나보다도 자기가 훨씬 낫다고 뽐냈다. 이 소문을 들은 아테나는 노파의 모습으로 변신하여 그녀를 찾아가 신을 욕보이는 언행을 하지 말라고 충고하였으나 그녀는 듣지 않고 결국 아테나와 솜씨를 겨루었다. 비록 둘 다 그들의 technique(기술, 능력)에 있어서는 흠이 없었지만 아라크네의 어리석은 교만과 허영 때문에 심판관들은 아테나를 승리자로 선택했다. 여신은 그녀를 거미로 변하게 하여 뱃속에서 실을 뽑아내어 베를 짜는(거미줄을 만드는) 벌을 내렸다.

craft[kræft]도 '솜씨, 기교, 기술'이라는 뜻이다. '(특수한 솜씨를 가진 사람들이 만든) 선박, 항공기, 우주선'이라는 뜻도 있다. craftsman [kræftsmən]은 '장인, 기예가'이다. aircraft(항공기)나 spacecraft(우주선)는 엄청난 솜씨(기술)를 가진 사람들이 만든 것이다.

천사가 영어로 angel임은 누구나 안다. 그러면 천사장은 영어로 무엇일까? archangel[ά:rkèindʒəl]이다. **여기서 arch는 '장, 대장'이다.** 가브리엘, 미카엘, 루시퍼는 archangel(천사장)들로 알려져 있다. 성경에 의하면 세 천사장들 중 하나였던 루시퍼는 타락하여 타락천사가 되었다. 미가엘은 전쟁을 담당하는 천사장이다.

팝의 황제 마이클 잭슨(Michael Jackson)의 이름 마이클은 archangel 중 하나인 미가엘(Michael)이다. 마이클 잭슨의 이름은 archangel 미가일 잭슨인 셈이다. 사진은 Archangel Michael(아크엔젤 미가엘)의 모습이다.

arch는 '장, 대장'이라는 것을 기억하자. 참고로 '아치, 호, 활 모양'이라는 뜻의 arch[ɑ:rtʃ]와는 어원이 다르다. arch에서 파생된 단어는 archer(궁수), archery(궁도, 활쏘기) 등이 있다.

text [tekst] 본문, 원문

- 짠(직조한) 옷감 → 지어내어진 이야기 → 본문, 원문, 주제(화제)

textbook
교과서

context 문맥
- 함께 짜여진 글 → 글의 전후 관계(문맥), (사건 등의) 경위

technique [tekníːk] 기술, 솜씨

- tech(옷감을 짜다 → 솜씨, 기술) + (n) + ique(ic의 변형)
- 거미줄이나 옷감을 짜다 → 기술, 솜씨

technology 과학 기술

technique(기술)의 tech
거미줄이나 옷감을 짜다

textile [tékstail] 직물

- 짜여진(직조된) 것 → 직물(옷감) → 직물의, 방직된
- 예 fine silk textiles
- 동의어 fabric 직물, 천
  fabricate 이야기 등을 꾸며내다, 제작하다
- harsh(거친, 사나운, 가혹한)는 'textile(옷감)이 거친'이 본래 뜻이다.

tissue [tíʃuː] 직물, 조직, 휴지

- 짜여진 것 → 직물(얇은 천, 거즈), (세포) 조직, 얇은 화장지

subtle [sʌ́tl] 미묘한, 교묘한

- sub(아래 → 작게, 미묘하게, 교묘한) + tle(tech의 변형: 옷감을 짜다)
- 미묘하게 짜여진 → 미묘한(얇은), 교묘한, 교활한

anarchy [ǽnərki] 무정부
- an(un의 변형: not) + arch(대장) + y(명, 형 접미사)
- 대장(지도자)이 없는 것
  → 무정부(론), 무정부 상태

archangel(천사장)의 arch는 장(대장)

monarch [mánərk] 군주
- mon(mono의 변형: 혼자) + arch(대장, 다스리는 자)
- 혼자 대장(장) → 군주(君主-임금, 주인), 제왕

monarchy 군주제
- 혼자 다스리는 것 → 군주제(군주국)

architect [á:rkitèkt] 설계자, 건축가
- arch(대장) + i + tect(옷감을 짜다, 만들다)
- 만드는(tect) 장(archi) → 건물의 설계자, 감독자(건축가)

architecture 건축술, 건축양식
- architect + ure(행위, 과정, 결과)
- 건축장의 행위, 과정, 결과
  → 건축술, 건축 양식, 건조물

045 CAP & CELL

cap(머리) / cell(작은 방)

Anchoring Ideas

cap은 본래 '머리'라는 뜻이었는데 '머리에 쓰는 모자'로 발전했다. '머리 → 머리덮개 → ① (양태 없는) 모자(선수 모자) ② 뚜껑(병마개) ③ 최고부(정상)'로 의미가 확장되었다.

cap는 본래 뜻이 '머리'이기 때문에 이 단어에서 파생된 단어들은 전부 머리로 해석해야 한다.

cell[sel]은 '세포'로 더 잘 알고 있는 단어이지만 본래는 '작은 방'이란 뜻이다. Cell 211이라는 영화는 교도관이 사고로 교도소 cell(독방)에서 깨어나게 되고 살아남기 위해서 죄수처럼 행동하며 탈출할 방법을 모색하면서 일어나는 이야기다. cell(세포)은 핵, 리보솜 등이 있는 작은 방이다.

Fun Word Story

그림은 「The tease」라는 제목을 갖고 있는 그림이다. 제목과 그림만 봐도 tease의 뜻을 정확히 알 수 있다. '(동물을) 재미로 못 살게 굴다(속 태우다, 괴롭히다)'가 tease의 본래 뜻이다. 사람에게 적용되면 '① (악의 없이 또는 악의적으로) 놀리다, 집적거리다 ② (특히 성관계를 할 의사가 없으면서 상대방을 성적으로) 흥분하게 만들다'의 뜻이다.

티저(teaser) 광고는 중요 정보를 고객에게 공개하지 않음으로써 관심을 끌고자 하는 상업 광고의 한 방법이다.

- when they're <u>teased</u> by intriguing but elusive ideas
  흥미롭지만 표현하기 힘든 사상에 의해 놀림당할 때 (13 수능)

뜻이 비슷한 단어로는 annoy, irritate, bother 등이 있다.

annoy[ənɔ́i]는 '괴롭히다, 귀찮게[성가시게] 굴다, 속 태우다'라는 뜻이다. 웹스터 사전은 annoy를 '누구를 약간 화나게 하다, 반복적인 행동으로 귀찮게 하다'로 정의한다.

irritate[írətèit]은 '① 짜증나게 하다, 노하게 하다 ② (피부 등을) 자극하다(염증을 일으키게 하다)'라는 뜻이다.

bother[bɑ́ðəːr]는 '~을 괴롭히다, ~을 귀찮게 하다; 성가심(귀찮음), 귀찮은 일'이라는 뜻이다.

- Why do you <u>bother</u> me?
  왜 나를 귀찮게 하지?
- <u>Bother</u> the flies! 우라질 놈의 파리 같으니!

cap(모자)은 머리

cap[kæp] 모자, 뚜껑, 정상
- 머리 → 머리덮개 → ① 모자 ② 뚜껑(병마개) ③ 정상(최고부)

captain[kǽptin] 장, 선장
- 머리 → ① 장(長) ② 함장(선장), 기장 ③ 대령(해군), 대위(육, 공군)
- ☞ 해군에서 보통 함장(captain)은 대령(captain)이다.

chief[tʃiːf] 우두머리, 장관
- 머리 → ① 우두머리(장) ② 장관(국장, 과장, 소장) ③ (속어) 상사

chef[ʃef] 주방장
- chief의 변형

mischief[místʃif] 손상, 장난
- 잘못 머리(목표)로 → ① 손상, 해(harm) ② 장난 ③ 해악의 원인
- 사랑의 신 큐피드의 화살이 잘못된 목표(mischief)를 맞힘

chop[tʃɔp] 자르다
- cap(머리)을 자르다(참형) → 자르다 → 절단, 잘라낸 한 조각

cope[koup] 대항하다, 대처하다
- 머리를 자르다(목을 치라!) → (폐어) 치다(to strike), 싸우다(to fight) → ① 대항하다(맞서다) ② 대처하다(극복하다)

precipitation[prisìpətéiʃən] 추락, 강수량
- 머리(cip)가 먼저(pre) 떨어짐 → 추락(투하), 강수량

capital [kǽpitl] 수도, 자본, 머리글자

- 머리 → ① 수도(중심지) ② 머리글자 ③ 자본(원금, 밑천) → 주요한, 으뜸의
- capital이 '자본'이란 뜻으로 사용되는 이유는 자본이 사업을 할 때 제일 먼저 필요한 것이기 때문이다.

capitalism 자본주의

achieve [ətʃíːv] 성취하다

- 머리에 오다(목표에 도달하다) → 성취하다

ceiling [síːliŋ] 천장

- cell(작은 방)의 천장 → ① 천장 ② 상한(한계)

cell [sel] 작은 방, 세포

- ① 작은 방(독방) → 독방살이를 하다 ② 세포

celestial [səléstʃəl] 하늘의, 천국의

- 천장 → ① 하늘의(천체의) ② 천국의 → 천인(天人), 천사
- 반의어 terrestrial

cell(세포)은 작은 방

conceal [kənsíːl] 숨기다

- cell에 함께(con) 두다 → 숨기다(비밀로 하다)
- 동의어 hide 숨기다, 숨다
  반의어 reveal 드러내다, 계시하다(veil을 벗기다)

hell [hel] 지옥

- cell의 변형 → 숨겨진 장소 → 지옥(저승)

046 MOLD & kingDOM

mold(틀) / dom(집)

Anchoring Ideas

mold[mould]는 '틀(거푸집), 틀에 넣어 만들다'라는 뜻이다. mold가 곰팡이라는 뜻도 있는데 이는 어원이 다르다. mold는 model(모형, 본, 원형, 모범), mode(방법, 양식)와 어원이 같다. 우리는 모델(model)이란 단어를 보면 패션모델을 생각할지 모르지만 model의 본래 의미는 '모형, 본, 원형'이다. model house는 앞으로 지을 집의 '모형, 본, 원형'이다. mold, model은 measure(자, 되, 재다), meter(계량기, 100cm)와도 어원이 같다. measure는 '치수, 한도, 자, 수단'의 뜻이 있다. measure가 '수단(방책)'이라는 의미를 가지는 이유는 '~를 측정하는 도구'라는 의미가 '어떤 목표를 얻기 위한 도구, 방법'으로 확대되었기 때문이다.

- safety <u>measures</u> 안전장치 (05 수능)

kingdom[kíŋdəm]의 **dom**은 '국, 나라, 영역'이다. 본래는 '집'이란 뜻이고 이것이 '영토'라는 뜻으로 확장되었다. dom은 '통치, 다스림'이라는 뜻도 있다. 가정이나 국가에는 항상 일종의 '통치, 다스림'이 있다. 그 통치는 주로 법령에 의해 이루어진다. dom은 doom(법령, 판결, 운명)

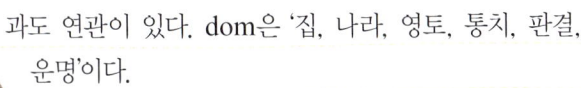

과도 연관이 있다. dom은 '집, 나라, 영토, 통치, 판결, 운명'이다.

왼쪽 사진은 둥근 형태의 지붕인 dome이다. dom은 '반구형 지붕'이라는 뜻으로도 사용된다. 원시시대의 움집의 형태와 모습이 비슷하다.

Fun Word Story

last[læst, lɑːst]는 주로 '계속하다, 지속하다'라는 뜻으로 사용되지만 그림에 보이는 것처럼 '(제화용의) 골'이라는 뜻도 있다. 이것이 last의 본래 뜻이다. '(구두 골의 트랙을) 계속 따르다'라는 의미에서 '계속(지속)하다, 견디다'의 뜻이 나왔다.

'마지막까지 남은 것'이라는 의미에서 '본분'이라는 뜻으로 사용되기도 한다.

- "Stick to your last!" 당신의 본분에 충실하시오! (11 수능)

'맨 마지막(의), 최근(의), 마지막에'라는 뜻으로 사용될 때의 last는 late(늦은)의 최상급이다. latter(마지막의, 마지막)는 〈late + er〉로 구성된 단어이다.

elasticity[ilæstísəti]는 〈e(ex: 밖으로) + last(제화용 골, 틀, 지속하다) + ic + ity〉로 구성된 단어이다. 문자적인 뜻은 '틀(last)을 벗어나도, 변형되어도(ex) 다시 그 형태를 유지하는 것'이고 뜻은 '탄력(탄성, 신축력)'이다.

mode[moud] 방법
- 틀 → 방법(양식) ← model

accommodate[əkάmədèit] 숙박시키다
- ac(ad: at, to) + com(함께) + mod(틀) + ate(명, 동, 형 접미사)
- 틀에 일치하게 하다 → 맞추다(편의를 도모하다), 숙박시키다

commodity[kəmάdəti] 일용품, 상품
- 틀에 꼭 맞는 것 → (고어) 편리 → 필수품, 일용품, 상품

measure[méʒər] 치수, 분량, 수단

meditate[médətèit] 명상하다, 숙고하다
- 틀(되)에 넣어 재다 → 숙고하다, 명상하다, 계획하다

mold는 틀(거푸집) → 틀에 넣어 만들다

medical[médik-əl] 의학의
- 많이 숙고한(연구한) 것의 산물은? 의학의(의술의), 내과의 → 의사

medicine 약, 의학(의술)

modest[mάdist] 겸손한, 알맞은
- mode 안에 제한받는 → ① 알맞은 ② 겸손한 ③ 정숙한

remedy[rémədi] 치료, 구제책
- re(강조) + medy(medi)
- 동의어 therapy 치료, 요법

modify[mάdəfài] 수정하다
- mold(틀)에 넣어 만들다(fy) → 수정하다, 조절하다

moderate[mά-d-ərèit] 절제하는, 알맞은
- 어떤 틀(mold)에 넣는 → 절제하는(온건한), 알맞은(적당한)

kingdom은 왕의 집(나라)

domain[douméin] 영토, 개인 소유지, 인터넷 주소

domestic[douméstik] 국내의, 가정의, 사육되어 길든

dominate[dάmənèit] 통치하다
- 명 domination 지배, 권세, 우월
- 형 dominant 지배적인, 우세한

predominant[pridάmənənt] 뛰어난
- 더 뛰어난 권위(영향력, 힘)를 가지는 → 뛰어난 (탁월한, 현저한)

doom[du:m] 운명
- 나라 → 통치 → ① 법 ② (불리한) 판결(→ 신이 내리는 최후심판) ③ 운명(악운) ④ 파멸(죽음) → 판결을 내리다, 운명을 정하다

Doomsday[dú:mzdèi] 최후의 심판일
- Doomsday plane: 핵전쟁에 대비한 미 대통령의 지령기

tame[teim] 길든, 재배된
- 짐승이 가정(tame ← dom)의 것이면 → 길든(길들인), 재배된, 경작된

dome[doum] 돔, 지붕
- 집, 지붕(house top) → 돔(반구형 지붕, 원시 시대의 움집)

timber[tímbər] 재목
- 집(tim ← dom)을 세우는 재료 → 재목(목재)

undaunted[ʌndɔ́:ntid] 불굴의, 용감한
- daunt(→ domestic → tame)
- 길들여지지 않은 → 불굴의, 용감한

201

047
ALIen & TERRA-cotta

ali(다르다) / terra(흙, 지구)

Anchoring Ideas

alien이 '외계인'이라는 것은 다 알 것이다. alien이 '외계인'이라는 것에 근거하여 **ali**가 '다른(strange)'이라는 뜻이라는 것을 기억하자. alien은 '다른(strange) 사람 → 외국인 → 외계인'이다. 형용사로 사용되면 '다른(이질의), 외국의(이국의), 지구 밖의'라는 뜻이다.

영화 〈E.T.〉는 The Extra-Terrestrial의 준말로 원래 뜻은 '땅(지구) 밖의 생물'이다. 따라서 '외계 생물, 외계인'이란 뜻이 된다. terrestrial은 '흙의, 지구의'라는 뜻이다. **terrestrial의 terre(a)**는 '흙, 지구'를 의미한다.

terra-cotta[térəkɔ́tə]의 terra는 '흙', cotta는 'cooked(구워진)'의 뜻이다. 그릇, 인형, 건축재 등 흙으로 구운 것은 모두 테라코타이다.

test의 본래 뜻은 '흙으로 구운 그릇'이다. test는 test → terest → terra-cotta 순으로 생각해야 한다. 흙으로 구운 그릇 안에 광물을 넣고 녹여보면 순수한 광물질을 얻을 수 있다. test(← terest)는 금속을 녹여서 질을 시험(판정)하던 흙으로 만든 그릇(terra-cotta)이다. 여기에서 test의 현재 뜻인 '시험(하다)'가 나왔다.

Fun Word Story

farm(농장)의 본래 뜻이 토지나 건물의 '사인한 차용계약서'였다는 것을 알면 놀랄 것이다. farm[fɑːrm]의 의미는 '차용계약서 → 지대(땅을 빌리고 일정하게 지급하는 돈) → 빌린 땅 → 농장'으로 발전되었다. farm은 본래 '땅을 빌리고 도장까지 찍었기 때문에 지대를 지급하지 않을 수 없는 땅'이란 뜻이었다.

firm(견고한, 흔들리지 않는)과 farm은 어원이 같다. firm은 '도장 찍은 → 변경할 수 없는(확고한)'이라는 뜻이다. firm[fəːrm]이 명사로 사용되면 '회사(상사)'이다. law firm(법률 회사)은 아마 법률에 따른 계약을 통해서 어떤 것을 확고하게 하는 곳이란 뜻일 것이다. 대부분의 회사는 사인(도장 찍음)에 의해 운영되기 때문에 형용사로 '견고한'이란 의미의 firm이 '회사'라는 뜻을 가지게 되었을 것이다.

confirm[kənfə́ːrm]의 문자적인 뜻은 '함께 도장을 찍어서 견고하게 하다'이고 뜻은 '확증하다, 승인하다'이다.
- This treaty was <u>confirmed</u>. 이 조약은 확증되었다.

confirm(확증하다)와 동의어인 verify[vérəfài](확증하다)는 〈veri(very: 매우 ← 참된) + fy〉로 구성된 단어로 '참되게 만들다 → 진실임을 확인하다'이다. very는 본래 '참된'이라는 뜻이다.
- I am <u>very</u> busy now.
  나는 진짜 바쁘다 → 나는 지금 대단히 바쁘다.

firm의 동의어는 hard[hɑːrd](굳은 견고한), tough(강인한, 곤란한)이다. rough[rʌf](거친, 가공되지 않은, 험악한)는 tough와 함께 기억하기 좋은 단어이다.

alien(외계인)의 al(i)은 다르다

alibi [ǽləbài] 현장부재 증명
- 다른 장소 → 범죄현장 외의 다른 장소 → 현장부재증명(알리바이), 변명

alien [éiljən] 외계인
- 다른(strange) 사람 → 따돌림 받는 사람, 외국인, 외계인 → 다른

alternate [ɔ́:ltərnit] 번갈아하는
- 다른 (것) → 변하는 → 번갈아 하는(서로 엇갈리는) → 대리인

alternative [ɔ:ltə́:rnətiv] 대안
- alternate + ive(명, 형 접미사)
- 다른 (것) → 대안, 대안적인

alter [ɔ́:ltər] 바꾸다
- al(t) + er (비교급 접미사)
- 다르게 만들다 → (모양, 성질, 집, 옷, 치주 등을) 바꾸다

other 다른 것
- alter의 변형 → 다른 것, 특히 둘 중의 하나 → 다른, 다르게

another 또 하나(의)
- an + other
- other(s) 중의 하나(an), 하나를 선택하고 남은 것(들) 중의 하나

else [els] 그 외에, 그렇지 않으면
- 다른, 다르게 → 그 외에(그 외의); (or 뒤에서) 그렇지 않으면

allergy [ǽlərdʒi] 알레르기, 반감
- 다른 힘 → 알레르기, 반감(혐오)
- 참고 ergy: energy의 변형 → 힘

elegy 애가, 비가
- allergy 비염 때문에 슬픈 노래 (애가, 비가)가 자꾸 나온다?
- allergy(알레르기)와 발음이 거의 같으면서 어원과 뜻은 다르다.

terrestrial 땅의, 지구의

E.T. 외계생물
- The Extra-Terrestrial → 땅(지구) 밖의 생물 → 외계 생물(외계인)

terra-cotta[térəkάtə] 구워진 흙 (질그릇, 인형)
- terra(땅, 흙) + cotta(cooked, 구워진)

territory[térətò:ri] 땅, 영토
- terri(terra: 흙, 땅) + tory

terra-cotta의 terra는 흙

test[test] 시험하다
- 흙으로 만든 그릇 → 금속을 녹여서 질을 판정하던 질그릇 ① 시험의 수단(시금석) ② 시험(하다)
- 참고 testimony 증언, 증거, 증거판
- contest 함께 서서 서로 반대 증언을 하다 → 논쟁하다, 겨루다
- detest 몹시 싫어하다, 혐오하다
- protest 앞에서 대항하여 증언하다 → 항의하다, 주장하다

Mediterranean[mèdətəréiniən] 지중해(의)
- 땅 가운데(medi) → 지중해(의)

country[kΛntri] 나라, 시골
- count(contra: 반대편) + try (terra)
- 반대편 땅 → 땅(나라), 시골, 지방

try[trai] 시험해 보다, 시도하다
- (폐어) (흙으로 구운 그릇에서) 제련하다, 정제하다 → ① 재판하다 ② ~의 성질(가치, 효과, 강도, 능력, 등)을 시험해 보다 ③ 시도하다(~해 보다) → 시험, 시도

205

048 PHOTOgraph & TEMPER

photo(빛) / temper(섞다)

Anchoring Ideas

photograph[fóutəgræf]의 photo는 오늘날 photograph(빛 그림 → 사진)의 줄임말로 사용되지만 어원상으로는 '빛'이다.

기원전 4세기에 아리스토텔레스는 방 안을 어둡게 한 뒤 한쪽 벽면에 바늘구멍을 뚫어놓으면 물체의 영상이 바늘구멍을 통해 들어와 맞은편 벽면에 나타난다는 사실을 알아내 이를 일식의 관찰에 사용했다. 이 벽면에다 감광지를 붙이고 인화하면 빛 그림인 photograph가 된다. 사진기는 아리스토텔레스가 만든 방의 축소판인 셈이다.

photocopy(복사, 복사하다)의 본래 문자 그대로의 뜻도 '빛 사본(베낀 서류)'이다. 복사할 때 빛이 지나가는 것이 보이는데 이는 빛의 성질을 사용해 책이나 서류를 복사하는 것이다.

photograph를 찍는 camera[kǽmərə]는 본래 '방'이라는 뜻이다. camera는 그 어두운 방과 빛이 들어오는 구멍과 감광지(필름)를 잘 축소해 놓은 것이다. cell(작은 방, 세포)과 어원이 같다. chamber[tʃéimbər](방, 응접실)는 camera의 변형이다. chamber의 b

를 제거하고 ch를 'ㅋ'으로 발음하면 camera와 발음이 비슷해진다.

위와 같은 camera의 전신을 camera obscura라고 한다. camera obscura는 '어두운 방'이란 뜻이다. obscure의 scure는 secure가 아닌 sky(하늘)의 변형이다. sky의 본래 뜻은 '덮개'이다. obscure[əbskjúər]는 〈ob(over) + scure(sky: 하늘 ← 덮개)〉로 문자적인 뜻은 '덮인(숨겨진)'이고 뜻은 '어두운, 분명치 않은, 불명료한, 눈에 띄지 않는'이다. 동사로 사용되면 '덮어 감추다. 흐리게 하다'이다. obfuscate[ɑbfʌ́skèit](어둡게 하다, 당황하게 하다)의 fusc는 dark이다. obscure와 함께 기억하면 좋다.

물과 진흙 따위의 섞임(반죽)의 정도를 temper라고 한다. 철의 결정조직을 균일하게 잘 섞이게 하는 것이 템퍼링이다. 섞임의 정도가 성질을 나타내기 때문에 temper[témpə:r]는 '성질, 기질, 경향'이라는 뜻으로 사용된다. 철의 결정조직이 잘 섞여서 정상상태에 있는 것은 사람의 마음이 조화되어 평정상태에 있다는 의미로 사용되므로 to lose temper는 '평정을 잃는 것'이다. 평정을 잃는 것은 화를 내는 것과 똑같기 때문에 temper는 '화'라는 뜻으로 의미가 확대되어 사용된다.

temper의 핵심 뜻은 '섞어서 만든 합당한 상태'이다. 논리적 연결이 자연스럽지는 않지만 temper는 temporal(시간의, 일시적인, 현세의)과 관계있는 단어이다. temper의 tem은 time의 변형이다. temper는 '합당한 시간, 때, 계절 → 섞어서 만든 합당한 상태 → 마음의 조화 → 기질, 성질'과 같이 의미가 발전되었다.

phenomenon[finάmənən] 현상
- pheno(photo의 변형: 빛 → 보다) + menon
- 볼 수 있는 사실(사건), 현상
- 복수형 phenomena

phase[feiz] 위상, 단계
- photo의 변형
- 빛 → 보이는 모양 → (천체의) 위상(位相), (발달·변화의) 단계(국면)

photograph(사진 ← 빛 그림)의 photo는 빛

fantastic 환상적인
- 볼 수 있는 → 상상으로만 볼 수 있는 → 환상적인, 굉장한(멋진)

fantasy[fǽntəsi], phan- 환상
- fanta(photo의 변형: 빛, 보다) + sy
- 보는 것 → 상상으로 보는 것 → 환상(공상), 환상적인 작품

emphasis[émfəsis] 강조
- 특별한 부분을 보여주기 위해 넣는 (em) 것 → 강조, 강세(법)
- 명 emphatic 강조한, 단호한, 강한

fancy 환상, 욕망
- fantasy의 축약 → 환상(공상), ~에 대한 환상을 가짐 → 욕망(좋아함)

pant[pænt] 헐떡거리다
- fantacy의 fant의 변형(← photo: 빛, 보다)
- 꿈에서 무서운 것을 보고 헐떡거리다 → 헐떡거리다(숨차다) → 갈망하다

pant² 바지(pants)의

temper [témpəːr] 기질, 기분, 화

- 섞어서 만든 합당한 상태 → ① 물감, 진흙 따위의 섞임(반죽)의 정도 ② 강철의 불림(열을 가하고 식히는 과정의 반복) ③ 강철의 경도(탄성) ④ 기질, 성질(→ 경향, 기분) ⑤ 마음의 조화, 평정(→ 용기) ⑥ 화

temperament [témpərəmənt]
조절, 기질

- tempera + ment(명사 접미사)
- 섞어서 만든 상태 → 조절(타협, 중용), 기질(성질), 과격한 기질

temper(성질)의 본래 뜻은 섞다

temperate [témp-ərit] 중용의, 온화한

- 잘 섞인 → 중용의(알맞은, 절제하는), (기후 등이) 온화한

temperance 중용, 절제

temperature [temprətʃə(r)]
온도, 체온

- tempera + ture(명사형 접미사)
- (고어) complexion(안색 ← hot, cold, moist, dry의 조합에 의해 생기는) → 덥고 추움의 정도 → ① 온도(더운 정도, 따뜻한 정도) ② 체온
- fever는 정상보다 높은 temperature

049 TEMpo & QUIET

tem(시간) / quiet(while)

> **Anchoring Ideas**

tempo(빠르기, 박자)의 **tem**은 **time**이다. tempo(빠르기, 박자)는 본래 '시간'이란 뜻이었다. 지금도 이탈리아어로 tempo는 '시간'이다. time과 tem의 발음은 거의 같다.

quiet(조용한)는 **while**(a space of time → **rest**)이다. quest(탐색)를 공부할 때 what은 본래 khwat, qwod가 어원이라는 것은 보았다. khwat, qwod은 question, quest의 어원이기도 하다. '찾는 것(quest)'은 '무엇(what)'을 찾는 것이다. quest와 what은 어원이 같다. 같은 원칙이 quiet에도 적용된다. quiet는 while(a space of time → ~하는 동안에)과 어원이 같다. quiet는 while 즉 a space of time이기 때문에 rest(안식)의 뜻이다. 요약하면 quiet → while → rest이다.

quality는 'of what sort(어떤 종류의)'이고 quantity는 'how much'이다. quality나 quantity의 qua는 what, how와 어원이 같다.

quarter[kwɔ́:rtər]의 qua는 question, what(← khwat, qwod)과는 어원이 다르다. quarter는 초기에는 형벌로 절단된 사지를 뜻하는 단어였다. cutter(절단기)에 의해 '절단된 사지'가 quarter의 본래 뜻이었다.

quarter는 '4분의 1, 15분, 4분기'이다. quart[kwɔːrt]는 '쿼트(액량인 경우는 1/4 gallon, 약 1.14ℓ), 1쿼트 들이의 용기'의 뜻이다. 오사마 박사는 알파벳 Q가 원의 1/4의 변형이라고 본다.

quarter는 '지역, 지구'라는 뜻도 있다. 과거에 미국 대농장의 노예가 사는 지역을 quarter라고 불렀고 군대의 진영, 병사(兵舍)도 quarter라고 한다. headquarters(본부)는 여기서 유래했다. quarantine[kwɔ́ːrəntìːn](격리, 검역 기간, 검역소)은 '40일간 과부가 죽은 남편의 집에 머물 수 있는 권리'가 어원이다. quarantine desk는 '검역대'이다.

Fun Word Story

adjust(꼭 맞추다, 조정하다)는 〈ad(at, to) + just〉로 구성된 단어이다. 여기서 just는 just(올바른, 공정한)가 아니라 yoke(멍에)의 변형이다. i, j, y를 같은 알파벳으로 보는 원칙을 적용하여 just를 유스트로 읽으면 yoke와의 관련성을 알 수 있다.

yoke(멍에)는 쉬운 단어는 아니지만 '소가 yoke(요크)를 메고 욕(치욕스러운 일)을 보고 있다'고 생각하면 뜻을 기억하기 쉬울 것이다.

adjust의 문자 그대로의 뜻은 '**yoke**(멍에)에(**ad**)'이다. 그래서 '맞추다, 조정하다'라는 뜻이 된다. just → yust → yoke를 기억해 두자.

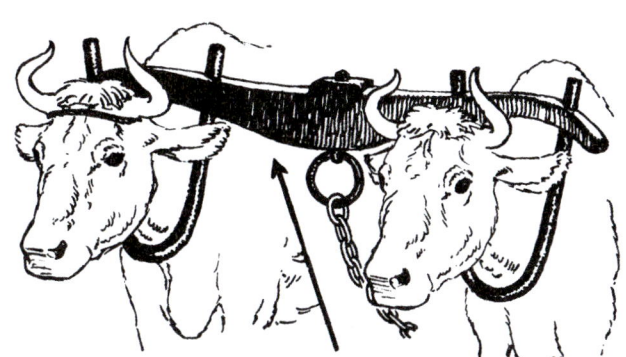

contemporary [kəntémpərəri]
동시대의, 현대의
- con(함께) + tempor(time의 변형) + ary(명, 형 접미사)
- 동시대의, (우리와 동시대인) 현대의, 최신의 → 동시대사람

temporary [témpərəri]
일시의
- tempor(time의 변형) + ary (명, 형 접미사)
- 시간의(season의) → 일시의, 임시의

tempo [témpou] 빠르기
- time → 빠르기(박자, 템포)

tempo(빠르기)는 본래 time

tide [taid] 조수, 흥망성쇠
- ti(time) + de(divide)
- 고어에서는 '계절, 때'라는 뜻으로 사용됨

tidy [táidi] 적절한, 단정한
- 본래 뜻은 '시기적절한'

temporal [témpərəl] 시간의, 일시적인, 현세의
- tempor(time의 변형) + al(명, 형 접미사)
- ☞ temporal이 '일시적인, 현세의'라는 뜻을 가지는 이유는 내세인 영원에 비해 현세는 너무 짧기 때문이다. 영원은 시간이 없는 것과 같다.

quit [kwit] 그만두다
- quiet → while → rest
- (의무, 부담, 벌금, 두려움 등으로부터) 떠나
- while(rest) → 그만두다, 포기하다(give up)

quiet [kwáiət] 조용한
- quiet(← while: a space of time) → rest(안식) → 조용한
- ☞ what은 본래 khwat, qwod가 어원, wh = qu

tranquil [trǽŋkwil] 조용한, 평온한
- trans(over) + quiet

quality [kwáləti] 질
- of what sort(어떤 종류의, 어떤 종류에 속한) → 질(품질), 성질(특성, 속성, 자질), 양질(우수성, 재능)
- ☞ what은 본래 khwat, qwod가 어원, wh = qu

quiet는 while

quantity [kwántəti] 양
- quan(how, how much) + ti + ty
- how much → 양(量), 다량, 다수

qualify [kwáləfài] 자격을 주다, 제한하다
- qua(what) + ly + fy(fac: 만들다)
- 어떤 종류에 속하게 만들다 → 자격을 주다(적합하게 하다), 제한하다
- 동의어 entitle 자격을 주다, 제목을 붙이다

quote [kwout] 인용하다
- what number → 말이나 문장을 인용하려면 몇 페이지인지 표시를 해야 한다 → 인용하다
- 명 quotation 인용

050
EQUal & comPETE

equ(수평) / pete(feather: 깃털)

Anchoring Ideas

'2+3=5'를 '2 더하기 3은 5'라고 읽기도 하지만 '2 플러스 3 equals 5'라고도 읽는다. =은 equal 부호로, 같다는 표시이다. **equal**의 **equ**는 '저울 눈금이 수평'이라는 뜻으로, equal은 '(무게, 길이, 질, 양, 가치 등이) 같은'이라는 뜻이다.

equator(적도)는 '낮을 같게 만드는 것'이다. 북반구를 기준으로 태양이 북위 30°에 오면 밤이 가장 짧고 남위 30°에 오면 밤이 가장 길고 적도에 오면 밤낮의 길이가 같다.

compete(경쟁하다)는 〈**com**(함께) + **pete**(feather의 변형: 깃털 → 날다)〉로 구성된 단어이다. pete와 feather는 발음이 아주 유사해서 기억하기가 좋다. 사진에서 두 마리의 독수리가 함께 날며(compete) 토끼를 서로 잡으려고 경쟁하고 있다. compete이 '같은 깃털 → 함께 날다'의 뜻을 거쳐 '경쟁하다'라는 뜻을 갖게 된 것을 분명하게 보여준다.

Fun Word Story

level은 수평기(수준기), **equal**이 본래 뜻이다. '수평기(水平器), 수준기(水準器), 수평, 수준, 평지'이라는 뜻으로 사용된다. level의 스펠링을 v를 중심으로 보면 왼쪽으로 el, 오른쪽으로 el로 평형을 이루고 있다. 글자의 모양도 단어를 기억하는 데 도움이 된다.

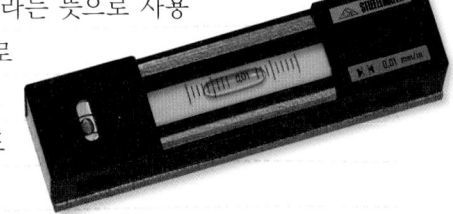

even[í:vən]은 level(평평한, 평탄한)과 동의어이다. even = level이다. 부사로 사용되면 '~도(조차), 훨씬, 심지어'라는 뜻이다. 이 뜻은 동일성을 강조하는 것에서 나온 것이다. "Who, me?(누구? 나?)" "Even you.(너도.)"에서 '~도'가 부사 even의 기본 뜻이다. 부사의 핵심적인 뜻이 '~도'라는 것을 알면 대부분의 문장이 해석된다.

- The disease can cause shortness of breath and <u>even</u> death.
  그 질병은 숨 가쁨을 유발할 뿐만 아니라 죽음도 유발할 수 있다.
- It's <u>even</u> better than you think.
  그것은 네가 생각하는 것보다도 훨씬 좋다.

deliberate[dilíbərit]는 ⟨de(down, completely, not, off) + liber(level의 변형. 수평 → 저울의 수평 → 무게를 재다) + ate⟩로 구성된 단어이다. 문자적인 뜻은 '무게를 재다'이고 '숙고하다, 숙고한'이라는 뜻이다.

oblivion[əblíviən](망각)도 이 계열의 단어이다. ⟨ob(over) + livi(수평, smooth)⟩로 구성된 단어이다.

- He is a former movie star now in <u>oblivion</u>.
  그는 지금은 잊힌 왕년의 영화 스타이다.

equator [ikwéitər] 적도
- 밤, 낮을 같게 만드는 것 → 적도
- ☞ 북반구는 태양이 북회귀선에 오면 여름, 남회귀선에 오면 겨울이다. 적도에 올 때는 봄, 가을로 추분, 춘분에는 정확히 낮, 밤의 길이가 같다.

equal [í:kwəl] 같은
- equ(저울 눈금이 수평) + al(명, 형 접미사)
- 저울 눈금이 수평인 → 무게, 길이, 질, 양, 가치 등이 같은

equate [ikwéit] 같게 만들다, 같다
- equ(저울 눈금이 수평) + ate(명, 동, 형 접미사)

adequate [ǽdikwit] 적당한
- 어떤 요구나 목적에(ad) 같게 만들다 → 적당한(충분한)
- 반의어 inadequate

equilibrium [ì:kwəlíbriəm] 평형, 균형

equal의 equ는 저울 눈금이 수평

equivalent [ikwívələnt] 동등한
- equ + i + val(value: 가치) + ent(명, 형 접미사)
- 동일한 가치를 가지는 → 동등한(같은)

compete [kəmpíːt] 경쟁하다

- 함께(com) 날다(feather) → 경쟁하다
- 명 competition 경쟁, competitor 경쟁자
- 형 competitive 경쟁의
- Tip 불꽃 티(ti)는 경쟁

appetite [ǽpitàit] 욕망

- ap(ad: at, to) + pet(feather → 날다 → 추구, 갈망) + ite(명사형 접미사)
- ~를 향한 갈망 → 욕망, 욕구(식욕, 성욕)

competent [kɑ́mpətənt] 유능한

- 같은 깃털을 가진 → (같은 깃털을 가진 사람들 무리에 끼기에) 유능한, 충분한, 적당한
- 명 competence, –tency 능력, 적성

compete(경쟁하다)의 pete는 feather(깃털, 날다)

appetizer [ǽpitàizər] 전채

- 갈망을 자극하는 어떤 것, 식욕을 자극하는 음식 → 전채

repeat [ripíːt] 다시 말하다

- re(again, back, against) + peat(feather: 날다, 추구, 갈망)
- 다시 추구하다(갈망하다, 말하다) → 다시 행하다, 다시 말하다

perpetual [pərpétʃuəl] 영원히 지속되는

- per(peri의 변형: around, thorough) + petu(feather) + al(명, 형 접미사)
- 통과하여 날다(가다) → 영원히 지속되는 (계속해서 발생하는)

051 PLUS

plus = more

Anchoring Ideas

아주 쉬운 단어 plus를 정착지식(anchoring idea)으로 사용하여 plus를 어원으로 하는 단어들을 공부해 보자.

plus는 원래 '좀 더, more'의 뜻이고 full과 관계가 있다. plus와 full은 연관시키기가 좋다.

complete[kəmplíːt]은 〈com(함께, 강조) + plete(plus의 변형: 더하다, 채우다)〉로 구성된 단어로 문자적인 뜻은 '완전히 채운'이고 '완전한, 완전한 것으로 만들다'라는 의미를 가진다.

Fun Word Story

pasture[pǽstʃər](목초지, 목초; 가축에 풀을 뜯기다, 풀을 먹다)는 〈past(food) + ure(명사 접미사로 행위, 과정, 결과를 나타냄)〉로 구성된 단어이다. **pasture의 past는 food**이다. 'fast food이 아니라 past food'라고 기억하자. 개신교의 목사를 뜻하는 pastor[pǽstər, pɑ́ːs-]도 '목양하며 food을 주는 자'라는 뜻이다.

company[kʌ́mpəni]는 '함께 food를 먹는 사람들 → 떼, 회사, 동석한 사람들, 교제'이다. colleague는 변호사, 대학교수 등 '지적인 직업을 같이하는 사람'을 말하고 companion은 본래 뜻이 '함께 food을 먹는 사람'이므로 '일, 생활, 운명을 같이하는 사람'을 말한다. accompany[əkʌ́mpəni]는 '~에 동반하다, (현상 따위가) ~에 수반하여 일어나다'라는 뜻이다. foster[fɔ́(ː)stər](양육하다)의 fos도 food의 변형이다.

초장(a pasture)에서 풀(grass)을 먹는 것을 'to graze[greiz]'라고 한다. graze는 grass[græs, grɑːs]에서 온 말이다. graze는 '풀을 뜯어먹(게 하)다; 방목하다'이다. graze는 '스치다, 스치고 지나가다'라는 뜻도 있는데 소가 풀(grass)을 먹는 모습을 상상하면 된다. 소는 풀을 먹을 때 풀이 혀를 스치는(grazing) 순간 독풀과 먹을 수 있는 풀을 본능적으로 가려낸다고 한다.

'잔디, 잔디밭'을 의미하는 lawn[lɔːn]은 land가 어원이다. 고어에서는 '숲속의 빈터'라는 뜻이었음을 알면 land와 lawn의 연관성을 알 수 있다. mow[mou](잔디를 깎다, 풀, 보리 따위를 베다)는 mow the lawn이란 어구로 기억하면 좋다.

plenty [plénti] 많음
- 더해진 것 → 많음(충분) → 많이(충분히) → 많은(충분한)

plus [plʌs] 더하기
- more, full, fulfill → 더하기 (더하다, 더하여, 더한)

comply [kəmplái] 동의하다
- com(함께, 강조) + ply(plus의 변형: 더하다, 채우다)
- 채우다 → 만족하게 하다 → 예의 바르게(복종하는 태도가) 되므로 만족하게 하다 → 동의하다(따르다)

supply [səplái] 공급하다
- sup(sub의 변형: 아래, 아래서 위로) + ply(plus의 변형: 더하다)
- 아래에서 위로 채우다(fill up) → 공급하다, 보충하다 → 공급, 보결
- supplement 비타민 보충제

compliance [kəmpláiəns] 동의, 준수
- 채움 → 만족하게 함 → 예의 바르게(복종하는 태도가) 되므로 만족하게 함 → 동의, 순종, 준수

compliment [kámpləmənt] 경의, 아첨
- 채우는 것(만족하게 하는 것) → 예의에 따른 행동 → (고어) 진상품(촌지) → 경의(칭찬, 찬사), 아첨
- complement와 헷갈리지 않는 팁 – compliment의 i가 사람처럼 생겼으므로 사람을 만족시키는 행동, 경의, 칭찬이라는 뜻이다.

plus 더하기

complete[kəmplíːt] 완전한
- com(함께, 강조) + plete(plus의 변형: 더하다, 채우다)
- 완전히 채운 → 완전한 → 완전한 것으로 만들다
- 부 completely

completion[kəmplíːʃən] 성취
- 완성의 과정, 행동, 완성됨의 상태 → 성취(완성, 완결)

complement[kάmpləmənt] 보충물
- complete하는 것 → 완전히 채워지게 만드는 것 → 보충물(정원)

deplete[diplíːt] 고갈시키다
- de(down, complete, not, off) + plete(plus의 변형: 더하다, 채우다)
- 채워져 있는 것을 감소시키다 → 고갈(소모)시키다

implement[ímpləmənt] 도구, 기구, 비품
- 동 안에 채워서 → ① (조건 등을) 충족하다 ② ~에게 효력을 주다
- 명 충족시키는 것 ① (도구, 기구) → 안을 채우는 것 ② (비품, 기구)
- agricultural implements(농사도구, 농기구), implementation(완성, 성취, 이행, 수행), implementation of the policy(정착의 이행, 완성)

replenish[riplέniʃ] 다시 채우다
- re + ple + n + ish(형, 동 접미사)
- 다시(re) 채우다(ple) → (땅을) 사람으로 (동물로) 가득 채우다

accomplish[əkάmpliʃ] 완성하다
- ac(ad의 변형: at, to) + com + pli(plus) + ish(형, 동 접미사)
- ~에게로 더해서, 채워서 → 완성하다(성취하다)

052 MEGA, MICRO & MINI

mega(great) / micro(지극히 작은) / mini(짧은)

Anchoring Ideas

megaton은 100만 톤이란 뜻이다. megaton[mégətʌ̀n]은 핵무기의 폭발력을 재는 단위이다. 1메가톤은 TNT 백만 톤의 폭발력에 상당한다. 1 ton은 1000kg이다. 1 megaton이 어떠한 폭발력을 가지는지 짐작할 수 있다.

이 세상에서 가장 강력한 무기는 구소련의 차르봄바(차르폭탄)로 50메가톤의 폭발력을 가진 수소폭탄이다. 히로시마에 투하된 20킬로 톤급의 원자폭탄과 비교하면 3800배의 위력을 갖고 있었다고 한다. 화염은 960km 떨어진 곳에서도 목격되었고 충격파는 지구를 3바퀴나 돌았다고 한다.

megaton이 얼마나 큰 단위인지 짐작했을 것이다. **mega**는 '**100만**'이라는 뜻이고 **great**, **large**의 뜻으로도 사용된다. major는 mega의 비교급이고 max는 mega의 최상급이다.

mega(100만, great)	원급	great
major	mega의 비교급	greater
max	mega의 최상급	greatest(most)

micro는 '지극히 작은'이라는 뜻이다. microscope는 ⟨micro(지극히 작은, 100만분의 1) + scope(spec의 변형: 보다)⟩로 구성된 단어로 '지극히 작은 것을 보는 것'이므로 '현미경'이다.

아마 **mini skirt**의 **mini**가 '작은'이라는 뜻임을 모르는 사람은 없을 것이다. mini는 minus[máinəs](마이너스, 음수)에서 온 단어이다. 1960년대 영국의 런던에서 최초의 미니스커트를 유행시켰던 사람은 메리 퀀트였다. 당시 젊은이들은 장년층처럼 옷을 입었으며 옷이 불편해서 생활하기 힘든 지경이었다고 한다. 뛸 수도, 춤출 수도, 움직일 수도 없는 옷을 입고 있을 때 메리 퀀트는 젊은 여성들을 위한 즐겁고 밝고 유쾌하고 섹시하고 활동적인 옷을 유행시켰다.

Fun Word Story

amplifier(앰프, 증폭기)의 amp는 '큰, 광대한'이라는 뜻이다. 우리가 흔히 말하는 앰프는 amplifier[ǽmpləfàiər]의 줄임말로 주로 오디오 앰프를 가리키는 경우가 많다. amplifier는 ⟨ampli(큰, 광대한) + fi(fy의 변형: 만들다) + er(행위자 접미사)⟩로 구성된 단어로 문자적인 뜻은 '확대하는 것'이며 소리, 영상, 전압, 전류 등 무엇이든지 확대하는 것은 다 amplifier이다.

amply[ǽmpli]는 '널리, 충분히; 상세히', ample[ǽmpl]은 '광대한(넓은), 충분한(넉넉한)'의 뜻이다.
- <u>ample</u> room 광대한 방
- <u>ample</u> opportunity 충분한 기회

magnify [mǽgnəfài] 크게 만들다
- magni + fy(만들다)
- 크게 만들다 → (렌즈 따위로) 확대하다, 과장하다

megaton [mégətʌ̀n] 백만 톤
- mega(100만, great) + ton(1000kg)
- 참고 megaphone 확성기

magnificent [mægnífəsənt] 장대한
- magnifi + ent(명, 형 접미사)
- 장대한(엄청난), 당당한(훌륭한)

megaton의 mega는 100만, great

magnitude [mǽgnətjù:d] 크기
- mag(ni)(great, 백만) + tude(명사형 접미사)
- 거대한 정도 → 크기(양), 중대(성), 등급(광도)

major [méidʒə:r] 중요한
- greater(더 거대한) → (둘 중에) 큰 쪽의(보다 많은), 중요한, 장조의
- 반의어 minor 작은

majority [mədʒɔ́(:)rəti] 다수
- 더 큰 것 → (전투표수의) 과반수(대부분), 다수당
- 반 minority 소수

majesty [mǽdʒəsti] 위엄
- greatness → 위엄(장엄), 권위(주권), (M-) 폐하

maximum [mǽksəməm] 최대량
- greatest → 최대(최대한도, 최대량)
- 반의어 minimum 최소량

minimum [mínəməm]
최소, 최소한도
- 반의어 maximum 최대한도

mini skirt 미니스커트

miniature [míniətʃər] 축소형, 세밀화(畵)
- mini + a + ture(명사형 접미사)

administer [ədmínistər]
관리하다
- ad(at, to) + minister
- 종(청지기)로서 섬기다(음식을 나눠주다) → 공급하다, 관리(통치)하다
- 명 administration 관리, 행정

diminish [dəmíniʃ] 줄이다
- di + min + ish(형, 동 접미사)
- 아래로(de) 작게 하다 → 줄이다, (신용·명성 등을) 떨어뜨리게 하다

minister [mínistər] 성직자, 장관
- mini(s)(minus) + (t)er(비교급 접미사 ← teros)
- 명 작은 사람 → 종, 제사장의 조력자 → 제사장 → 성직자, 장관
  동 (고어) 섬기는 자, 종으로서 음식을 주다 → 섬기다, 목사로 일하다

mini

micro

microscope [máikrəskòup]
현미경
- micro(1/100만, 지극히 작은) + scope(spect의 변형: 보다)
- 지극히 작은 것을 보는 것 → 현미경

microbiology 미생물학(세균학)

053 SOLO, NAUGHT & DEMOcracy

solo(혼자) / naught(영) / demo(민중)

Anchoring Ideas

바이올리니스트 린다 브라바가 바흐의 샤콘느 'solo 바이올린을 위한 파르티타'를 연주하고 있는 모습이다. 오른쪽 사진은 누군가의 도움 없이 홀로 (solo) 비행을 성공적으로 마친 후 찍은 사진의 모습이다. **solo**[sóulou]의 문자 그대로의 뜻은 '홀로(혼자)'이고 '독주, 독창, 일인극, 독무' 등을 의미한다.

naughty boy(개구쟁이)의 **naught**는 'not, zero, 영, 무'이다. naughty[nɔ́:ti]는 〈naught(not, zero, 영, 무) + y〉로 구성된 단어이다. 본래 naughty는 '사악한, 음탕한'이라는 뜻으로 사용되던 단어였다. 사악한 사람은 이 세상에 차라리 없는 게 더 나아서 사형제도가 생겼다.

democracy(민주주의 ← 민중 통치)의 **demo**는 '민중'이라는 뜻이다. 프랑스 혁명에서 시민, 노동자, 농민들이 강압적 권력에 대항하여 결국 왕정을 무너뜨리고 결국 민중(demo)이 통치(cracy)하는 정치인

democracy(민주정치)가 실현되었다. demo할 때 사람들이 운집하는 것을 생각하면 demo가 '민중'을 뜻한다는 것을 쉽게 기억할 것이다.

Fun Word Story

airplane는 날개를 평면(plane)으로 펴고 공기(air)를 이용하여 나는 새의 모습과 같다. airplane의 문자 그대로의 뜻은 '공기 중에 날개를 평면으로 편 것'이다. plane은 '면, 평면'이라는 뜻임을 기억하자.

plain은 plane과 어원이 같다. plain은 '평지, 평탄한, 분명한, 순수한'이라는 뜻으로 사용된다. 원래 '평지'라는 뜻의 plain이 왜 '분명한'이라는 뜻을 가지며 plain yogurt와 같이 '순수한'이라는 뜻으로 사용되는 것일까? 평지(평원)에 언덕이나, 산, 나무와 같은 막힌 것들이 없으면 clear(똑똑히 보이고 들리는, 명백한)하다. plain yogurt는 향이나 기타 재료가 아무것도 들어가지 않은 요구르트를 말한다.

explain[ikspléin](분명하게 하다, 설명하다)은 'plain하게 만들어 내다(ex), clear하게 하다'가 문자적인 뜻이다. plot[plɑt/plɔt]은 '① 작은 지면 → ② 평면도(기본계획) → ③ (극·소설 따위의) 구상(줄거리) → ④ 음모(책략, 비밀계획)'로 의미가 발전한 단어이다.

soar[sɔːr](높이 날다)는 라틴어 exaurare의 변형이다. soar는 〈s(ex의 변형) + oar(air)〉로 구성된 단어인 셈이다. 당연히 '활공하다, 물가 등이 급등하다'라는 뜻으로 사용된다.

solo[sóulou] 독주, 독창
- 홀로(혼자) → 독주(곡), 독창(곡), 일인극, 독무, 단독비행

sole[soul] 유일한
- (고어) 혼자의 → 유일한(single, 단독의)

desolate[désəlit] 쓸쓸한, 황폐한
- 철저히 혼자인(방문자나 거주자가 없는) → 쓸쓸한, 황폐한(황량한)

solitary[sάlitəri] 유일한, 고독한

sullen[sʌ́lən] 부루퉁한, 음울한

solitude[sάlitju:d] 고독
- soli(solo의 변형: 혼자) + tude
- 고독(홀로 삶, 외로움), 쓸쓸한 곳(벽지, 황야)

(**solo** 바이올린 (바이올린 독주)의 **solo**는 홀로(혼자))

naughty[nɔ́:ti] 장난의
- naught(not, 제로, 영, 무) + y(명, 형 접미사)
- (고어) 사악한 → 품행이 나쁜(음탕한), 장난의(장난꾸러기의)

neutral[njú:trəl] 중립의
- neutr(neither: not either) + al
- 둘 중의 어느 쪽도 아닌 → 중립의

negative 부정의, 부정하다
- nega(say no = deny) +tive(명, 형 접미사)
- 참고 deny = de(완전히) + ny(say no) → 부정하다, 인정하지 않다, 거절하다

(**naught**)

democracy [dimάkrəsi] 민주주의
- demo(민중) + cracy(통치) → 민주주의
- 참고 theocracy 신정
  technocracy 기술 지배
  autocracy 독재

population [pὰpjəléiʃən] 인구
- popul(people) + ate + ion
- people → 인구

popular [pάpjələr] 인기 있는
- people에 속한 → 민중의, 대중적인(인기 있는, 유행의)

public [pʌ́blik] 공중의, 공공의
- people에 속한(관계가 있는) → 공중의(공적인, 공립의)

publish [pʌ́bliʃ] 출판하다
- public하게 만들다 → 발표하다, (책 따위를) 출판하다

demo

epidemic [èpədémik] 유행병
- 민중 위에(→ 가운데) → 유행병(전염병) → 유행성의(유행하고 있는)
- 참고 epilog(-gue) 위에(첨가해서) 하는 말 → 끝맺음말

republic [ripʌ́blik] 공화국
- re(접두사가 아님, matter, thing) + publ(people) + ic
- 최고 권위가 people 위에 있는 것 → 공화국(공화정체)

annihilate [ənáiəlèit] 무효로 하다
- an(ad의 변형: at, to) + nihil(nothing) + ate(명, 동, 형 접미사)
- 아무것도 없게 만들다 → (법률 따위를) 무효로 하다, 전멸시키다

054 GRADE & STIFF

grade(한 걸음) / stiff(딱딱해진)

Anchoring Ideas

grade는 본래 '걷는 것, 한 걸음(a step)'의 뜻이었다. **grade[greid]**는 '걷는 것, 한 걸음'에서 '한 단계'라는 뜻을 가지게 되었다. 의미가 확장되어 '등급(계급, 품등), 학년, 성적'이라는 뜻으로도 사용된다. grade의 어원에 따른 본래의 뜻이 '걷는 것, 한 걸음'이라는 것을 기억하자. 한 grade, 한 grade와 한 걸음, 한 걸음은 발음이 비슷하여 기억에 오래 남는다.

stiff(딱딱한, 단단한, 굳은)의 원래 뜻은 '땅을 발로 밟거나 압착해서 굳어진, 딱딱해진'이다. '땅을 step(걸음, 한 걸음)으로 계속 밟으면 stiff[stif]하게 된다.'고 기억하자. stiff와 step은 발음과 자형도 비슷하다. stiff를 무조건 '단단한'이라고 외우는 것과 어원에 따라 step으로 밟아서 stiff하게 되었다고 기억하는 것은 차원이 다른 학습법이다.

- Beat the egg whites until they are <u>stiff</u>.
  딱딱해질 때까지 달걀 흰자를 섞으세요.
- When I got out of bed this morning my neck was <u>stiff</u> as a board.
  오늘 아침 일어났을 때 내 목은 몹시 뻣뻣했다.

Fun Word Story

cliffhanger(낭떠러지에 매달려 있는 자)의 cliff는 '낭떠러지'이다. cliffhanger[klifhæ̀ŋər]는 cliff(낭떠러지, 벼랑, 절벽)와 hanger(매달려 있는 자)의 합성어로 문자적으로는 '낭떠러지에 매달려 있는 자(것)'이고 뜻은 '① 손에 땀을 쥐게 하는 상황, ② 서스펜스(suspense)가 연속되는 드라마'이다.

clip(집게, 꽉 집다)은 cliff와 어원과 뜻이 다르지만 발음과 자형이 비슷하다. cling은 clip(클립)이 꽉 쥐는 것처럼 '착 달라붙다, 매달리다'라는 뜻이다. cling[kliŋ]은 clip(꽉 쥐는 것, 꼭 집는 것 → 클립)과 어원이 같다.

그림에 보이는 것이 clamp(죔쇠, 죔틀, 꺽쇠)이다. 꽉 죄는 것(조이는 것)은 무엇이든 clamp이다. clamp도 clip과 발음과 뜻이 비슷하다. cramp는 'clamp(죔쇠, 꺽쇠)'의 뜻도 있지만 '경련(쥐), 비좁은'이라는 뜻으로 더 많이 사용된다. 경련(쥐)은 근육의 갑작스러운 수축(contraction)현상, 즉 근육이 꽉 조이는 것이다. cramp의 핵심 뜻은 '죄다, 조이다'이다. cramped는 당연히 '경련을 일으킨, 비좁은(답답한)'이다.

- Even though the house was small, it didn't feel <u>cramped</u>.
  비록 그 집은 작았지만 비좁다고 느껴지지 않았다. (14 수능)

grade(등급)는 걸음, 걷다

grade[greid] 등급, 학년, 성적
- 걷다(한 걸음) → 등급(계급), 학년, 성적

gradual[grǽdʒuəl] 점차적인
- 한 걸음씩 걷는(한 걸음씩) → 단계적인(점차적인)

graduate[grǽdʒuèit] 졸업하다
- gradu(grade의 변형: 한 걸음 → 한 단계) + ate(명, 동, 형 접미사)
- 한 걸음(단계)을 만들다(성취하다) → ① 위의 단계로 나아가다 ② 자격을 따다 ③ 졸업하다

degrade[digréid] 낮추다
- 한 단계를 낮추다(de) → (지위, 품성, 질 등을) 낮추다

degree[digríː] 정도, 학위
- de(down, completely, not, 강조) + gree(grade: 한 걸음 → 한 단계)
- 계단의 한 단계 → ① 정도(등급, 단계) → ② 계급(지위) → ③ 학위 → ④ (온도·각도·경위도 따위의) 도

progress[prɑ́grəs] 전진
- 앞으로(pro) 감(gress) → 전진(진보), 경과(추이-변하여 나감)

ingredient[ingríːdiənt] 성분
- 안에 들어가는 것(안에 들어가 있는 것) → 성분, 구성요소

congress[kɑ́ŋgris] 회의, 의회
- 가서(gress) 함께함(com) → 회의, 의회, 국회의 개회기

aggressive[əgrésiv] 침략적인
- ~에게(ag, ad) 가는 → 진취적인, 침략적인

sterile [stéril] 메마른, 불모의
- step으로 계속 밟아 단단한 → (토지 따위가) 메마른, 불모의(barren)

stiff [stif] 뻣뻣한
- 땅을 step으로 밟아서 딱딱한(단단한) → ① (점토·반죽 따위가) 응고한(딱딱해진) ② 뻣뻣한(딱딱한, 굳은)

stern [stəːrn] 엄격한
- ste(step: 밟다) + rn
- step으로 계속 밟아 단단한 → 엄격한(단호한, 엄숙한, 준엄한)

stiff(딱딱한, 뻣뻣한)은 땅을 step으로 밟아서 단단한

strenuous [strénjuəs] 정력적인
- strenu(step의 변형) + ous
- step으로 계속 밟아 단단한(hard, severe) → 정력적인(열심인, 격렬한)

stare [stɛəːr] 응시하다
- star(step → stiff의 변형: 굳게 하다, 굳은) + e
- ~에 고정하여 쳐다보다 → 응시하다(빤히 보다)

starve [staːrv] 굶주리다
- star(step → stiff의 변형: 굳게 하다, 굳은) + rve
- 딱딱해지다 → (고어) 추위에 얼다(얼어 죽다), 굶어 죽다, 굶주리다

055 POSE

pose: to place + pause

Anchoring Ideas

우리는 '포즈를 잡다', '포즈를 취하다', '사진을 찍도록 포즈를 취해봐' 등과 같은 말을 많이 사용한다. 포즈는 '자세'라는 뜻의 외국어이다. '자세를 잡아봐', '자세를 취하다'라는 의미를 지니는 것이다.

pose는 place와 pause의 합성어로서 '몸을 어떤 모양대로 놓고(place) 잠깐 멈춘다(pause)'는 뜻이다. pose가 접두사, 접미사 등과 함께 사용될 때는 주로 place, 즉 놓다의 뜻이다.

expose[ikspóuz]는 〈ex(밖으로) + pose(놓다)〉로 구성된 단어로 뜻은 '밖으로 놓다 → 노출하다'이다.

exposed는 vulnerable(상처 입기 쉬운)과 동의어이다. vulnerable은 vulture(대머리 수리)와 어원이 같다. exposed = vulnerable(상처입기 쉬운 ← 털이 빠져 노출된) ← vulture(대머리 수리)

- Drivers feel less <u>vulnerable</u>.
  운전자는 덜 취약하다고 느낀다.

Fun Word Story

disposition은 '배열, 처리, 성질(기질), 경향'이라는 뜻이 있다. 본래 '멀리(dis) 놓다(position)'라는 문자적 뜻을 가진 단어가 어떻게 이런 의미를 가지게 되었을까?

disposition은 '별자리'라는 뜻으로 쓰이는 점성술 용어였다. 왜 disposition이 '별자리'가 되었는지는 쉽게 알 수 있다. disposition을 분석해 보면 '멀리(dis) 놓인 것'이다. 별자리보다 서로 멀리(dis) 놓인 것(position)은 없다.

disposition은 '배열, 배치'라는 뜻으로도 쓰이지만 주로 '기질, 성질'이라는 뜻으로 사용된다. 고대에는 별자리가 사람의 '기질, 성질'을 결정한다고 믿었다. 점성가들이 말하는 물고기자리를 가진 사람의 '기질, 성질'은 훌륭한 상상력과 직감력, 자유분방함, 창조적인 능력이라고 한다.

disposition이 문자적으로 '멀리(dis) 놓인 것(position)'이라는 뜻이기 때문에 '별자리'이고 그 사람의 별자리에 따라 어떤 사람의 기질, 성질이 결정되기 때문에 '기질, 성질'이다. 그 사람의 기질과 성질이 어떠하면 그 사람은 그러한 경향을 지니기 때문에 '경향'이란 뜻도 있다. 이제 다음과 같은 문장도 해석할 수 있을 것이다.

- God has the <u>disposition</u> of all things.
  신은 만물의 최고 지배권을 가진다.

positive [pázətiv] 결정된, 실재하는
- 이미 놓여진 것 → 결정된(확실한) (것), 실재하는(것), 긍정적인

position [pəzíʃən] 위치
- 놓아진(장소, 방식) → 위치(처지, 태도, 입장, 상태)

deposit [dipázit] 저금하다, 알을 낳다
- 아래로(de) 놓다 → ① 알을 낳다 ② 저금통에 돈을 놓다(저금하다) ③ 퇴적시키다
- **Tip** 닭이 둥근 알을 땅에 놓는 것처럼 둥근 동전, 둥근 퇴적물을 아래로 놓는다.

depot 저장소, 창고
- deposit의 변형

pose = pause + place

pose [pouz] 자세
- to place + pause
- 몸을 어떤 모양에 놓고(place) 잠깐 멈춘(pose) 것 → 자세(포즈)

expose [ikspóuz] 노출시키다
- 밖으로(ex) 놓다(pose) → 노출시키다

dispose [dispóuz] 배열하다, 처리하다
- 멀리(dis) 놓다 → (고어) 별자리를 배열하다 → ① 배열하다 ② 처리하다 ③ 어떤 성질(기질 → 경향)을 지니다
- **명** disposition 배열, 처리, 성질(기질 → 경향)
- **명** disposal 배열, 처리

suppose [səpóuz] 가정하다
- 우리 존재의 깊은 곳 아래에서 위로(sub) 떠오른 곳을 놓다(pose) → 가정하다(추측하다, 생각하다)

proposition [pràpəzíʃən] 제안
- pro(앞으로) + position(놓음)
- 제안, 성교 제안, 명제(주제), 앞에 놓인 해야 할 문제나 일

component [kəmpóunənt] 구성 요소
- 함께(com) 놓은 (것) → 구성하고 있는 → 구성 요소(성분)

compound [kəmpáund] 합성하다
- 함께(com) 놓은 (것) → 합성하다(조합하다)
- compound eye 겹눈

opponent 반대하는 (자), 대적

oppose [əpóuz] 방해하다
- op(ob: in the way, against) + pose (놓다)
- 반대편에 놓다 → 방해를 하다(반대하다)

compose [kəmpóuz] 구성하다, 작곡하다
- 함께(com) 두다(pose) → 구성하다, 작곡(작문)하다

impose [impóuz] 부과하다
- 안에(im) 놓다(pose) → 부과하다, 강요하다

purpose [pə́ːrpəs] 목적
- pur(pro의 변형: 앞으로) + pose(놓다)
- 앞에 놓은 어떤 것 → 목적(의도, 의지, 결심), 논제

propose [prəpóuz] 제안하다, 청혼하다

proposal 제안, 청혼

056 STAND 1

stand(서다)

Anchoring Ideas

stall[stɔ:l]의 문자 그대로의 뜻은 '서 있기 위해 오는 곳'이다. 뜻은 마구간, 매점(노점, 가게, 사무실, 상품 진열대), 동사로 사용되면 '마구간에 넣(어 두)다, (말·자동차·군대 등을) 오도 가도 못하게 하다'이다.

- Introspective reflections which are liable to <u>stall</u> are helped along by the flow of the landscape.
  멈추기 쉬운 내적인 성찰은 풍경의 흐름에 도움을 받는다. (11 수능)

install은 공적인 사무실(stall)에 앉게 하므로 '취임시키다(임명하다) → 설치하다'이다. 명사형 installation은 '임명, 설치, 장치'이고, installment는 '할부, 납입금'이다. '고정된 위치, 지위, 장소'에서 '고정된 돈, 할부'라는 뜻이 나왔다.

still life는 무슨 뜻일까? 조용한 삶? still life는 '정물화'이다. still life의 문자 그대로의 뜻은 '정지하여 움직이지 않는 물건, 생명이 없는 것'이다. 물론 문맥에 따라 어떤 때는 '조용한 삶'으로 번역될 수도 있을 것이다.

영화 필름 중 한 컷만 현상한 사진을 still picture라고 한다. 영화 필름이 돌아가다가 멈춰 선(stand) 부분이 still picture이다. 영화가 돌아가다가 멈추면 움직이지 않고 소리도 나지 않는다. still은 stand와 어원이 같은 단어로 '정지한, 조용한'이 기본 뜻이다.

still이 부사로 사용되면 '아직도, 여전히, 그러나'인데 이것도 '멈춰 서다, 정지하다'의 기본 뜻으로부터 발전한 것이다. 동사로 사용되면 '그치게 하다, 고요하게 하다(잠잠해지다)'이다.

Fun Word Story

staple[stéip-əl]의 sta는 stand이다. 사진을 보면 열주(열지어진 기둥)에 의해 지탱되는 아치들과 그것으로 조성되는 개방된 통로(공간)의 모습이 보인다. 이 공간이 staple이고, 로마 시대에 주로 어떤 지역의 산물들이 도매로 판매되거나 수출되는 중심지(장소)인 도매 시장(상점)으로 사용되었다. 그래서 staple은 '주요 산물, 주요 상품'이다.

- Bread is popular as a <u>staple</u> food
  빵은 주식으로서 대중적이다.

staple은 '(U자 모양의) 꺾쇠, (스테이플러의) 철쇠(철침)'이라는 뜻도 있다. 기둥들과 아치로 이루어진 모습이 스테이플러의 U자형 철심을 닮았다.

staple, column[kɑ́ləm](기둥, 세로 칸, 칼럼), pile[pail](기둥처럼 쌓아 올린 것, 더미)은 모두 pillar(기둥)가 본래 뜻이다. compile[kəmpáil](수집하다, 편집하다), compilation(편집, 편집물)는 pile을 어원으로 하는 단어들이다. mass[mæs]도 본래 pile(더미)의 뜻인데 '모임, 다량, 일반대중, 부피(bulk)'라는 뜻으로 사용된다. culminate[kʌ́lmənèit](정점에 이르다)은 'column(기둥)의 꼭대기에 이르다'가 본래 뜻이다.

stand¹ 서다

status 상태, 신분
- 서 있는 상태, 위치 → 상태, 신분(지위)

statue[stǽtʃuː] 입상
- 서 있는 것 → 입상(조각상)

stature[stǽtʃuː] 키, 크기
- 서 있는 것의 높이 → (특히 사람의) 키(신장) → (비유) (인물의) 크기

estate[istéit] 토지, 재산
- 서 있는 위치(상태) → ① 계급(지위, 신분) ② 재산(지위가 있는 사람의) ③ 토지
- ☞ estate의 처음의 e는 잘못 더해진 것이다.

stationery[stéiʃənèri] 문구

stadium[stéidiəm] 경기장
- 길이의 표준이 세워진(stand) 곳 → (육상) 경기장
- ← 스타디온(고대 그리스의 척도)

stale[steil] 상한, 김빠진
- 신선함을 유지하기엔 너무 오래 서 있는 → (음식 따위가) 상한, 김빠진
- It becomes trapped in a stale routine.(13 수능)

state[steit] 상태, 국가, 주장하다
- 서 있는 모양(상태, 조건) → ① 상태 ② 국가(국가의 서 있는 상태)
- 어떤 위치에 세우다 → ① 지정하다 ② 주장하다(진술하다)

stable[stéibl] 안정된, 마굿간
- st(stand) + able
- 설 수 있는 → 안정된(견고한), 말이나 소가 서 있는 장소 → 마굿간
- 동의어 stall 마굿간

stumble [stʌmb-əl] 넘어지다

- stum(stem ← stand: 줄기, 대) + able
- 줄기(대)에 걸려 넘어지다 → ① (실족하여) 넘어지다, 길에 서 있는 것을 만나다 ② 마주치다(우연히 만나다)

stem [stem] 줄기, 혈통; 저지하다

- 서 있는 것(서 있게 하는 것) → ① 줄기(꽃자루, 잎자루) ② 혈통(계통)
- 길에 서 있다 → ③ 저지하다(막다) → 저지

circumstance [sə́:rkəmstəns] 환경

- circum(circle의 변형: 원, 에워싸다) + stance (서 있는 것 → 자세)
- 에워싸고 서 있는 것 → ① 환경(상황) ② (경제적인) 처지(생활 형편)

assist [əsíst] 돕다

- as(← ad) + sist(stand) → 누구 옆에 서다 → 돕다

arrest [ərést] 체포하다

- ar(ad의 변형: at, to) + re(again, back, against) + st(stand의 변형)
- ~에게 달려가서 뒤에서 서게 하다 → ① 체포하다 ② 막다(저지하다)

store [stɔːr] 저장하다

- 세우다 → 쌓다 → ① 저장(저축)하다 → 저장(저축), 쌓아두는 곳(상점, 창고) → ② 공급하다(furnish)

stride [straid] 큰 걸음

- ① 싸우기 위해 두 다리를 쩍 벌리고 서다 ② 큰 걸음으로 걷다 → 큰 걸음(활보), 진보
- 참고 strife(stride의 변형) → 두 다리를 쩍 벌리고 섬 → 싸움, 투쟁
- 참고 struggle 싸움, 노력

steer [stiər] 키를 잡다

- 키를 조종하는 데 사용되었던 서 있는 기둥 → 키를 잡다, 조종하다 → 조언
- steering wheel 운전대

057 STAND 2

stand(서다)

Anchoring Ideas

consist의 명사형 consistency(-ence)은 '조화(일관성), 농도(밀도), 견고함(견고함의 정도)'의 뜻이다. 물을 구성하는 수소와 산소의 조화, 그 결합의 견고함을 뜻하는 단어라고 생각하면 이해가 쉽다. 잘 조화된 사람들, 단체들, 나라들은 견고해서 좀처럼 깨뜨리기가 어렵다.

사진은 consistency의 핵심 뜻 '조화(일관성), 견고함(견고함의 정도)'를 잘 보여 준다.

- His argument lacks <u>consistency</u>.
  그의 논쟁은 일관성이 부족하다.
- She mixed the dough to the right <u>consistency</u>.
  그녀는 반죽이 적당히 단단해지도록 섞었다.

stationery[stéiʃ-ənèri]는 'station에서 파는 것들'이라는 뜻이다. 중세에는 행상들이 일반적이었고 대학에서 인가한 서점(bookshops)은 고정된 장소(station)를 가지고 있었다. 이 고정된 장소에서는 책과 함께 책에 관계된 것들 즉 노트나 필기구 등을 팔았다. 그래서 stationery는 '문구'라는 뜻을 갖게 되었다. 고대에는 한 곳에서 책도 팔고 문구도 팔았지만, 오늘날은 책은 bookshops에서 팔고 stationery는 문방구에서 파는 셈이다.

Fun Word Story

strike(치다. 때리다)는 **strigil**(때 미는 도구)의 변형이다. strike와 strigil의 발음과 자형의 유사성에서 두 단어를 쉽게 연결할 수 있을 것이다. 그러므로 strike의 본래 뜻은 때를 밀기 위해 피부를 rub(문지르다, 마찰하다)하는 것이다. 글자를 지우려면 지우개로 rub해야 하므로 strike는 '(글자 따위를) 지우다 → (되에 담은 곡물을) 평미레로 밀다 → (부싯돌을) 치다 → 치다(때리다, 공격하다) → (결론·타협 따위에) 이르다(← 양편의 견해가 타협점에서 만나는 것)'로 뜻이 확장되었다. strike의 세세한 뜻을 다 기억할 필요는 없다. strike가 어떻게 중심 뜻인 '치다, 때리다'로 확장되는지만 이해하도록 하자.

본래 '때를 밀다'라는 뜻의 strike가 '(부싯돌을) 치다'로 발전한 이유는 때를 밀 때 피부와 strigil(때 미는 도구)과 피부가 만나듯이 부싯돌이 서로 만나기 때문이다. 그래서 strike는 주로 '치다(때리다, 공격하다)'라는 뜻으로 사용된다.

strike는 또 '파업, 파업하다'라는 뜻도 있다. 아마 strike가 '파업'으로 사용되는 것은 노동자와 고용주가 서로 맞부딪치기 때문이라고 막연히 생각할 것이다. 그러나 strike가 '파업'이라는 의미를 가지게 된 것은 1768년 런던에서 선원들이 바다로 나가기를 거절하는 표시로 상선의 돛을 내려서 땅과 수평으로 놓으면서부터이다. strike는 '항복하여 기를 내리다'라는 뜻도 있다. 기를 내리는 것은 되에 담은 곡물을 평미레로 수평으로 만드는 것처럼 기를 땅과 수평으로 만드는 것이다.

contrast [kántræst] 대조
- contra(반대) + st(stand)
- 반대로(contra) 서다 → 대조(대비)시키다→ 대조(대비)

constant [kántræst] 변함없는
- 함께 서 있는 → 강하게 서 있는 그래서 → 부동의(불굴의, 견고한) → 불변의 것

consist [kənsíst] 존재하다, ~로 이루어져 있다
- ① 서다(존재하다) → ② 양립하다 → ③ 일치하다 → ④ (~로) 이루어져 있다

consistency [kənsístənsi] 일치, 농도, 견고함
- 함께 섬 → 함께 점착(부착)됨 → ① 일치(일관성, 조화) ② 농도(밀도) ③ 견고함

stand² 서다

constitute [kánstətjù:t] 구성하다
- 함께 서게 하다 → 구성하다(조직하다), ~로 선정하다(임명하다)
- 명 constitution 구성, 헌법

cost [kɔ:st] 비용이 들다
- 함께 서다 → 비용이 들다, 희생시키다
- ☞ stand는 '~의 비용이 들다'의 뜻으로도 사용된다.
  (It stood me 3,000 won. 그것에 3천 원이 들었다.)
  같은 원칙으로 '함께 서다'가 본래 뜻인 cost도 '~의 비용이 들다'의 뜻으로 사용된다.

distance [dístəns] 먼 거리
- di + st(stand) + ance(명사 접미사)
- 멀리(dis) 서 있는 것 → 먼 거리→ 멀리 떼어놓다

substantial [səbstǽnʃəl] 실질적인
- 아래에 서 있는 것(의) → 실질적인(실속 있는)
- 명 substance 본질, 실질
- 동 substantiate 실체화하다, 입증하다

rest [rest] 나머지
- re(rebound의 again, back, against) + st(stand의 변형)
- 뒤에 서 있는 것 → 나머지(잔여, 여분)
- ☞ '안식'이라는 뜻의 rest와는 어원이 다르다.

insist [insíst] 주장하다, 강요하다
- 안에 서서 꼼짝 않다 → 주장하다, 강요하다

obstinate [άbstənit] 완고한
- 대항하여(ob) 서 있는 → ① 완고한(완강한) → ② 고치기 힘든(병·해악 따위)
- 참고 obstacle 장애물, 방해물

instant [ínstənt] 즉시(의)
- in + st(stand) + ant
- 안에 서 있는 (것) → 즉시(의), 순간(의), 긴급(한)
- ☞ "그가 언제 올 것 같습니까?" "그는 거의 이 집 안에 서 있습니다(instant)."라고 말한다면 '곧, 순간, 즉시' 도착한다는 말일 것이다.

exist [igzíst] 존재하다
- exi(ex: 밖으로) + st(stand)
- 밖으로 서 있다(보이다) → 존재(실재)하다
- 명 existence 존재

destination [dèstənéiʃən] 목적지
- de(down, completely, not) + stin(stand의 변형) + ation(명사형 접미사)
- 완전히(철저히) 서 있는 것(궁극적 목적지) → 목적지, 목적
- 비교 destiny 목적지 → 운명

destitute [déstətjù:t] 빈곤한
- de(down, completely, not, off) + stit(stand의 변형) + ute
- 아래에 서 있는 → 빈곤한(결핍한)

058 LEAN

lean(bend)

Anchoring Ideas

lean(경사지다, 기대다)은 본래 '구부러지다'라는 뜻이다. 사진에서 탱고를 추는 여자는 상대 남자에게 lean하고 있다. 여자의 몸이 남자에게 ① 구부러져 있고 ② 경사져 있다. 피사의 사탑은 Leaning Tower of Pisa이다.

lean은 '기대다'라는 뜻으로 가장 많이 사용되지만 '구부러지다(bend)'가 기본 뜻이다. '구부러지다 → 경사지다 → 기대다'로 의미가 확대되었다.

지구 표면에 태양이 비치는 경사의 각도가 그 지방의 climate(기후)에 영향을 미친다. 적도에서는 태양이 거의 수직으로 비취고 극지방으로 갈수록 더 경사지게 태양이 비친 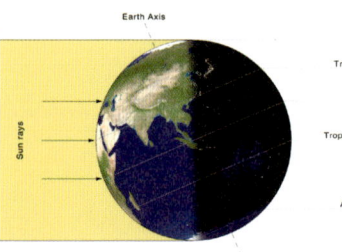 다. 그러므로 climate는 한 지방의 연간에 걸친 평균적 기상 상태를 말하고 weather는 특정 때, 특정 장소에서의 기상 상태를 말한다.

climate[kláimit](기후, 풍토, 지방)의 clim에서 c를 거의 발음하지 않으면 lim과 lean이 아주 비슷하다. climate의 clim이 lean(구부러지다 → 경사지다)의 변형이라는 것을 인식하는 것이 중요하다.

flex도 '구부리다'라는 뜻이다. flexible[fléksəbəl]은 '구부리기 쉬운'이다. reflect[riflékt]는 '다시 구부리다'라는 문자적인 뜻에서 '(빛·소리·열 따위를) 반사하다(반영하다), 반성하다'라는 뜻이 된다.

Fun Word Story

fraction[frǽkʃ-ən](파편, 단편, 분수, 소량)의 frac은 break이다. frac과 break를 함께 보면 유사성을 알 수 있다. 'break된 것'이므로 '파편, 단편'이 된다.

refraction[rifrǽkʃ-ən](굴절, 굴절 작용)의 문자적인 뜻은 '다시 부서짐'이다. 사진을 보면 막대기가 다시 break된 것처럼 보인다. suffrage[sʌ́fridʒ]는 〈sub + fraction(부서진 것 → 파편, 조각)〉으로 구성된 단어이다. 문자적인 뜻은 '파편 아래(sub)에 이름을 기입함'이다. 고대 그리스에는 독재자가 될 가능성이 있는 사람의 이름을 도자기 파편에 기입하는 비밀투표를 해서 해외로 추방하는 법이 있었다. 뜻은 '찬성투표(동의, 찬성), 투표(투표권)'이다. infringe[infríndʒ]는 '법규를 어기다, 범하다'라는 뜻이다.

friction[fríkʃ-ən](두 물체의 마찰, 알력, 불화)은 fraction과는 관련이 없다. friction은 '마찰, 불화'이다. '마찰로 인해 불이 프릭(fric)! 하고 일어난다'고 생각하자. flash[flæʃ](번쩍이다, 빛나다; 확 불붙다)는 splash[splæʃ](물 따위를 튀기다)와 연관이 있다.

break의 기본 뜻은 '깨뜨리다'이다. 연속적으로 진행되던 상황을 깨뜨리면 '중단, 중지', 일하던 시간을 깨뜨리면 '휴식', 잘 지속하던 관계를 깨뜨리면 '단절', 큰돈을 깨뜨리면 '잔돈으로 바꾸다'라는 뜻이 된다. '돌발하다, 꽃망울을 터뜨리다' 등의 뜻도 가진다.

lean은 구부러지다

lean [liːn] 기대다, 경사지다
- 구부러지다 → 기대다, 경사지다 → 구부러짐, 경사
- 야윈(마른) ← 구부리려면 야위어야
- 기름기 없는(야윈) 고기(살코기)

client [kláiənt] 고객
- cli(lean의 변형: 구부러지다 → 경사지다) + ent(명, 형 접미사)
- 기대는 사람 → (귀족에 종속하는) 피보호민, 변호 의뢰인, 고객(단골손님)
- ☞ 피보호민은 귀족에 기대고 변호사의 변호 의뢰인은 변호사에게 기댄다. 의뢰인이 변호사의 손님이다. 그래서 client는 '고객'의 뜻이 된다.

incline [inkláin] 경향이 있다
- 안으로 구부리다 → 몸을 굽히다, 마음이 기울다, 경향이 있다

recline [rikláin] 등 쪽으로 기대다, 몸을 눕히다
- re(again, back, against) + cline(부러지다 → 경사지다)
- lie: recline의 뜻도 있지만, 기본 뜻은 '누워 안식하다'

reflection 반사(반영), 반성(숙고)

reflect [riflékt] 반사하다, 반영하다
- re(again, back, against) + flect(flex: 구부리다)
- 다시 구부리다 → (빛·소리·열 따위를) 반사하다(반영하다), 반성하다
- mirror: 거울, 비추다, 반사하다, 반영하다
  Our culture mirrors a reality shared by everyone(수능)

climate[kláimit] 기후, 풍토
- clim(구부러지다 → 경사지다) + ate(명, 동, 형 접미사)
- 경사가 진 지구의 표면(기후 상으로 본 지대) → 기후, 풍토

clinic[klínɪk] 진료소, 상담소
- 본래 뜻은 cline of the bed

climax[kláimæks] 최고조
- cli(구부러지다 → 경사지다) + max(최고)
- 경사로 놓은 ladder(사다리)의 최고점 → (사건·극 따위의) 최고조(절정)

decline[dikláin] 쇠하다
- de(down, completely, not) + cline(구부러지다 → 경사지다)
- 아래로 기울다(내리막이 되다), (힘·건강 등이) 쇠하다

ladder[lædə(r)] 사다리
- lean과 같은 어원

flexible[fléksəbəl] 구부리기 쉬운
- flex(구부리다) + ible(형용사 접미사: ~할 수 있는)

059
DUKE & DECORation

duke(leader) / decor(장식하다)

Anchoring Ideas

현재 영국의 여왕은 엘리자베스이다. 그러면 여왕의 남편은 누구일까? 에든버러 duke(공작)이다. 사진은 현재 영국 여왕의 남편 에든버러 공작(duke)의 모습이다.

duke는 왕자나 왕(비) 다음으로 가장 높은 사람이므로 왕이나 왕자와 같은 지도자(leader)이다. **duke는 '리드(lead)하는 사람'이란 의미이다.**

duck(오리)가 아니라 duke이다. duck와 duke가 발음과 스펠이 비슷한 데서 착안하여 'duke(공작)가 미운 오리 새끼를 duck(오리)들로부터 이끌어 내고(lead) 있다'고 상상하면 duke가 '이끄는 자 → 지도자 → 공작'이라는 것을 금방 기억할 수 있을 것이다. duke는 다른 접두사, 접미사와 함께 사용되면 '이끌다'의 뜻이다.

영화나 소설, 만화, 역사를 보면 공작, 후작, 백작, 자작, 남작 등의 유럽 귀족의 작위를 볼 수 있다. 작위의 서열을 모르는 사람들이 많은데 이렇게 앞글자만 따서 외우면 도움이 된다. 공, 후, 백, 자, 남(쿵후로 백자를 남자가 깼다.)

충무공 이순신도 사후에 공작(duke) 작위를 받으시고 공작이 되셨다. 충무공의 공은 공작의 작위이다. '원저 공, 필립 공, 충무공'의 '공'은 본래 왕이나 왕자 다음으로 높으신 분이라는 뜻이다.

기억하자, 공작(duke)은 왕이나 왕자 다음으로 높은 작위로서 사람을 이끄는 자, 지도자(leader)의 의미이다.

흔히 케이크의 장식 등을 보면서 데코레이션이 되었다고 한다. **decoration의 decor는 '장식하다'이다.** "장식이 잘 데꼬(decor)?"로 연상해서 기억하면 좋다. decoration[dèkəréiʃən]은 '장식(장식물), 훈장'이다. 이 외에 decent, dignity 등이 이 계열의 단어들임을 기억해 두자.

Fun Word Story

fencing(펜싱, 검술)의 fen은 '치다, 밀다, 뻗다'라는 뜻이다. 펜싱은 칼로 치고, 밀고, 뻗는 것으로 생각하면 기억하기 쉽다.

fencing은 놀랍게도 '울타리'라는 뜻도 있다. 그 이유는 검술(fencing)이 적으로부

터 자기 몸을 방어하는 것처럼 울타리도 적으로부터 자신을 방어하는 역할을 하기 때문이다. defend[difénd]는 〈de(down, completely, not, off) + fend(fen)〉로 구성된 단어로 문자적인 뜻은 '쳐서 떨어지게 하다'이고 '방어하다(막다, 지키다)'라는 뜻으로 사용된다. offend[əfénd]의 문자적인 뜻은 '대항하여 치다'이다. '법을 대항하여 치다'에서 의미가 확장되어, '(규칙, 예절, 습관)에 어긋나다(죄를 범하다)'라는 뜻을 가지고, '사람(인격)을 대항하여 치다'에서 뜻이 확장되면 '(어려움, 불편함, 상처, 혐오, 분노, 괴로움)을 유발하다'라는 의미로 사용된다.

duke(공작)는 leader (이끄는 사람→지도자)

educate[édʒukèit] 교육하다
- e(ex: out) + duc + ate
- 안에 있는 잠재력을 밖으로 끌어내다 → 교육하다

subdue[səbdjúː] 정복하다
- 아래로(sub) 오게 이끌다 → 정복하다(복종시키다), 억제하다

induce[indjúːs] 설득하여 하게 하다
- 안에 있는 것을 이끌어 내다 → (약으로) 분만시키다, 설득하여 하게 하다

reproduce[rìːprədjúːs] 재생하다
- 다시(re) 앞으로(pro) 이끌다(duce) → 재생하다, 재현하다

reduce[ridjúːs] 줄이다
- 뒤로(re) 이끌다(duce) → (양·액수·정도 따위를) 줄이다

tow[tou] 견인하다
- 끌다, 견인하다 ← duke(lead)

introduce[ìntrədjúːs] 소개하다
- 안으로(in to) 이끌다, (어떤 것이나 어떤 사람을) 소개하다

conduct[kándʌkt] 지도, 행동
- 함께(con) 이끎(duct) → 과거엔 escort (호송 ← ex + correct) → 지도(안내), 행동(의 표준), 경영(관리)
- conduction 파이프로 물 따위를 끌기 → 유도, 전도, heat conduction(열전도)

conduce[kəndjúːs] 이바지하다
- con(함께, 강조 → 특별한, 바람직한 결과) + duce(이끌다)
- 특별한(바람직한) 결과로 이끌다 → 이바지하다(도움이 되다)
- 형 conducive 이바지하는, 도움이 되는

decent [díːsənt] 품위 있는
- 장식된(영예가 주어진) → 옷을 제대로 입은 → (복장, 집 등이) 버젓한(적절한), 품위 있는

decoration [dèkəréiʃən]
장식(법), 장식물, 훈장

decorate 장식하다, 훈장을 주다

disciple [disáipəl] 제자
- decent(장식된 → 괜찮은)의 변형
- 다른 사람의 가르침으로 장식되는 사람(받아 들이는 사람) → 제자
☞ a decent looking disciple

discipline [dísəplin] 훈련
- disciple의 변형 → 제자화(가르침) → 훈련(훈육), 징계(징벌)

decoration은
장식

dignity [dígnəti] 존엄
- 훈장으로 장식한 상태(영예를 얻은 상태) → 존엄(위엄), 명예

indignation [ìndignéiʃən] 분개
- 존엄 없음(in) → 존경할 가치가 없는 것에 의해 일어나는 → 분개(분노)

disdain [disdéin] 경멸
- dis + dain(← deign)
- 영예를 주지 않음 → 경멸(멸시)

060 FAREwell

fare(go)

Anchoring Ideas

A Farewell to Arms!의 farewell은 '잘 가'라는 뜻이다. 당연히 farewell의 fare는 go의 뜻이다.

사진은 영화 A Farewell to Arms!의 포스터이다. fare[fɛər]의 뜻을 가장 잘 기억하는 방법은 'A Farewell to Arms!'라는 영화제목을 상기하는 것이다. 'A Farewell to Arms!'는 '무기여 잘 있거라'으로 번역하지만, 어원에 따른 번역은 '무기여 잘(well) 가(fare)'이다.

- a <u>farewell</u> address 고별사(잘 가라는 연설)
- a <u>farewell</u> party 송별회(잘 가라는 파티)
- a <u>farewell</u> present 전별품(잘 가라는 선물)

fare의 기본적인 뜻 '가다, 여행하다'에서 여행하는 사람인 '여행자', 여행할 때 사용하는 '돈(통행료, 뱃삯 등)', 여행할 때는 음식이 필요하니까 '음식', 여행할 때는 여행 물품이 필요하니까 '물품' 등의 의미가 파생되었다. 동사로 쓰이면 '여행하다' 외에, 여행할 때는 음식을 먹거나 얻어먹으니까 '음식을 먹다(얻어먹다)'라는 뜻이 있고 때로는 삶이 여행에 비유되므로 '살아가다, 지내다'라는 뜻으로도 쓰인다.

- I need some coins for the bus <u>fare</u>.
  나는 버스비로 내기 위한 몇 개의 동전이 필요하다.
- The taxi driver picked up his <u>fares</u> at the airport.
  그 택시기사는 공항에서 승객들을 태웠다.
- Less expensive <u>fare</u> is available at the restaurant.
  그 레스토랑에서 좀 덜 비싼 음식을 먹을 수 있다.
- He <u>fares</u> well in his new position. 그는 새로운 직위에서 잘 지낸다.
- How <u>fares</u> it with you? 어떻게 지내나? 별고 없나?

Fun Word Story

My Fair Lady의 fair[fɛər]는 fare와 발음과 자형이 비슷하지만 어원과 뜻이 다르다.

fair의 뜻은 '① 여자가 아름다운 → ② 날씨가 쾌청한 → ③ 빗나가지 않은'이다. 이때의 fair는 '여자가 아름다운'이 원래 핵심 뜻이고 이것이 확대되어 '날씨가 쾌청한, 빗나가지 않은'이라는 뜻을 가지게 되었다.

- My <u>Fair</u> Lady 아름다운 숙녀
- <u>Fair</u>-Weather friend
  맑은 날씨일 때의 친구, 정작 필요할 때 도움이 안 되는 친구
- <u>fair</u> ball, <u>fair</u> play 빗나가지 않은 볼, 정정당당한 시합

fair가 '시장'이란 뜻도 있는데, 이때는 어원이 다르다. festival과 어원이 같다. festival이 열리는 곳은 언제나 시장이 선다. vanity fair(허영의 시장)에서 fair는 (농, 축산물 등의) '품평회'란 뜻도 있다.

- volunteers to work in a <u>fair</u> 품평회에서 일한 자원자

warfare [wɔ́:rfɛ̀ə:r] 전투
- 전쟁 go → 전투(전쟁, 싸움)

fare [fɛər] 가다
- farewell(잘 가, 안녕, 작별)의 fare → 가다(go)

welfare [wélfɛ̀ə:r] 복지
- 잘 지냄 → 복지, 복지 사업 → 복지의

metaphor [métəfər] 은유
- meta(middle의 변형: 가운데로 → 가로질러) + phor(ferry의 fer: 나르다)
- 가운데 있는 것을 나름 or 가로질러 나름 → 은유(비교. Life is a journey)

farewell
잘 가(go)

prefer [prifə:r] 선호하다
- 앞으로(pre) 나르다(fer) → 앞에 두다 → 더 좋아하다

infer [infə́:r] 추론하다
- 안에 있는 것을 끌어내다 → (증거로부터) 결론을 말하다, 추론하다

differ [dífər] 다르다
- dif(dis의 변형: apart, not, opposite) + fer(ferry의 fer: 나르다)
- ~로부터 멀리 나르다(to set a part) → 다르다

ferry[féri] 나룻배
- 가게 하는 것, 가는 곳 → 나룻배(연락선), 나루터(도선장) → 배로 건네다(나르다)

refer[rifə́:r] 보내다, 언급하다
- 뒤로(re) 나르다 → 도움이나 정보를 위해 근원으로 나르다 → ① (조력·정보·결정을 위해 아무를) 보내다(조회하다) ② ~의 탓으로 돌리다 ③ 언급하다
- reference 추천서, 참고
- reference letter 추천서

relate 관계시키다
- 이미 뒤로 날라진 → 관계(관련)시키다
- ☞ relate는 라틴어에서 refer의 과거완료형이었다.
- 참고 translate 한 장소에서 다른 장소로 나르다 → 통역하다
  bilateral ⟨bi + ralate⟩ 쌍방의
  collateral 나란한, 담보물

suffer[sʌ́fər] 경험하다
- 아래로(sub) 나르다(가다) → (고통·변화 따위를) 경험하다

transfer[trænsfə́:r] 옮기다
- 통과하여 나르다 → 옮기다, 변경하다

confer[kənfə́:r] 수여하다
- 함께 나르다 → (폐어) 비교하다 → 의논하다, (칭호·학위 등을) 수여하다

fertile[fə́:rtl] 비옥한, 다산의
- 나를 수 있는(bear할 수 있는, 가져올 수 있는) → (인간·동물이) 다산(多産)의, (땅이) 비옥한

061 aVENUE & VIA air mail

venue(오다) / via(by way of)

Anchoring Ideas

avenue[ǽvənjùː]의 문자적인 뜻은 '현관으로(ad) 오게 하는(venue) 길'이다. 영국에서 이 단어는 '저택의 대문에서 현관까지의 가로수 길'이란 뜻인데, avenue의 의미에 가장 적합하게 사용되는 예라고 할 수 있다. 사진은 영화 〈X-men〉의 촬영지였던 Hatley Castle의 현관으로 이르는 길(avenue)로, 쭉 이어진 길이 시원스럽다. 사진에 보이는 이 길이 본래의 avenue이다. 미국에서 avenue는 남북을 잇는 '번화한 큰 거리'를 말한다. **avenue의 venue는 '오다(come)'라는 뜻임을 기억하자.** "Veni, vidi, vici(왔노라, 보았노라, 이겼노라)"의 라틴어 명문을 떠올리자.

벤처기업의 venture는 adventure의 축약형이다. 벤처 기업은 첨단의 신기술과 아이디어를 개발하여 사업에 도전하는 창조적인 중소기업으로 모험기업, 위험기업이라고도 부른다. 벤처기업이 성공할 확률은 1% 정도라고 한다. 벤처기업은 기회가 그들에게(ad) 오면(ven) 그 기회를 잡아 실패의 위험을 무릅쓰고 모험을 하는 기업이다.

참고로 venue(오다)는 advent, event, invent처럼 vent의 형태로도 사

용되는데 이 vent는 '통풍구, 환기구'라는 뜻의 vent와는 어원이 다르다. '통풍구'라는 뜻의 vent는 wind의 변형이다. w는 v로, t는 d로 약화되는 원칙을 생각하면 vent(통풍구)와 wind(바람)의 연관성을 알 수 있다. vent에서 유래한 대표적인 단어는 ventilate[véntəlèit]로 '환기하다'라는 뜻이다.

via air mail은 '항공 메일의 방식으로(via)'의 뜻이다. via air mail에서 via[váiə, víːə]는 'by way of(~의 길로, ~의 방식으로)'의 뜻이다. via는 본래 way, road, channel, course이다.

Fun Word Story

invasion(침략)의 va는 go의 뜻이다. invasion은 〈in(in, en, un) + va(go) + sion(명사형 접미사. tion의 변형)〉으로 구성된 단어로 문자 그대로의 뜻은 '안으로 들어감'이며 뜻은 '침입(침략)'이다. invasion의 동사형은 invade[invéid]이다. invade는 wade[weid](강 따위를 걸어서 건너다)에서 온 단어이다. 여기서도 w = v라는 원칙이 적용된다.

pervade[pərvéid]는 〈per(peri의 변형: 철저히, 통과하여) + va(go) + de〉로 구성된 단어로 문자적인 뜻은 '통과하여 가다'이고 뜻은 '~에 널리 퍼지다, ~에 가득 차다'이다. evade[ivéid](적, 의무 등을 피하다)는 〈ex + va(go) + de〉로 구성된 단어로 문자적인 뜻은 '피해서 가다'이다.

revenue [révənjù:] 소득
- 일이나 사업 후에 다시(re) 오는 것 → 소득(수익), 총수입

avenue [ǽvənjù:] 큰 길
- a(ad의 변형: at, to) + venue (come)
- 현관에게 오는 길 → 가로수가 심겨져 있는 넓은 길, main street

prevent [privént] 예방하다
- 미리(pre) 오다 → (고어) 보호하다 → 막다, 예방하다, 방해하다

invent [invént] 발명하다
- 우리의 세계 안으로(in) 오게 하다 → 발명하다

event [ivént] 사건
- 밖으로(e, ex) 나온 것 (outcome) → 결과, 사건

advent [ǽdvent] 출현
- ~에게(ad) 오는 것(vent) → 출현(도래)

adventure [ədvéntʃər] 모험
- ~에게(ad) 기회가 오는 것 → 기회를 잡는 것 → 모험(담, 심), 모험하다
- 유의어 venture 모험

avenue(큰 거리)의 venue는 오다

convene [kənví:n] 모이다
- 함께(con) 오다(와서 함께) → 연합하다, 모이다(모으다)

intervene [ìntərví:n] 중재하다
- 사이에(inter) 오다(vene) → 사이에 들다, 사이에 들어 중재하다

souvenir [sù:vəníə:r] 기념품
- sou(sub의 변형: 아래에서 위로) + venir(come)
- 마음 위로 떠오르게 하는 것 → 기념품, 유물

convenient [kənví:njənt] 편리한
- 함께 오는 → suitable(폐어) → 편리한
- ☞ 함께 오는 다기 세트가 서로 어울리고 꼭 맞는 것처럼 convenient는 처음에는 suitable의 뜻이었다. 이런 세트로 있는 것들은 사용하기에 편리하므로 convenient는 '편리한'의 뜻을 가지게 되었다.

previous [príːviəs] ~보다 전에
- 먼저(pre) 길을 간 → 앞의(이전의, 사전의) → ~보다 전에

obvious [ábviəs] 명백한
- ob(in the way → against) + vi(via의 변형: way, road) + ous(형용사형 접미사)
- 길에 대항하여 있는(고어) → 눈에 잘 띄는 → 명백한
☞ 차를 몰고 가는데 큰 사슴이 길에 서 있다면 그 사슴은 명백하게 보인다.

voyage [vɔ́idʒ] 긴 여행
- 길 → 긴 여행(항해), 비행기(우주선)에 의한 여행

trivial [tríviəl] 하찮은, 평범한
- tri(three) + vi(via의 변형: way, road) + al(명, 형 접미사)
- 세 길이 만나는 곳(삼거리)에 놓인 → 어떤 곳에서도 발견될 수 있는 → 하찮은(대단치 않은), 평범한(일상의, 사소한)

VIA AIR MAIL의 via는 by way of

aviation [èiviéiʃən] 비행
- 비행기로 감? → ① 비행(비행술, 항공학) ② 항공기 ③ 항공기 산업
☞ vis(새)에서 나온 단어로 via와 어원이 다르다. 비행술은 vis(새)처럼 날고 싶다는 인간의 꿈에서 시작되었다. 기억을 위해서는 avia가 air via의 변형이라고 생각하자.

convey [kənvéi] 운반하다, 전하다
- 함께(con) 길 가다 → (고어) 호위하다(escort) → 운반하다 → (전갈·지식, 느낌, 소리·열·전류, 전염병 따위를 등을) 전하다

via [váiə] ~을 매개로 하여
- by way of(~의 길로, 방식으로) → 경유로(~을 거쳐), ~을 매개로 하여

062 ORDER & diGEST

order(베틀 위의 실의 줄) / gest(나르다)

Anchoring Ideas

order의 뜻을 영한사전에서 검색하면 20여 가지의 뜻이 나온다. 이 많은 뜻을 다 기억하는 것은 불가능하다. 하지만 order의 어원에 따른 뜻이 '베틀 위의 실의 줄'이라는 것을 안다면 이 모든 뜻은 거의 자동으로 알게 된다. 사진에 위의 order(베틀 위의 실의 줄) 모습과 아래의 군인이 질서 있게 줄지어 있는 모습이 아주 비슷하다. **order**의 본래 뜻은 '베틀 위의 실의 줄, 열'이고 여기서 '서열(질서)'이라는 뜻이 나왔다.

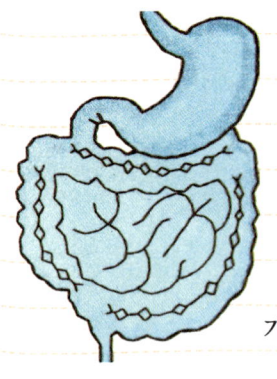

digest[dáidʒést]는 〈di(dis의 변형: apart, not, opposite) + gest(carry: 나르다)〉로 구성된 단어이다. digest의 어원에 따른 뜻은 '분리해서 나르다'로, '소화하다, 소화물, (문학 작품 따위의) 요약판'이라는 의미로 확장되었다. **digest**의 **gest**는 '나르다'의 뜻이라는 것을 기억하자.

Fun Word Story

"Everything is beautiful that is in the order." －아우구스티누스－

위의 앵무조개, 은하수, 계단 등에서 황금비율을 볼 수 있다. 우리는 여기서 수학적인 질서가 곧 아름다움이라는 것을 확인할 수 있다. 이것은 아우구스티누스의 "질서 있는 모든 것은 아름답다."라는 말을 실감케 한다.

영단어 adorn(아름답게 하다)은 ⟨ad(at, to) + orn(order: 질서)⟩로 질서가 곧 아름다움이라는 것을 함축하는 단어이다. adorn의 orn이 order의 변형이라는 것을 간파해 내는 것이 이 단어를 이해하는 열쇠이다. adorn과 order의 발음의 유사성에서부터 adorn과 order가 같은 종족이라는 것을 유추해 낼 수도 있을 것이다. 같은 계열의 단어로 ornament가 있다. ornament는 '질서를 가진 것'에서 '아름다운 것, 장식, 장식품'이라는 뜻으로 발전했다.

chaos(혼돈, 무질서)는 '입을 벌렸을 때의 gap'의 변형이다. chaos와 gap를 함께 발음해 보면 비슷하다. 입을 벌리고 음식을 입속에 넣으면 대 입과 위, 창자에서는 대혼란(혼돈)이 일어난다. order(질서)라고는 없다. 혼돈에 대한 절묘한 묘사이다. chaos의 반대말은 cosmos[kάzməs](질서, 조화, 질서와 조화의 체현인 우주, 가장 질서 있는 꽃인 코스모스)이다. 파생어는 cosmetic[kɑzmétik](화장품, 화장품의)이다.

disorder[disɔ́:rdər] 무질서
- dis(두 길 → apart, not, opposite) + order (베틀 위의 실의 줄) → 서열
- 서열이 없는 것 → 무질서(혼란) → 혼란시키다

order[ɔ́:rdər] 서열, 명령
- 베틀 위의 실의 줄(열) → ① 수도회와 같은 계급사회 ② 서열 ③ 명령 ④ (기계의) 정상상태

ordain[ɔ:rdéin] 임명하다
- orda(order의 변형: 베틀 위의 실의 줄 → 서열) + in
- (성직자의) 서열 안에 놓다 → 임명하다, (신, 법률 등이) 정하다

coordinate[kouɔ:rdɪneɪt] 조정하다
- 함께(co) 질서 안에 두다

order(서열, 명령)은 본래 베틀 위의 실의 줄(열)

ordinary[ɔ́:rdənèri] 보통의
- ordin(order의 변형: 베틀 위의 실의 줄 → 질서) + ary(명, 형 접미사)
- 일상의 스케줄이 서열화되어 있는 것 → 보통의(평범한), 통상적인
- 반의어 extraordinary 평범한 것 밖으로 → 비범한

adorn[ədɔ́:rn] 장식하다
- 질서(orn: order의 변형)에게로(ad) → 아름답게 하다(장식하다)

ornament[ɔ́:rnəmənt] 장식품
- orna(order의 변형: 베틀 위의 실의 열 → 서열, 질서) + ment(명 접미사)
- 질서(서열)을 가진 것 → 아름다운 것 → 장식품(장식)

digest[dàidʒést] 소화시키다
- di(dis의 변형: apart, not, opposite) + gest(carry, 나르다)
- 분리해서 나르다 → 체계적으로 분배하다, 소화시키다 → 법률집(체계적으로 안배된), 소화물, (문학 작품 따위의) 요약판

suggest[səgdʒést] 제안하다
- sug(sub의 변형: 아래, 아래에서 위로) + gest(carry, 나르다)
- 생각이 떠오르게 하다 → 암시하다(생각나게 하다), 제안하다

congest[kəndʒést] 넘치게 하다
- 함께(con) 나르다(가져오다) → 넘치게 하다, 붐비다

digest(소화하다)의 gest는 나르다

register[rédʒəstəːr] 목록, 등록
- re(again, back, against) + gist(gest의 변형: 나르다)
- 계속해서 날라진 것(기록된 것들) → 목록, 기록(부), 등록(부)
- registration 기입, 등기, 등록

exaggerate[igzǽdʒərèit] 과장하다
- ex(밖으로) + ag + gerate(~에게로 나르다 → 쌓다)
- 쌓아서 범위 밖으로 넘쳐 나오게 하다 → 과장하다

exhaust[igzɔ́ːst] 다 써 버리다
- ex(out) + haust(draw)
- 물 따위를 부어내 버리다 → 엔진이 배기하다, 다 써 버리다

063 CRIsis

cri(체, 체질하다)

Anchoring Ideas

crisis(위독, 위기)의 **cri**는 '체, 체질하다'라는 뜻이다. 본래 crisis는 '질병에서의 turning point'를 의미하는 의학용어였다. crisis는 우리말로는 '위독(병이 중하여 위태로움)'이었다.

체질하는 것과 병이 위독한 것은 무슨 관계가 있을까? 우리는 '사경을 헤매다'라는 말을 사용하곤 한다. 이 말은 죽음의 경계를 헤맨다는 말이다. crisis[kráisis]는 '사경을 헤매다'와 거의 같은 말이다. 사람이 위독(병이 중하여 위태로움)하면 죽음의 경계를 넘나든다. 고대 그리스·로마인들은 생명이 어떤 체(경계?)를 통해 다 빠져나가면 죽는다고 생각한 것이 아닐까? 본래 '위독 상태'를 뜻하던 crisis는 '위기, 흥망의 갈림길'이라는 뜻으로 사용되게 되었다.

Fun Word Story

radish[rǽdiʃ](무)의 rad는 root(뿌리)의 변형이다. radical[rǽdikəl](근본적인, 급진적인, 과격론자),

eradicate[irǽdəkèit](뿌리 뽑다, 근절하다)가 이 계열의 단어이다.

radical과 비슷한 의미인 dramatic[drəmǽtik]은 '드라마 같은, 극의, 극적인'이라는 뜻이다. drastic[drǽstik]은 dramatic의 변형이다. 문자적인 뜻은 '극적인'이고 뜻은 '격렬한, 철저한'이다. critical은 '위독한, 위기의, 비평적인'이다.

radius[réidiəs](바퀴의 살, 방사상의 것, 반지름)은 아마 바퀴의 살이 hub(바퀴의 중심축)에 뿌리(root)를 내리고 있는 데서 유래했을 것이다. 관련어는 radiation[rèidiéiʃ-ən](방사, 복사, 방사선)이다.

아테네의 왕자 테세우스가 크레타 섬의 미로(maze)에 사는 괴물 미노타우로스를 처치하러 갔을 때, 그는 clew[kluː](실꾸리)를 끄르(clew?)며 미로에 들어가 괴물을 처치하고 무사히 빠져나와서 아테네를 위기에서 구원했다. clew는 '실꾸리, (미궁의) 길잡이 실'이란 뜻이다. clue[kluː](실마리)는 clew의 변형이며  둘은 발음이 같다. clew는 주로 '실꾸리, 실타래'라는 뜻으로 사용되고 clue는 비유적으로 '실마리, 단서'라는 뜻으로 사용된다.

이 이야기는 the Greek myths(그리스 신화)에 나오는데 myth의 어원은 알려져 있지 않다. mystery의 변형이라고 생각해서 '감춰진 것(→ 신)에 대한 이야기 → 신화(전설)'로 기억하면 좋을 것이다.

실은 thread[θred]이다. common thread는 '공통의 실 → 공통의 생각, 줄거리, 맥락'이라는 뜻이다.

crisis(위독, 위기)의 cri는 체, 체질하다

crucial 결정적인, 중대한
- crusi(cross의 변형: 십자가 형태) + al(명, 형 접미사)
- 십자형의 → (십자로 따위의) 이정표 → 결정적인(중대한)

critic[krítik] 비평가
- cri(체로 거르다) + tic(명, 형 접미사)
- 체로 거르는 사람 → 분리하는 사람 → 책이나 영화 등이 좋은지 나쁜지 → 비평가(혹평가) → 비평적인

critical[krítikəl] 위기의
- cri(체질하다 → 위독) + tic + al(명, 형 접미사)
- ① 위독한 ② 위기의(흥망의, 갈림길의) ③ 비평적인 ④ 중대한
- 명 criticism 비평, 비평 능력

crisis[kráisis] 위기
- 생명을 체질함 → ① 위독 ② 위기(흥망의 갈림길)

criterion[kraitíəriən] 표준
- 체 → (비만·판단의) 표준(기준)
- 참고 crime 정상의 선(체: crisis)을 넘은 것 → 죄(범죄)

hypocrisy[hipάkrəsi] 위선
- hypo(← upo: 아래에서 위로 → 아래) + cri(체 → 기준) + (s)y(명, 형 접미사)
- 기준(체) 아래 → 연극대본의 해석, 판단, 비판(체질) 아래 연기함 → 위선(위선적인 행위)

secret[síːkrit] 비밀(의)
- se(따로 두다) + cret(cri: 체질하다)
- 체질해서(가려내어) 따로 둔 것 → 비밀(의)

secretary[sékrətri] 비서
- se(분리하다) + cret(cri: 체, 체질하다) + ary
- 비밀을 맡은 사람 → ① 비서 ② 서기관(기록을 맡은 사람) ③ 장관

discern [disə́ːrn] 분별하다

- dis(두 길 → apart, not, opposite) + cern(cri)
- 체로 쳐서 멀리 두다 → ① 분별(식별)하다 ② 인식하다(깨닫다)

concern [kənsə́ːrn] 염려, 관심

- con(함께) + cern(cri의 변형: 체로 치다, 섞다)
- 함께 섞다 → ① 관계(관련), ~에 관계되다(관계하다) ② (위독한 사람에 대한) 염려 ③ 관심(관심사, 사건, 일) ④ 사업

certify [sə́ːrtəfài] 증명하다, 증언하다

- cer(cri의 변형: 체로 치다, 섞다) + ti + fy(fac: 만들다)
- certain하게 만들다 → ① 증명하다 ② 증언하다
- 몡 certification 증명

certain [sə́ːrtən] 확실한

- 체로 쳐진(분별된) → 확실한 (~하게 정해져 있는)
- 몡 certainty

certificate [sərtífəkit] 증명서, 증명서를 주다

- certain하게 만들 것 → 증명서 → 증명서를 주다

discreet [diskríːt] 분별 있는

- dis(apart, not, opposite) + cre(cri의 변형: 체로 치다) + et
- 체로 쳐서 멀리 보내는 → 분별 있는(생각이 깊은, 신중한)

decree [dikríː] 포고, 판결

- de(down, completely, not, off) + cree(cri: 체 → 표준)
- 내려 보낸(선포한) 체(표준, 법령) → ① 포고(명령, 법령) ② 판결

discriminate [diskrímənèit] 구별하다

- dis(두 길 → apart, not, opposite) + cri + min + ate
- 체로 쳐서(차별해서) 멀리 두다 → ① 구별하다 ② 차별대우하다

064 PASS & MOtor

pass(넘어가다) / mo(move)

Anchoring Ideas

pass는 '지나다(넘어가다)'이다. 스핑크스는 테베의 암산(岩山) 부근에 살면서 pass(통행, 지나감) 하는 사람에게 수수께끼를 내서 그 수수께끼를 풀지 못한 사람을 잡아먹었다. 그러나 오이디푸스가 그 수수께끼를 풀자 스핑크스는 물속에 몸을 던져 죽었다.

국어사전에서 패스를 검색하면 '시험이나 검사 따위에 합격하다. 특정한 장소를 통과하다, 구기 종목에서 같은 편끼리 서로 공을 주거나 받다'라는 뜻이 나온다. 이 모든 뜻은 pass의 핵심 뜻인 '지나다, 넘어가다'에서 온 것이다. 스피드 퀴즈에서 모르는 단어가 나오거나 설명이 어려운 단어가 나오면 pass라고 한다. '지나가게 하라'는 뜻이다.

motor의 **mo**는 **move**이다. 전기 motor[móutər](전동기)는 자석이 같은 극은 서로 밀고 다른 극은 서로 당기는 성질을 이용하여 회전자를 회전시키는 동력발생기이다. motor, motion의 mo는 move를 의미하는데 move는 '움직이다'가 기본 뜻이다.

cinema의 ci도 move이다. cinema는 '움직이는 graph(cinémato graphe)'의 줄임말이다. 처음에 cinema는 motion picture projector and camera의 뜻이었다. 지금은 '영화관(a movie hall), 영화(motion picture)'의 의미로 사용된다. 기억하자. cinema의 문자 그대로의 뜻은 movement이다.

같은 계열의 단어로 incite[insáit]는 '선동(자극, 조장)하다', excite[iksáit]는 '흥분시키다, 자극하다', recite[risáit]는 '다시 소환하다 → 암송하다이다.

cinema와 비슷한 말인 theater[θíətə:r]는 그리스어에서 온 말로 thea(a view, a seeing)와 ter(tron: 장소)의 합성어이다. 문자적인 뜻은 place for viewing이다. '이론, 학설'을 의미하는 theory[θí:əri]도 같은 계열의 단어이다. evolution(ary) theory(진화론)를 믿는 사람은 진화의 관점(point of view)으로 세상을 보고, creation theory(창조론)를 믿는 사람은 창조의 관점(point of view)으로 세상을 본다. theater나 theory의 thea(theo)는 그리스어 theos(신)와는 어원이 다르다.

passenger[pǽsəndʒər] 승객
- pass하는 사람(er ← or) → (고어) 통행인 → 승객(선객, 여객)

passage[pǽsidʒ] 통행, 통로
- pass + age(명사형 접미사)
- pass의 방식, 행동, 과정, 허락 → 통행(통과), 통로, 경과

pass[pæs] 지나다, 통행

passport[pǽspɔ̀:rt] 여권
- 출입구(항구, 공항)를 지나가게 하는 것 → 여권

trespass[tréspæ̀s] 침입하다
- tres(통과하여) + pass(지나다, 넘어가다)
- 통과해 지나다 → 침입하다 → (고어, 문어) 죄를 범하다

overpass[òuvərpǽs] 넘다(건너다), 육교

surpass[sərpǽs] ~을 넘다
- sur(← super: over) + pass(지나다, 넘어가다)
- ~을 넘어가다 → ~을 넘다(초월하다)

compass[kʌ́mpəs] 나침반, 포착하다
- 바늘 두 개가 함께 지나는 것 → 나침반, 제도용 컴퍼스 → 주위를 돌다 → 포착하다(이해하다)

pastime[pǽstàim] 기분 전환
- time이 pass하게 하는 어떤 것 → 기분 전환(오락, 소일거리)

pass 지나다

motive [móutiv] 동기, 주제
- mot(motor) + ive(명, 형 접미사)
- 움직임의 원인, 움직이게 하는 원인 → 동기,(예술 작품의) 주제(제재)

mob [mab] 군중, 오합지졸
- 명령 없이 자기 마음대로 움직이는 사람들의 무리 → 오합지졸(폭도, 군중), 대중(민중, 하층민), 악인의 무리 → 떼를 지어 습격(야유)하다
- 비교 mop 자루걸레

promote [prəmout] 승진하다
- pro(앞으로) + mote(움직이다)

emotion [imóuʃən] 감정
- e(ex: 밖으로) + mo(move) + tion(명사 접미사)
- 밖으로 움직여 나오는 것 → 감동(감격, 흥분), 감정

motor는 move하게 하는 것

remote [rimóut] 멀리까지 미치다
- move back or away → 먼(인가에서 떨어진) → (영향력 따위를) 멀리까지 미치다
- 예 remote control

remove [rimúːv] 제거하다
- move back or away → 옮기다(이전시키다), 제거하다

recite 암송하다
- 다시(re) 소환하다(cite) → 암송하다(음창하다)

excite 흥분시키다
- 밖으로(ex) 움직이게 하다(cite) → 흥분시키다, 자극하다

cinema 영화
- ci(move) + nema
- movement → motion picture → 영화관, 영화
- cite(ci의 변형): 움직이게 하다(깨우다) → 소환하다, 인용하다

incite 선동하다
- 안으로(안에서) 움직이게 하다 → 선동(자극, 조장)하다

065
CAR & CURrent

car(carros) / cur(car)

Anchoring Ideas

car라는 단어를 모르는 사람은 없겠지만, **car**의 어원이 켈트족의 전차 **carros**라는 것을 아는 사람은 거의 없을 것이다. 도로에는 어느 나라든지 car가 가득한데 어원으로만 따진다면 도로마다 전차가 가득한 셈이다. 이 켈트족의 전차 carros에서 나온 car[kɑːr]가 단어 charge, carry 등의 어원이라는 것을 알게 될 때 이런 단어들의 복잡한 뜻은 자연스럽게 이해된다. 위의 그림에서 1907년에 생산된 Rolls Royce Silver Ghost 2라는 car와 켈트족의 전차는 모양이 비슷하다. 끄는 말이 엔진으로 대치되었을 뿐이지 이 car의 모습은 전차의 모습과 비슷하다.

chariot의 cha는 차(car)이다. charge(짐, 짐을 싣다)의 원래 핵심 뜻은 'car(차)에 짐을 싣다'이다. car에 '짐을 싣는' 것도 charge이고 car에 실린 '짐'도 charge이다. 화기에 탄알을 장전하는 것도 탄알을 짐처럼 화기에 싣는 것이기 때문에 charge라고 한다. 휴대폰 같은 기기에 전기를 충전하는 것도 charge를 사용해 표현한다. 휴대폰을 충전하는 것은 전기를 폰에 싣는(charge) 것이다.

current(흐름, 흐르는)의 **cur**는 **car**의 변형이다. 차가 달리는(running) 것처럼 '흐르는 것'은 모두 current이다. 모든 종류의 흐름 즉 해류, 조류, 기류, 전류가 모두 current로 표현되는 것이다. '흐르는'이 발전하여 형용사로 사용되면 '현행의(현재의)'라는 뜻을 갖게 되는 것이다.

Fun Word Story

커리어(career)와 리어카(rear car)는 똑같은 어원을 가지고 있는 car와 rear의 조합으로 이루어진 단어이다. 순서만 바뀌었을 뿐인데 뜻은 완전히 다르다. rear car는 '뒤에(rear) 있는 차(car)'고 career는 '차(car) 뒤에(reer) 있는 자국 → 경력'이다.

career의 문자적인 뜻은 'carros(켈트족 전차)가 지나간 길, chariot(전차)가 지나간 자국'이다. 줄리어스 시저가 chariot를 타고 지나간 길, 적을 정복한 그 길, 그 역사가 줄리어스 시저의 career이다. 오늘날 우리 식으로 말하면 career는 'car가 지나간 길, 차가 지나간 자국'이다. 예를 들어 반기문은 외무부, 인도, 미국대사관, 청와대, 국제연합 등의 근무지를 거쳐 현 UN 사무총장이 되었는데 그의 차바퀴 자국은 이곳에 가장 많이 나 있을 것이다. 차바퀴 자국이 그 사람의 경력인 셈이다. 여기서 의미가 파생되어 '경력, 이력, 생애'라는 뜻으로 사용된다.

chariot[tʃǽriət] 전차
- char(car) + iot → carros = chariot = car

cargo[káːrgou] 뱃짐
- 차에 싣는 짐 → 뱃짐
- ☞ charge와 cargo는 원래 동의어 (charge → carge → cargo)이다. charge는 프랑스 말에서, cargo는 스페인 말에서 유래하였다. 해양국인 스페인 말에서 온 cargo는 '뱃짐'의 뜻이다.

charge[tʃάːrdʒ] 짐을 싣다
- 전차나 car에 짐을 싣다
  → 짐, 짐을 싣다

discharge[distʃάːrdʒ] 짐을 내리다, 부리다
- dis(두 길 → apart, not, opposite) + charge(짐, 짐을 싣다)

car는 켈트족의 전차
carros

overcharge[òuvərtʃάːrdʒ] 너무 많이 짐을 싣다

carry[kǽri] 운반하다
- 마차(차)로 나르다 → 운반(하다)

career[kəríər] 경력
- ca(car) + reer(rear: 뒤, 뒷면)
- 차의 뒷면 → 전차의 바퀴자국 → 경력(이력, 생애)

carriage[kǽridʒ] 운반, 몸가짐
- carry + age(명사형 접미사)
- 나르는 행동(수단) → 운반(운반하는 것, 탈것), 몸가짐

current(흐름)의 cur는 car

excursion [ıksk3:r3n] 소풍
- (고어) 출격, 습격 → 소풍, 수학여행

current [kə́:rənt] 흐름, 현재의
- car처럼 달리는 것 → 흐름(해류, 조류등), 경향(풍조) → 현행의(현재의)

curriculum [kəríkjələm] 교육과정
- a running course → 교육과정(이수 과정)

occur [əkə́:r] 일어나다
- ob(in the way, against) + cur(car: 달리다)
- running course에 대항하여 서 있다 → 나타나다, (사건 따위가) 일어나다(생기다), (머리에) 떠오르다

coarse [kɔ:rs] 조잡한
- 진로에 있는(늘 입고 있던) → 천 따위가 거친(조잡한)

course [kɔ:rs] 진로
- car가 달리는 길(방향) → 진로(행로), 물길

discourse [dískɔ:rś] 긴 이야기
- dis(apart → about) + cour(car, run) + se
- a running about → 긴 이야기(담화), 강연(설교, 논문)

066
PORT & FLOW

port(나르다, 항구) / flow(흐르다)

Anchoring Ideas

port는 '항구(항구도시)'라는 뜻이지만 본래 뜻은 '나르다'이다. ferry 와도 어원이 무관하지 않다. port에 -er를 붙이면 '물건을 나르는 사람' 도 되고 '문지기'도 된다. '물건을 나르는 사람'이란 뜻의 porter는 port의 본래의 뜻 '나르다' 에 -er이 붙은 것이고, '문지기'라는 뜻의 porter는 '사람이나 물건이 들어가고 나 오는 곳인 입구인 문'이라는 의미에 -er 이 붙은 것이다.

support의 문자 그대로의 뜻은 '아래에서 위로 떠받 쳐서(sub) 나르다(port)'이다. '지탱하다, 지원하다, 지 지하다, 힘을 돋우다' 등의 의미로 사용된다. 그림에 서 사람을 업고 나르는 모습이 support의 어원에 따 른 정확한 뜻이다.

influence[ínflu:əns]는 〈in + flue(flow) + ence(명사 접미사)〉로 구성된 단어로 본래 점성술 용어로 사용되었다. **influence**의 본래 뜻은 '별로부터 영기가 사람 안으로 흘러(flow) 들어 오는(in) 것'이다. 뜻은 '영향(력), 감화(력)'이다. 동사로 사용되면 '~에 게 영향을 미치다, (사람·행동 등을) 좌우하다'이다.

influence의 flue가 'flow(흐르다)'라는 것을 파악하는 것이 이 단어를 이해하는 핵심이다. flow(흐르다)를 어근으로 하는 단어는 fluent, fluid, flood, fly 등이 있다.

Fun Word Story

vehicle(수송 수단, 탈것, 전달수단)의 vehi는 weigh이다. weigh(무게를 재다)는 본래 'lift(들어 올리다), carry(나르다)'의 뜻이다. 그러므로 vehicle의 본래 뜻은 '나르는 것'이다.

- Language is the <u>vehicle</u> of thought.
  언어는 사상의 전달 수단이다.

wagon[wǽgən](짐마차, 화물기차)도 같은 어원이다.

19개국에서 출판되는 패션 잡지 Vogue[voug]도 weigh와 어원이 같은 단어로, 어떤 스타일이 좋은지 무게를 재 보면 결국 유행을 따른다는 뜻에서 '유행, 유행하는'이라는 뜻이 되었다. vogue와 자형과 발음이 비슷한 vague[veig](어렴풋한, 애매한)는 weigh와 상관이 없고 vacant(공허한, 빈) 계열에 가깝다.

baritone[bǽrətòun](중후한 음색)의 bari는 'heavy(무거운, 중후한)'이다. baritone은 남성 목소리의 종류 중 하나로 테너와 베이스의 중간 목소리를 말한다. barometer[bərámitər](기압계)의 baro는 bari의 변형이다. baritone은 '중후한 tone', barometer(기압계, 표준)는 '중후한 정도를 재는 것'이다.

port는
나르다 → 항구

port[pɔːrt] 항구
- (물건이나 사람을 이곳, 저곳으로 나르는 곳) → 입구(관문) → 항구(항구도시)

porter[pɔ́ːrtə] 물건 나르는 사람
- port + er(행위자)

portable[pɔ́ːrtəbəl] 운반할 수 있는
- 나를 수 있는 → 운반할 수 있는

export[ikspɔ́ːrt] 수출
- 항구(port) 밖으로 나가는 것(ex) → 수출(품) → 수출하다

transport[trænspɔ́ːrt] 옮기다
- 가로질러(trans) 나르다(port) → 다른 장소로 옮기다, 추방하다

report[ripɔ́ːrt] 보고하다
- 뒤로(근원에게로) 나르다 → (연구·조사 등을) 보고하다

support[səpɔ́ːrt] 지탱하다
- 아래에서 위로 떠받쳐서(sub) 나르다(port) → 지탱하다(지원하다, 지지하다)

opportunity[ɑ̀pərtjúːnəti] 기회
- 항구를 향하여 바람이 부는 것 → 기회(행운)

fortune 운
- 우연히 항구로 바람이 부는? → 운(우연, 운명), 많은 돈(부)
- ☞ opportune의 portune와 fortune는 스펠 하나 차이, 어원은 다름

opportune 적절한
- 그 당시의 사정에 알맞은 → 적절한

flow 흐르다

fluent [flú:ənt] 유창한, 부드러운
- 물이 흐르는 듯한 → 유창한, (움직임 따위가) 부드러운

fluid [flu:id] 유동체의
- 흐르는 (것) → 유동체(의)

influence [ínflu:əns] 영향
- 별로부터 영기가 흘러 들어오는 것 → 영향(력), 감화(력)
- 참고 influenza 인플루엔자, 독감

fluctuation [flʌ̀ktʃuéiʃən] 파동, 변동

superfluous [su:pə́:rfluəs] 여분의
- super(above) + flu(flow) + ous(형용사형 접미사)
- 위로 흐르는 → 물이나 곡식이 남으면 위로 흐른다 → 남는(여분의)

flood [flʌd] 홍수
- 물의 흐름 → 홍수

fleet [fli:t] 함대
- 떠 있는 것 → 선대(배들), 함대
- 떠내려가다 → 어느덧 지나가다

float [flout] 뜨다
- 뜨다, 띄우다 → 뜨는 것

Part 4

사물의 상태, 움직임, 조작

067 PLYwood

ply(접다, 포개다)

Anchoring Ideas

plywood(합판)의 문자적인 뜻은 '포개진 목재'라는 뜻이다. 그림을 보면 나무판이 5겹으로 포개져 있다. 판 5개가 합해져 있다. 그래서 우리말로는 합판이라고 한다. **plywood의 ply**는 '접다, 포개다'라는 것을 기억하자.

duplicate[djúːpləkit]은 〈du(duo, duet, dual, two: 두 개, 두 쌍) + pli(plywood의 ply: 접다, 포개다) + cate(명, 동, 형 접미사)〉로 구성된 단어이다. 뜻은 '두 번 접다 → ① 두 배로 하다 → ② (증서 따위를) 두 통 만들다 → ③ 복사하다'이다.

참고로 doubt(의심, 의심하다)는 duo, duet, dual, two와 같은 어원을 가진 단어이다. indubitable[indjúːbətəbəl]은 '의심할 여지가 없는, 명백한'의 뜻이다.

multiply의 원래 핵심 뜻은 '많이 접다'이다. multi는 many이다. 종이를 접고, 또 접는 것은 배가하는 것이다. A4용지를 한 번 접어 보라. 한 번 접으면 2면, 2번 접으면 4면, 3번 접으면 8면, 4번 접으면 16면이 나온다. 계속 배가되는 것을 알 수 있다. 그러므로 **multiply**는 '배가하다'이다. 또한 '배가하는 것'은 증가시키는 것이므로 '증가시키다, 번식시키다'가 된다.

display는 〈dis(apart) + play(ply: 접다, 포개다)〉로 '겹쳐 놓은 것을 떨어지게 하다'라는 뜻이다. 본래는 '배의 돛이나 국기를 접었다가 다시 펴는 것'을 뜻하는 단어였다. 돛을 접으면(ply) 보이지 않고 접은 (ply) 것을 떨어뜨려서(dis) 펴면(display) 보이므로 '보이다, 진열하다'가 된다.

Fun Word Story

applaud(박수 갈채하다)의 **plaud**는 '박수, 갈채'라는 뜻이다. 갈채는 '외침이나 박수 따위로 찬양이나 환영의 뜻을 나타내는 것'이다. plywood(포갠 나무, 합판)와 plaud의 발음에 유사성에 착안하여 'plywood처럼 손을 포개며 plaud하다'라고 생각할 수도 있다. plaud는 palm[pɑːm](손바닥, 야자나무)와 관련하여 기억해도 좋다.

explode[iksplóud]의 문자 그대로의 뜻은 '박수하여 몰아내다'인데 '극장에서 폭력이나 시끄러운 소리로 배우를 무대에서 몰아내다'라는 뜻으로 사용되던 단어였다. explode는 ex(밖으로)에 더 강조점이 있는 단어이다. 그래서 뜻은 '(학설·신념·미신 등을) 타파하다, 폭발시키다(폭발하다)'가 된다. 무대에 선 배우를 몰아내던 폭력과 시끄러운 소리가 '폭발음'으로 의미가 확대된 것이다. 명사는 **explosion**(폭발)이다. **plausible**[plɔ́ːzəbəl]의 문자적인 뜻은 '박수 치고 싶은'이고 뜻은 '(이유·구실 따위가) 그럴듯한(말을 하는), 정말 같은'이다.

duplicate[djúːpləkit] 복사하다
- du(duo, duet, two, 두 개) + pli(접다) + cate(명, 동, 형 접미사)
- 두 번 접다 → 두 배로 하다, (증서 따위를) 두 통 만들다, 복사하다

complicate[kɑ́mplikèit]
복잡하게 만들다
- 함께(com) 포개다(ply) → 복잡하게 만들다

multiply[mʌ́ltəplài] 배가하다
- multi(many) + ply(접다, 포개다)
- 많이 접다 → 배가하다, 번식시키다(증가시키다)

multiple 다수의
- multi(many, much) + ple(plus)
- 많이 더한 → 다수의(다양한), 복합의 → 배수
- triple: tri(three) + ple(plus) → 세 부분으로 된, 세 겹의(3배의)
- trifle 하찮은 것, 소량(조금) → 소홀히 다루다
- Tip triple(세 배)이 아니라 trifle(조금)도 못준다?

multitude 다수(군중)

apply[əplái] 적용하다
- ~에게(ap: ad) 접다(ply) → 적용하다(응용하다), 헌신하다

imply[implái] 함축하다
- 안에, 싸다(ply) → 함축하다 (암시하다)

implication 함축, 관계

employ[emplɔ́i] 고용하다

- 안으로(en) 싸다(ploy) → 쓰다(사용하다), 고용하다
- imply & employ: 원래 같은 뜻
- Tip employ의 o가 연필을 손으로 감싼 모양

complex[kəmpléks] 컴플렉스

- 함께(com) 접은(plex) 것 → 복합체(합성물), 복합 빌딩, 콤플렉스(복합 관념 → 강박관념, 열등감, 욕구불만)

참고: 오이디푸스 complex는 아들이 어머니를 독차지하고자 하는 욕망에 근거하여 아버지에게 질투를 느끼는 복합적인 감정

perplex[pərpléks] 복잡하게 하다

- 완전히(per) 접다(뒤얽히게 하다) → 복잡케 하다, 당혹케 하다

puzzle 당혹, 난제

- perplex의 변형 → 난문(난제, 퍼즐), 당혹(곤혹) → 당혹케 하다

plywood의 ply(접다, 포개다)

display[displéi] 진열하다

- 돛이나 국기를 접었다가 다시 펴다(dis: apart) → 보이다(진열하다)

diplomacy[diplóuməsi] 외교

- diploma(두 번 접은 문서 → 공문서) + cy
- 공문서에 의해 이루어지는 것 → 외교(술)

exploit[iksplɔ́it] 공적

- unfold(펼치다) → 채굴(개발)하다, 이용하다 → 드러난 일 → 공적(위업)

068 TENt

ten(stretch)

Anchoring Ideas

tent는 '늘인 것, 장대 위에 펼쳐진 것'이 본래 의미이다. tent의 ten이 'stretch(뻗치다, 늘이다)'라는 것을 기억하자.

tension은 '펼친 것, 팽팽하게 당긴 것'이 문자적인 뜻이다. '팽팽함, 긴장, 팽팽하게 하다, 긴장시키다'라는 의미로 사용된다.

- <u>Tension</u> is mounting as preparations for Archery World Cup.
  궁술 월드컵을 위한 준비로 긴장이 고조되고 있다.

contend의 원래 핵심 뜻은 '함께 손을 뻗쳐서 잡다'이고 뜻은 '다투다(경쟁하다), 논쟁하다'이다. 농구선수들이 함께 손을 뻗쳐서(tendere "to stretch") 공을 서로 뺏으려고 다투고, 경쟁하고, 싸우는(contend) 모습이 contend이다.

Fun Word Story

nuance[njúːaːns]는 '(말의 뜻, 감정 등의) 미묘한 차이'를 의미한다. 그러면 다음 짝 단어들의 뉘앙스를 살펴보자.

intense와 intensive는 의미가 상당히 비슷하다. 그러나 intense는 내적 성질이나 조건으로부터 나오는 감정을 묘사할 때 주로 사용하고, intensive는 외적인 정도나 힘, 행동의 묘사에 주로 사용된다. 다음의 예를 보면 좀 더 쉽게 알 수 있다.
- <u>intense</u> pleasure, <u>intense</u> dislike
- <u>intensive</u> bombing, <u>intensive</u> marketing

intent와 intention은 종종 서로 교환해서 사용할 수 있다.
- That's not my <u>intent/intention</u>.

그러나 intention은 사람이 마음 안에서 하려고 하는 것(의도)을 묘사할 때 주로 사용한다.
- with <u>intent</u> to marry 결혼할 목적으로
- I have no <u>intention</u> of going to the wedding.
  나는 결혼식에 가려는 뜻이 없다.
- <u>intention</u> to buy the organic food 유기농 식품을 사려는 의도

extension은 extend의 직접적 명사형이라 extend의 뜻을 모두 포함한다. 그러나 extent는 extend의 명사형이면서 주로 광활한 지역, 정도(범위, 한계)를 가리키는 뜻으로 사용된다. extent가 주로 영국사에서 토지의 넓이(광활한 정도)를 재어 그 토지의 가치를 평가하는 데 사용되던 단어라는 것을 기억하면 두 단어의 미묘한 차이를 이해할 수 있을 것이다.

intense [inténs] 격렬한

- 극도로(in. 강조) 당겨서 터질 것 같은 → 강렬한 → (빛·온도 등이) 격렬한
- 명 intensity 강렬, 격렬
- 명 intension ① 세기(강도) ② 긴장, 집중, 결의의 단단함
- 형 intensive 집중적인, 강한

attend [əténd] 주의 집중하다, 출석하다

- ~에게 뻗치다(at, ad) → 신경을 ~에게 뻗치다 → ① 주의 집중하다 ② 돌보다 ③ 돌보는 자로서 함께 가다 ④ 출석하다
- ☞ 엄마는 자기 자녀에게 온통 주의 집중하고 돌보고, 돌보는 자로서 함께 가고 머문다. 늘 자녀와 함께 있다
- 명 attention 주의(력), 돌봄
- 명 attendance 돌봄(간호), 출석(자)(수)

tension [ténʃ-ən] 긴장

- 팽팽함(긴장) → 팽팽하게 하다(긴장시키다)

extend [iksténd] 뻗다

- 밖으로(ex) 뻗치다(stretch out) → ① (손·발 따위를) 뻗다 ② 확장하다
- 명 extent 광활한 지역, 넓이, 정도
- 명 extension 연장, 증축

ten(t)은 펼친 것

standard 표준

- extend의 변형 → 자를 밖으로 펼치다(tend) → ① 표준(기준) ② 규범(모범)
- stand + ard(hard의 변형) → 견고하게 서다 → (국왕, 군대 등의) 깃발(기차)

tend [tend] 경향이 있다. 돌보다

- attend의 줄임: 주의 집중하다 → 돌보다(→ 가축 등을 지키다)
- 뻗치다 → 경향(어떤 방향으로 기울어지는 것)이 있다.
- 명 tendency 뻗치는 것 → 경향

tender [téndə:r] 부드러운, 제출하다

- 신경을 뻗치는 사람 → ① 돌보는 사람(bartender, a baby tender) ② 돌보는 배(부속선, 거룻배)
- 매우 많이 뻗친(늘어뜨린) → ① 손상되기 쉬운 ② 부드러운 ③ 애정이 가득한, 부드럽게 하다, 다정하게(Love me tender)
- 뻗치다 → 제출(하다)

pretend [priténd] 가장하다

- 앞에 펼치다(공작이 구혼하기 위해 암컷 앞에서 펼치는 것처럼) → 구혼하다(고어) → ~인 체하다(가장하다)
- ☞ 구혼할 때는 자신의 최고의 모습을 보여주기 위해 많이 가장한다.
- 명 pretense ① 허영(자랑해 보임) ② 겉치레(가면) ③ 구실(핑계)

intend [inténd] 의도하다

- ~ 안으로 뻗치다(~ 안으로 마음을 향하게 하다) → 의도하다(~하려고 하다)
- 명 intention 의도, 의지, 목적
- intent 명 의도(의지, 의향, 목적, 계획) 형 (시선·주의 따위가) 집중된(전념하고 있는)

contend [kənténd] 다투다

- 함께(con) 손을 뻗쳐서 잡다 → 다투다(경쟁하다), 논쟁하다
- 명 contention 다툼, 논쟁
- 참고 detention 구금, 감금

content [kəntént] 만족하는, 내용

- 잡아서 함께 가지고 있는 → 만족하는 → 만족시키다 → 만족
- 손을 뻗쳐서 잡음 → 내용(알맹이)
- 명 contentment 손을 뻗쳐서 잡음 → 만족(하기)

continent [kántənənt] 대륙

- continuous land → 대륙(육지)
- ☞ 섬은 끊어지는 땅이지만 대륙은 끊어지지 않는 땅이다.

tone [toun] 어조

- 기타 줄 등을 뻗친 정도 → 음조(음색), 어조
- intone ⟨in + tone⟩ 음색을 내다, 노래하다
- intonation 억양

continue [kəntínju:] 계속하다

- 함께(con) 뻗치다 → 함께 연결하다 → 연장하다, 계속하다

069 STREtch

stre(단단하게 잡아당기다)

Anchoring Ideas

stretch는 '뻗치다, 펴다, 늘이다'라는 뜻이다. 스트레칭(stretching)은 신체 부위의 근육이나 건, 인대 등을 늘여 주는 운동이다. stretch의 stre는 '단단하게 잡아당기다'라는 뜻이다.

Fun Word Story

1. Dash

dash는 '돌진(질주), 충돌, 때려 부숨'으로 뜻을 정리할 수 있다. 동사로도 사용된다. 사람이 유리문을 향하여 유리가 없는 줄 알고 돌진하여 충돌하고 유리문이 산산조각 나는 모습을 상상하면 기억하기가 좋다. 유리가 산산이 부서지면 그것을 온통 뒤집어쓰니까 dash는 '물 따위를 끼얹다'라는 뜻으로도 사용된다. dash는 to beat, strike가 본래 뜻인데, '돌진(질주)'이라는 뜻으로 더 많이 사용된다고 생각하면 좋다.

dash, rush, hasten, hurry는 '돌진하다'라는 뜻의 동의어이다. rash, hasty는 '급한, 경솔한'이라는 뜻의 동의어이다. crash와 clash는 발음도 비슷하고 의미도 '충돌하는 소리, 충돌, 충돌하다'로 비슷하다. trash(부러진 부스러기, 쓰레기)와 rubbish(쓰레기, 폐물)도 의미가 비숱한 단어들이다. litter[lítər]도 '주로 공공장소의 쓰레기'란 뜻이 있는데, '짐승의 깔짚'이 본래 뜻이어서, '들것, 침상 가마'라는 뜻으로도 사용된다. 부피단위인 liter[líːtər]와 혼돈하면 안 된다.

2. Snap

사진에서 개가 공을 덥석 물려고 하고 있다. 이 그림이 snap[snæp]의 뜻을 정확히 설명하고 있다. snap[snæp]의 핵심 뜻은 '덥석 물다'이다. 공을 물면 '딱!' 하고 소리가 난다. 그래서 snap은 '딱 소리를 내다 → (권총 따위를) 쏘다, 찰칵하며 사진을 찍다'라는 뜻으로 확장된다. snap이 명사로 사용되면 '덥석 물기(잡기), 휙 하는 소리, 스냅 사진'이라는 뜻이다. '선잠, 낮잠'이란 뜻의 nap[næp]과는 어원이 다르다.

snapshot[-ʃɑːt]은 '재빠르게 순간적인 장면을 촬영하는 것으로 자연스러운 동작이나 표정을 잡을 수 있는 사진'을 말한다. snapshot은 본래 목표물을 조준하지 않고 빠르게 총을 쏘는 것을 의미했다. shot[ʃɑt / ʃɔt](발포, 탄환 → 술의 한잔)은 shoot[ʃuːt](쏘다, 발사하다)의 명사형이다. shot이 '촬영'이라는 뜻으로 확대된 이유는 발사와 촬영이 모두 (빛이) 번쩍 하고 빛나기 때문일 것이다.

snack[snæk]은 ① 한 입 → ② 맛(풍미) → ③ (황급히 서두르는) 가벼운 식사이다. snack도 a bite of dog가 본래 뜻이다. 스낵바는 '샌드위치와 같은 간단한 식사 거리를 파는 곳'을 말한다.

snatch[snætʃ]도 snap에서 파생된 단어로 '잡아챔(날치기, 강탈, 한바탕), 잡아채다'라는 뜻이다. 〈Snatch〉라는 영화도 있었다. 거대한 다이아몬드를 snatch하고 패거리들이 서로 그 다이아몬드를 또 snatch하려고 하면서 얽히고설키는 영화다.

stretch의 stre는 단단하게 잡아당기다

stretch[stretʃ] 뻗치다, 긴장시키다
- ① 뻗치다(펴다, 늘이다) → ② (신경 등을) 극도로 긴장시키다

string[striŋ] 끈, 악기의 현
- 잡아당기는 것 → (고어) 힘줄 → 끈(줄, 실), 악기의 현, 끈으로 꿴 것

strait[streit] 해협, 곤란
- 단단하게 잡아 당겨진 (것) → (고어) 좁은(답답한, tight) → 해협, 곤란(궁핍)

stress[stres] 압박, 강세, 시련
- 단단하게 당김(조임) → ① 분투(모진 시련) ② 압박, 압박하다 ③ 강세, 강세를 두다
- ☞ Chinese foot binding에 의해 발이 단단하게 조여짐으로 받았을 압박과 시련을 생각하면 stress의 뜻을 이해할 수 있다.

distress[distrés] 비탄, 자만
- 단단하게 잡아 당겨서 멀리(dis) 두는 것(좋지 않은 상태에 두는 것) → ① 압류(물), (배·비행기의) 조난 ② 재난(고난) ③ 비탄(고민)

strain¹ [strein] 팽팽함, 잡아당기다
- 팽팽함(긴장), 팽팽하게 당겨서 생긴 상처 → 잡아당기다(긴장시키다)

strain²
- straw의 변형: 씨를 흩다 → 종족(혈통), 유전질, 변종

restrain [ristréin] 저지하다
- 뒤로 단단하게 잡아당기다 → 저지(제지)하다, (감정 등을) 억제하다
- refrain 고삐로 뒤로 당기다 → 억제하다 → 삼가다

restraint 제지, 금지, 속박

district [dístrikt] 지역, 지방
- dis(apart, not, opposite) + stri(stretch: 단단하게 잡아당기다) + ct
- 단단하게 잡아 당겨 묶어서 따로 두어진 곳 → 지역, 지방
- ☞ district의 strict는 '옷 등이 tight하다'는 뜻에서 '엄한, 엄밀한'의 뜻이 확대되었으므로 district는 몸을 감싸는 옷처럼 어떤 지역을 엄밀히 보호하여 '범죄자들로부터 격리시킨 지역'이 본래의 뜻이었다. 여기서 확대되어 '관할 지역 → 지방'의 뜻을 가지게 되었다.

strict [strikt] 엄격한
- 단단하게 잡아 당겨진 → (고어) tight(옷 따위가 꽉 죄는) → 엄격한(엄밀한)

restrict [ristríkt] 제한하다
- re(again, back, against) + stri(stretch: 단단하게 잡아당기다) + ct
- 뒤로 단단하게 잡아당기다 → 제한하다(한정하다) → 금지하다(제지하다)

straight [streit] 곧음, 직선
- 잡아 당겨진 것(뻗쳐진 것) → 곧음(일직선) → 곧은 → 곧장, 일직선으로

restriction 제한, 구속

070
RUPTure & nutCRACKer

rupt(break) / crack(호두 깨지는 소리)

Anchoring Ideas

rupture는 〈rupt(break: 부수다) + ure(명사형 접미사)〉로 구성된 단어로, '파열(파괴), 결렬(불화), 파열하다, 찢다'라는 뜻이다. **rupture**의 **rupt**와 **break**는 발음이 비슷하고 뜻이 같다.

nutcracker(호두까기)의 **crack**은 호두가 깨뜨려지는 소리이다. cracker의 문자적인 뜻은 '크랙! 하고 소리를 내게 하며 깨뜨리는 것'이고 뜻은 '파쇄기, 호두 까는 도구, 크래커(얇고 바삭바삭한 비스킷)'이다.

크래커는 깨물 때 '바삭' 하고 부서지는 소리가 특징이다. 우리는 크래커를 깨물 때 그 소리가 '바삭, 바삭'으로 들리지만, 외국인들에게는 '크랙!'으로 들린다. 차이콥스키의 호두까기 인형(nutcracker)은 우리에게 매우 익숙하다. nutcracker에 의해 호두가 부서질 때 나는 소리도 '크랙!'이라고 들린다. crush, squash, rescue는 모두 cracker와 관계가 있는 단어이다.

Fun Word Story

nurse[nə:rs](간호사)는 본래 '유모'라는 뜻이다. 옛날에 상류사회에서는 산모가 젖을 직접 먹이지 않았으며 nurse(유모)를 들여 젖을 먹이고 아기의 보육까지도 맡겼다. nurse[nə́:rs](유모, 간호사, 아이 보다, 간호하다)는 '젖을 먹이는 자(유모)'가 본래 뜻이다.

nourish[nə́:riʃ]는 '자양분을 주다, 육성하다'이다. nutrition[nju:tríʃ-ən]은 〈nutri(nurse의 변형: 젖을 먹이는 자) + tion〉로 구성된 단어로 문자적인 뜻은 'nourishing의 과정'이다. 뜻은 영양공급(섭취) → 음식물, 자양물(nourishment)'이다.

- Proper <u>nutrition</u> and exercise are vital to your health.
  합당한 영양섭취와 운동은 건강에 지극히 중요하다.

foster[fɔ́stə:r](양육하다, 육성하다)는 'food을 주다'가 본래 뜻이다.

우리의 근원인 mother에서 유래한 단어들로는 matter[mǽtə:r](어떤 것이 만들어진 본질 → 주제, 문제, 일; 물질, 실질; 내용, 재료; 중요하다), material[mətíəriəl](어떤 것이 만들어진 본질 → 재료, 물질, 물질의, 중요한), maternity[mətə́:rnəti](모성, 임산부를 위한), mammal[mǽməl](포유동물)이 있다.

route[ruːt] 도로

- 부서진 것 → 도로
- ☞ route는 rupt(break: 파열, 파쇄)에서 온 단어이다. 도로를 만들려면 많은 break가 일어나야 한다. 돌과 바위를 부수고 높은 곳은 낮게 낮은 곳은 높게 하기 위해 많은 rupt(break)가 발생해야 한다. route의 문자 그대로의 뜻은 '부서진 것'이다. 부서져서 길이 된 것이 route이다.

routine[ruːtíːn] 일상의

- 노선(길)을 따른 (것) → 판에 박힌 (일), 일상의 (일, 과정)

rupture[rʌ́ptʃəːr] 파열, 결렬

interrupt[ìntərʌ́pt] 가로막다

- 중간에 끼어들어(inter) 부수다 → 가로막다, (이야기 따위를) 중단시키다

rupture(파열)의 rupt는 break

eruption[irʌ́pʃən] 폭발

- e(ex의 변형: 밖으로) + rupt + ion
- break out → (화산의) 폭발(분출)

corrupt[kərʌ́pt] 부패한

- co(함께, 강조) + rupt
- (품성, 도덕, 매너, 행동 등이) break된 → 부도덕한, 부패한

abrupt[əbrʌ́pt] 돌연한

- 깨져서 분리 이탈하는(ab) → 돌연한(갑작스러운, 뜻밖의)
- ☞ 설거지를 할 때 컵이나 그릇이 깨져서 몇 조각으로 분리되는 것은 갑작스러운, 돌연한 일이다.

bankrupt[bǽŋkrʌpt] 파산한

- 개인의 은행이 부서진 → 파산한, 파산시키다

cracker[krǽkər] 파쇄기, 크래커
- "크랙!" 하고 소리를 내게 하며 깨뜨리는 것 → ① 파쇄기, 호두 까는 도구 ② 크래커(얇고 파삭파삭한 비스킷)

crash[kræʃ] 충돌
- ① 갑자기 나는 요란한 소리(쨍그랑·와르르) ② 충돌 ③ (비행기의) 추락 → 응급적인 → 쨍그랑하고.
- 비교) collision(충돌), collusion은 '공모, 결탁'
- 동의어 clash 충돌, 서로 부딪히는 소리

crack[kræk] 부서지다
- 날카롭고 폭발적인 소리(crack!)를 내다 → 부서지다(금 가다, 쪼개지다), (깨물어서, 움켜쥐어서) 쪼개다 → (돌연한) 날카로운 소리, 치기, 갈라진 금

crush[krʌʃ] 으깨다
- 눌러서 으깨어지는 소리 → 으깨다(눌러서 뭉개다)

crunch[krʌntʃ] 우두둑 깨물다, 우두둑 부서지는 소리

rescue[réskjuː] 구조
- re + squash → 으깨어지는 것으로부터 back → 구조하다 → 구조, 구출

nutcracker 호두까기 (깨뜨리는 것) 인형

squash[skwɑʃ] 으깨다
- s + crush → 으깨다, 억누르다 → 테니스 비슷한 구기
☞ '스쿼시(squash)'란 으스러진다는 뜻으로, 고무로 된 속빈 공이 벽에 세게 부딪쳤을 때에 으스러지는 듯한 소리가 나는 데서 비롯되어, 이것이 그대로 경기의 명칭이 되었다.

071 STRAW

straw(흩어져 있는 것들)

Anchoring Ideas

사진은 밀짚들인 straw의 모습이다. 지금은 기계로 밀을 수확하기 때문에 비교적 질서 정연하게 줄지어져 있지만 옛날에는 수확 후에 밀짚들(straw)이 온 들에 흩어져 있었다. straw의 문자 그대로의 뜻은 '흩어져 있는 것들'이란 뜻이었다. 흩어져 있는 것들에서 '밀짚, 빨대, 하찮은 것'이라는 뜻이 확장되었다.

structure[strʌ́ktʃəːr]는 〈struc(straw의 변형: 흩뿌리다 → 밀짚) + ture(명사형 접미사)〉로 구성된 단어로 '건축, 건축된 것, 구조(물)'의 뜻이다. 옛날에는 straw(밀짚, 빨대)가 좋은 건축 재료였다. 흙에 straw를 넣어 구조물을 완성하고 지붕을 straw로 덮은 것이 우리나라의 초가집이다. 요즘은 straw(밀짚) 압축 기술의 발달로, 압축된 straw(짚)로 지은 집이 벽돌로 지은 집보다 더 튼튼하다고 한다.

이집트도 초기 건축은 나일 강 연안의 점토를 갈대 묶음에 바르는 형식으로 시작하여 석조로 옮겨졌다. 전 세계 곳곳에서 straw(짚) 건축이

행해졌다. straw는 아주 좋은 건축 재료였다. 이것이 straw의 변형인 stra, stru, stro, stry 등이 '건축'이라는 의미로 사용되는 이유이다.

straw의 본래 뜻은 '흩어져 있는 것들, 건축의 재료들'이라는 것을 기억하자.

Fun Word Story

industry는 왜 서로 연관이 없어 보이는 '근면'과 '산업'이라는 뜻을 모두 가지는 것일까?

industry에서 파생된 단어인 industrious는 '근면한'이라는 뜻이고, industrial은 '산업의, 산업노동자'라는 뜻이다. industry는 〈indu(in의 변형) + stry(straw의 변형. 밀짚-건축재료)〉로 구성된 단어로, 문자 그대로의 뜻은 '안에 건축된 것(으로부터 나오는 것)'이다. 초기에 이 단어는 '성격(부지런함), 능력; 활동(직업), 기술(장치)'라는 의미로 사용되었다. 후에 산업 혁명기를 거치면서 시스템

을 가진 활동(일)을 가리키는 '산업(공업)'을 뜻하게 되었다. 그러면서도 본래의 뜻인 '근면, 연구, 저술'이라는 의미가 남아 있다.

본래 industry는 사람 안에 건축된 성격 중 '근면'을 뜻하는 단어가 근면한 '활동(일)'이 되었고 산업 혁명기를 거치면서 시스템을 가진 일인 '산업'을 가리키는 말로 확장되었다.

construction 건축, 구조

constructive 구조상의, 건설적인, 적극적인

construct[kənstrʌ́kt] 건설하다
- con(함께) + stru(straw: 밀짚) + ct
- 함께 쌓다 → 건설하다, 구성하다 → 건조물(구조물)

straw[strɔː] 밀짚
- 흩어져 있는 것들 → 밀짚(→ 빨대), 하찮은 것

destroy[distrɔ́i] 파괴하다
- de(down, completely, not, off) + stroy(straw: 건축재료)
- 건축한 것을 down하다 → 파괴하다, 죽이다
- 동의어 demolish 철거하다
  Tip 쇼핑몰(mall → mol)을 다 파괴?

straw(밀짚, 빨대)는 흩어져 있는 것들, 건축의 재료

instrument[ínstrəmənt] 도구, 악기
- (건축하는 데) 사용하는 것 → ① 도구(기구, 수단) ② (비행기·배 따위의) 계기(計器) ③ 악기

strategy[strǽtədʒi] 전략
- 흩어져 있는 군대를 지도하는 것 → 용병학(병법), 전략(작전, 책략)
- ☞ straw는 본래 '흩어져 있는 것들, 하찮은 것들'이다

astray[əstréi] 길을 잃어
- 길거리(street)를 벗어난 → 길을 잃어, 잘못하여(타락하여)
- ☞ astray의 str은 straw와 어원이 다른 street이다

instruct[instrʌ́kt] 교육하다, 지시하다
- 안에 건축하다 → 교육하다, 지시(명령)하다

instruction 교훈, 지시

structure[strʌ́ktʃəːr] 구조물
- stru(straw의 변형: 밀짚) + c + ture(명사형 접미사)
- 밀짚으로 쌓은 것 → 건축, 건축된 것 → 구조(물)

industry[índəstri] 산업, 근면
- 안에 건축된 것(으로부터 나오는 것) → 성격(부지런함), 능력 → 활동(직업), 기술 → 시스템을 가진 활동(일) → 산업(공업) →근면

industrial[indʌ́striəl] 산업의
- ① 산업의 → ② 산업에 종사하는(산업 노동자의) → ③ 산업노동자

industrious[indʌ́striəs] 근면한, 부지런한
- industry + ous

spray[spreɪ] 물보라
- 물보라, 물보라를 뿜다 ← spr (흩다, 뿌리다)
- 참고 disperse 흩뜨리다, 분산한 → spray와 어원이 약간 다르지만 의미가 비슷하므로 연결해서 기억하면 편하다.

072 PENdant

pan(넓게 펴다 → 늘이다 → 매달리다)

Anchoring Ideas

냇가에서 사금을 채취하고 있는 모습이다. 사람이 들고 있는 '바닥이 넓게 펴진 그릇'이 pan이다. pan은 사금을 고르기 위해 흙, 모래 등을 일 때 사용했다. 기억할 필요는 없겠지만, pan이 동사로 쓰이기도 하는데 대부분의 사전에서 제일 첫 번째 뜻은 '사금을 골라내기 위해 흙, 모래 등을 일다'이다. 어쨌든 여기서 한 가지만 일단 기억하자. 금을 고르기 위해 바닥이 넓게 펴진 그릇이 pan이다.

frying pan(프라이팬), pancakes(팬케이크)의 pan은 모두 '넓게 펴진'이란 뜻이다.

pan이 접두사나 접미사와 결합하면 '늘어뜨리다'의 뜻이 된다. '아래로 넓게 편 → 늘어뜨린'이 되는 것이다. 목걸이든, 귀걸이든, 샹들리에든 아래로 매달려 있는 것은 모두 펜던트이다. 목걸이(pendant)는 목에서부터 '아래로 뻗쳐(늘어져) 있는 것 → 매달려 있는 것'이다. 귀걸이(pendant)는 귀에서부터 '아래로 뻗쳐(늘어져) 있는 것 → 매달려 있는 것'이다. 샹들리에(pendant)는 천정에서 '아래로 뻗쳐(늘어져) 있는 것 → 매달려 있는 것'이다. 그러므로 pendant는 엄밀히 말하면, 귀걸이도, 목걸이도, 샹들리에도 아니다. '아래로 뻗쳐(늘어져) 있는 것'은 모두 pendant이다. pendant[péndənt]가 형용사로 사용되면 '매달린, 늘어진'의 뜻이다.

depend(의존하다)의 본래 뜻은 '아래로 매달려 있는'이다. 아래로 매달려 있는 귀걸이가 얼마나 귀에 의존하는지를 생각해 보면 왜 본래 뜻이 '아래로 매달리는'인 depend가 '의존하다'가 되는지 이해할 수 있고 이 단어의 본뜻을 뼛속까지 알게 된다.

There is a lamp depending from the cciling. 이 문장은 depend가 '의존하다'라고 기계적으로 외우고 있는 사람은 '천장에 의존하는 램프가 있다.'라고 해석할 것이다. 그러나 이 문장은 '천장에 매달려 있는 램프가 있다.'라고 해석하는 것이 맞다.

expend[ikspénd](돈이나 시간 따위를 쓰다)는 '매달아 무게를 재어 주다'가 본래 뜻이다. 천칭과 pendant의 모습이 거의 일치한다.

appendix[əpéndiks](부속물, 부록, 맹장)은 대장의 끝에 매달려 있는 것이다.

suspend [səspénd] 공중에 떠 있게 하다
- 아래에서 위로(sub) 매달다 → 공중에 떠 있게 하다
- 명 suspense 이야기가 결정되지 않고 공중에 떠 있음 → 긴장감(박진감)

pendant [péndənt] 아래로 매달려 있는 것
- 아래로 펴진 것(늘어져 있는 것) → 아래로 매달려 있는 것 (목걸이, 귀걸이, 샹들리에 등)

expend [ikspénd] 쓰다
- 매달아 무게를 재어 주다(저울에 달다) → (돈, 시간, 따위를) 쓰다
- 명 expense 지출, 비용
- 명 expenditure 지출(액), 비용
- pension 연금, 장려금, 보조금

spend 지불하다
- expend의 변형 → 돈을 지불하다 (돈을 쓰다)

pendant의 pen(d)은 넓게 펴다, 늘이다, 매달리다

expand [ikspǽnd] 팽창시키다
- 밖으로(ex) 넓게 펴다(pand) → 펴다(펼치다, 팽창시키다)

dispense [dispéns] 분배하다
- 무게를 달아(pen) 주다(dis: apart) → 분배하다, 조제하다(저울로 재어)
- 형 dispensable 분배할 수 있는, 없어도 좋은, 중요치 않은
- indispensable 없어서는 안 될(절대 필요한) → 불가결의 사람[것]

append[əpénd] 덧붙이다

- ~에(ap: ad) 매달다 → 달아매다, (표찰, 서류 등을) 덧붙이다
- 명 appendix 부가물(부록), 맹장

depend[dipénd] 의존하다

- 아래로(de) 늘어져 있다(매달리다) → 의존하다
- 형 dependent 아래로 매달린 (것) → 의존하는 (것)
- independent 독립적인

ponder[pándər] 숙고하다

- 마음 안에서 무게를 재다 → 숙고하다(깊이 생각하다)

pound[paund] 무게 단위

- pend의 변형(무게를 재다) → 무게의 단위, 화폐 단위

compensate[kámpənsèit] 보상하다

- com(함께) + pen(펴다, 늘이다, 달다, 무게를 재다) + ate(명, 동, 형 접미사)
- 무게를 재어 같게 만들다 → (손해 본 만큼 ~에게) 보상하다
- 명 compensation 보상금, 보상
- 유의어 recompense[rekmpens]: 보답(reward), 보답하다

yield

① (고어) (빌려 쓴 돈 등을) 갚다(recompense, reward) ② 양도(양보, 포기)하다 ③ (노력이) 보수를 가져오다, (땅이) 농작물을 산출하다(보수나 농작물의 산출은 일종의 되갚음) → 산출물(수확, 수확량, 농작물), (투자에 대한) 수익, 이율

☞ guilt(갚아야 하는 것 → 죄, 죄책감) : guilt는 yield의 변형. <u>죄</u>는 벌(금)으로 <u>갚아야 한다</u>.

mend & amend

어원이 같다. mend의 어원에 따른 뜻은 '결점, 흠'이다. amend는 emend의 변형으로 흠에서 벗어나다 → (말이나 말의 의미 혹은 실수나 나쁜 상황을) 바꾸다(change) → 사과하다, 보상하다 mend는 amend의 축약이지만 '고치다, 치료하다'의 뜻으로 주로 사용된다.

You can mend nets and amend the Constitution. 당신은 그물을 고치고 헌법을 바꿀 수 있다.

073
SCANdal & SHELL

scan(튀어 오르다) / shell(자른 것)

Anchoring Ideas

일전에 전 미국 대통령 클린턴과 르윈스키 간의 scandal(스캔들)로 전 세계가 시끄러웠던 적이 있다. scandal[skǽndl]은 '부정한(수치스러운) 사건, 그로 인한 창피(수치), 그 사건에 대한 세상의 분개, 악평, 비방'을 가리키는 말이다.

scandal(부정사건)의 **scan**은 '오르다, 튀어 오르다'의 뜻이다. scandal 은 어원으로는 '용수철에 의해 튀어 오르는 장치(용수철 식의 올가미, 덫)'란 뜻이다. 중세 유럽인들은 사탄이 성직자들을 타락시키기 위해 간음과 같은 부정한 일들을 하게 하려 덫을 놓는다고 생각했고 성직자들이 그 덫에 걸린 사건, 그로 인한 수치와 불명예, 그로 인한 세상의 악평이 모두 scandal이 되었다.

shell[ʃel](조개껍데기, 조가비)은 본래 '자른 것, 나누어진 것'의 뜻이다. 조개껍데기인 조가비는 두 개로 나누어져 있다. 그래서 조가비를 shell 이라고 하는 것이다. shell의 본래 뜻이 '나누어진 것'이라는 것을 알면 많은 단어를 저절로 알게 된다.

scale[skeil]은 shell의 변형이다. scale과 shell은 발음과 자형이 유사하다. scale은 '저울 접시, 저울, 비늘'이다. scale이 '저울 접시'라는 뜻을 가지게 된 이유는 저울 접시 사진을 보면 알 수 있다. 큰 조가비는 옛날에 그릇으로 사용되었고 물건을 달 때 양쪽에 똑같은 그릇을 놓고 그 위에 물건을 놓아 경중을 달았다. 그래서 scale이 '저울 접시'라는 뜻을 가지게 되었다. scale이 '비늘'이라는 뜻을 가지게 된 이유는 비늘의 모양과 조가비를 비교해 보면 알 수 있다. 비늘은 아주 작은 조가비와 모양이 비슷하다.

스케일(scale)이 크다는 말은 '규모'가 크다는 말인데 이때의 scale은 '계급(등급, 단계), 저울, 자 등의 눈금, 자(척도), 축척(비율), 규모'의 뜻으로 사용되고 어원은 scandal의 scan(오르다)이다. scale은 어원이 두 개인 복잡한 단어이다. 이런 단어의 뜻을 무조건 외우는 것은 어리석은 일이다.

slander [slǽndə:r] 비방
- scandal의 변형 → 스캔들에 대한 중상(비방) → 비방(중상)

scandal [skǽndl] 부정사건
- 용수철에 의해 튀어 오르는 장치 → 용수철식 덫에 걸린 사건 → 부정사건, 불명예, (스캔들에 대한) 세상의 분개(악평)

scan [skǽn] 훑어보다, 자세히 조사하다
- scan(오르다) → 내려보고 올려보다 → 자세히 조사하다. (신문 등을) 대충 훑어보다, 스캔하다
- ☞ 천천히 반복해서 아래 위로 보면 '자세히 보는 것'이고 신문 등을 대충 아래 위로 보면 '대충 훑어보는 것'이다.
- 참고 screening 심사, 선발
  screen 칸막이, 스크린, 체질해서 거르다

scandal의 scan(d)은
튀어 오르는 용수철식 덫
→ 부정사건

descend [disénd] 내리다
- de(down, completely, not, off) + scend
- 아래로 오르다 → 내리다(내려가다)

descendant 자손
- 내려오는 사람들 → 자손(후예)

ascend [əsénd] 오르다
- a(ad: at, to) + scend
- ~에게로 오르다 → 오르다 (올라가다)

scale¹ [skeil] 눈금, 규모
- 올라가는 것 → 계급(등급, 단계), 저울, 자 등의 눈금, 자(척도), (지도 따위의) 축척, 규모 → 오르다, 축척으로 그리다

sculpture [skʌ́lptʃəːr] 조각
- scul(scale, shell, 자르다) + p + ture(명사형 접미사)
- 자르는 행위(결과) → 조각(술), 조각 작품 → 조각하다

skyscraper [skáiskrèipəːr] 마천루
- 하늘을 자르듯이(scrap) 서 있는 것 → 고층건물(마천루)

scrap 오려낸 조각, 찌꺼기

scrutiny 정밀 검사
- 오려내서 버린 조각까지 검사 → 정밀 검사
- You expected a different critical scrutiny in the two groups.

shelf [ʃelf] 선반
- shell 모양으로 나눠진 나무로 만든 것

shell
자른 것

skill [skil] 기술
- scale, shell의 변형
- 자르는(분별하는) 능력 → 숙련(노련, 능숙함, 솜씨), 기술

scale² [skeil] 저울
- scale(← shell: 껍질, 조개껍질 ← 둘로 자른 것) → 저울접시, 저울, 비늘 → 저울로 달다, 비늘을 벗기다

equilibrium 평형상태
- equal + libra(scale) + ium

shelter [ʃéltəːr] 오두막, 피난처
- 강한 보호물(방패) → 피난 장소(은신처), (비바람을 피하는) 오두막
- 형 sheltered 보호된, 지켜진
- 유의어 cozy 아늑한
- 유의어 shield 껍데기(shell)가 조개를 보호하듯 하는 것 → 방패, 보호하다

074
CREScent & acCELErator

cres(낳다, 자라다) / cele(가속)

Anchoring Ideas

왼쪽은 crescent[krésnt]와 별이 함께 있는 투르크메니스탄의 국기 사진이다. 그믐달은 달이 제일 작아진 모습이고 초승달은 달이 새로 자라 나오는 모습이다. 달이 막 낳아지는 모습, 산출되는 모습, 새로 시작하는 모습 때문에 많은 이슬람 국가들의 국기에 crescent(초승달)가 있다. crescent의 cres는 '낳다, 산출되다, 자라다'이다. crescent는 쉬운 단어는 아니지만 기억하기가 좋고 'cres(낳다, 자라다)'와 관련 단어를 배우기 좋은 단어이다.

오른쪽 사진은 자동차의 브레이크와 accelerator(엑셀러레이터)의 모습이다. accelerator가 '(자동차의) 가속 페달'이라는 것을 모르는 사람은 없을 것이다.

accelerator(가속하는 것)의 **cele**은 '가속, 신속'이다. '오르다'라는 뜻도 있다. 'accelerator를 밟아 언덕을 신속히 오른다'로 기억하자.

Fun Word Story

auction(경매)은 물건을 두고 입찰가(낙찰 희망 가격)를 다투게 하여 가장 높은 가격을 써낸 사람에게 판매하는 방식이다.

그림은 고대 노예 auction [ɔ́:kʃən]의 모습이다. 서로 다투어 높은 가격을 제시하고 있다. auction의 auc는 '증가시키다'라는 뜻이다. auction의 문자 그대로의 뜻은 '물건에 매긴 값을 증가시킴에 의한 판매'이다.

미술 경매 사상 가장 비싸게 팔린 그림은 뭉크의 절규로 auction(경매)에서 그림 값이 증가(auc)하고 증가(auc)하고 증가(auc)하여 1억 1992만 달러(1356억 원)에 낙찰되었다.

author[ɔ́:θər]는 '증가시키는 자, 아버지'라는 뜻에서 '창조자, 저자, 저작물'이 되었다. 관련 단어들은 authority[əθɔ́:riti](창조물에 대한 권한, 권위), authorize(인가하다, 권한을 부여하다) 등이 있다.

augur[ɔ́:gər](점쟁이, 예언가)는 '의식을 통해 수확물을 증가시키는 자'가 본래 뜻이다. 파생어는 inaugurate[inɔ́:gjərèit](취임시키다 ← 예언가로 만들다)이다. 참고로 authentic[ɔ:θéntik](진짜의)은 auto(자기의)가 어원이다.

crescent(초승달)의 cres(c)는 낳다, 자라다

concrete [kɑ:ŋkri:t] 구체적인
- 함께 자란(고드름처럼) → 응고한, 유형의, 실제의

crescent [krésənt] 초승달
- cresc + ent(명, 형 접미사)
- 낳는 것(자라는 것) → 초승달

decrease [dí:kri:s, dikrí:s] 감소
- de(down, completely, not, off) + crease(cres: 낳다, 자라다)
- 아래로 자라다 → 감소하다, 감소

increase [inkrí:s] 증가
- grow into → (수·양 따위를) 늘리다, (질 따위를) 증진시키다, 증가

sincere [sinsíə:] 진실한
- sin(single: 혼자) + cere(cres: 낳다, 산출하다)
- 싱글로 생성된 → (고어) 순수한, 성실한(진실한)

create [kriéit] 창조하다
- 낳다, 산출하다 → 창조하다
- 명 creation 창조
- 명 creature 창조물, 피조물

recreation [rèkriéiʃ-ən] 오락
- 재(re)산출(creation), 재창조 → 새롭게 회복됨(기분전환, refreshment), 회복시키는 활동(오락)

recreation & creation
recreation은 본래 crescent(초승달)가 그믐달로부터 새롭게 산출되듯이 기운이나 기분, 몸 등이 새롭게 회복되는 것을 가리킨다. 이 의미는 다시 '새롭게 회복시키는 활동, 레크리에이션'의 뜻을 가지게 되었다.

recruit[rɪkruːt] 신입사원, 신병을 들이다

- re(again) + cruit(crescent의 변형)
- 새로 자라다 → 회복하다, 신병을 들이다
- 동의어 novice 신참자

celebrity[səlébrəti] 유명인, 명성

- 그 사람이 나타나면 군중이 신속히 몰려드는 사람 → 유명인, 명성

accelerate[æksélərèit] 가속하다

- ac(ad: at, to) + cele + ate (명, 동, 형 접미사)

accelerator(가속 페달)의 cele는 가속(신속)

celebration[sèləbréiʃən] 축하, 칭찬

- 군중이 신속히 몰림 → 축하, 칭찬

excel[iksél] ~보다 낫다

- ~보다(ex) 솟아오르다 → 출중(出衆)하다(무리 가운데 두드러지다), ~보다 낫다(탁월하다)
- 명 excellence 우수, 탁월성 excellency 각하
- 형 excellent 훌륭한, 탁월한

075
VAcuum & LEVER

va(진공의) / lever(지렛대)

Anchoring Ideas

vacuum(진공)의 **va**는 '진공의, 진짜 비워져 있는'의 뜻이다. vacuum의 어원은 라틴어 vacuum이다. 라틴어가 변화 없이 그대로 영어가 된 경우이다. vacuum은 'an empty space(빈 공간)'를 의미하며 '진공, 진공의'라는 뜻이다. 진공을 한자로 풀이하면 '참으로(眞) 비어 있는(空) 것'이란 뜻인데 사전적인 뜻은 물질이 전혀 존재하지 않는 공간을 의미하지만, 실제로는 이렇게 만들기가 어려우므로 1/1000㎜Hg 정   도 이하의 저압을 말한다.

공상과학 영화를 보면 우주선에 약간의 구멍만 나도 엄청난 속도로 우주선 안의 공기가 빨려 나가는 것을 볼 수 있다. 그 이유는 밖이 vacuum(진공) 상태이기 때문이다. vacuum cleaner(진공청소기)는 이러한 원리를 이용한 것이다. vacuum cleaner 안의 공기를 전부 밖으로 빼서 안쪽을 vacuum 상태로 만든다. 그러면 대기기압으로 인해 공기가 빠르게 청소기 안으로 빨려 들어가면서 이물질을 흡입한다. 이제부터 영어 단어에서 va를 보면 vacuum(진공)을 생각해야 한다.

lever는 '지레, 지레로 움직이다'라는 뜻이다. lever[lévər, líːvəːr]는 영어지만 우리말처럼 사용

되는 외래어이다. 우리는 이 레버라는 외래어를 지렛대의 의미보다 변속레버, 브레이크 레버 등의 말로 사용한다. 문의 손잡이도 레버라고 한다. lever가 [리:버:r]로도 발음된다는 것에 유의하자. lever가 [레버:r]로도 발음되고 [리:버:r]로도 발음되는 것은 다음에 공부할 lever와 관계되는 단어들을 익힐 때 중요하다.

Fun Word Story

salmon(연어 ← jump하는 자)의 sal은 jump이다. salmon[sǽmən]의 문자 그대로의 뜻은 'jump하는 자'라는 뜻이다. insult[ínsʌlt](모욕하다, 해치다)는 '~ 위에(in, on) 점프하다(날뛰다)'가 본래 뜻이다. 형용사형은 insolent[ínsələnt](버릇없는, 거만한)이다. result[rizʌ́lt](결과로서 일어나다, 끝나다, 귀착하다), assault[əsɔ́:lt](공격, 습격)도 이 계열의 단어이다. insulation[ìnsəléiʃən](격리, 고립, 절연)은 island[áilənd](고립된 것, 섬)와 어원이 같다.

vast [væst, vɑ:st] 광대한
- 아무것도 없는(텅 빈) → 광대한(거대한), 막대한(수·양·금액 등)

vacuum [vǽkjuəm] 진공(의)
- vacuum cleaner 진공 청소기

vacant [véikənt] 비어 있는
- vac(진공) + ant(명, 형 접미사)
- 진공의 → 비어 있는
- 명 vacancy 공석, 결원(=opening)

vanity [vǽnəti] 헛됨
- va + nity(명사형 접미사)
- 비어 있는 것 → 헛됨(허무, 공허)

devastate [dévəstèit] 황폐하게 하다
- 완전히(de) 파괴하여 없게 만들다(vasta → waste) → 황폐시키다

vain [vein] 헛된
- 진공의 → 비어 있는 → 헛된(보람 없는)
- ☞ vacant는 '장소가 빈'이란 뜻이고 vain은 '마음이나 삶 등이 비어 있는'이라는 뜻이다.
- wane 약해지다, 줄어들다, 감소, 쇠퇴 (vain의 변형)

vanish [vǽniʃ] 사라지다
- 진공으로 만들다 → 진공이 되어 가다 → 사라지다(없어지다, 희미해지다)

waste [weist] 낭비하다
- wa(진공, w = v) + ste
- 진공(아무것도 없는 것)으로 만들다 → ① 황폐케 하다(철저히 파괴하여 아무것도 없게, 사막처럼 만들다) ② 점차로 파괴하거나 손상을 주다 ③ 낭비하다

vacuum cleaner의 vacuum 진공

avoid [əvɔ́id] 피하다, 떠나다
- a(ex의 변형: 밖으로) + void(va: 진공)
- (폐어) 비워내다 → 어떤 장소나 사람 등을 빈 채로, 홀로 남겨 두다 → 떠나다(물러가다)
- ☞ devoid는 형용사이고 avoid는 타동사이다.
  예 He is devoid of arrow.
  She has been avoiding me.

devoid [divɔ́id] ~이 전혀 없는
- de(down(x), dis: apart, not, opposite) + void(va: 진공)
- 비워서 멀리(apart) → ~이 전혀 없는(← 화살을 멀리 보내고 빈 화살처럼)

elevator [éləvèitər] 엘리베이터
- e(ex: 밖으로) + lev + at + or
- 위로 올리는 것 → 엘리베이터(승강기)

relieve [rilíːv] 덜다
- 들어올리다 → (고통, 부담 따위를) 덜다
- 동의어 alleviate: al(ad) + lever

relief [rilíːf] 경감, 구조
- 들어올림 → ① (고통, 부담 따위의) 경감, 구조(구원) ② 돋을새김

lever는 지레

lung [lʌŋ] 폐
- lever의 변형
- the light organ(가벼운 장기) → 폐(허파)

relevant [réləvənt] 관계가 있는
- 지렛대로 들어올리는 → 소유를 취하는(남의 것을 집어 드는) → 관계가 있는(관련된, 적절한)
- 원래는 법률용어: 죽은 사람의 소유를 취하려면 그 사람의 소유를 취할 수 있는 관계를 증명해야 한다.

076 STEAK & eXTINGUish

steak(stake 위에서 구워지는 것) / xtingu(stick)

Anchoring Ideas

steak(불고기)는 'stake(← stick) 위에서 구워지는 것'이 본래 뜻이다. **stake와 steak는** 발음과 어원이 같고 뜻은 **stake는** '말뚝', **steak는** 'stake 위에서 구워지는 고기 → 불고기'이다.

stake[steik]는 '뾰족한 막대기(기둥, 말뚝)'가 본래 뜻이다. '말뚝을 박아 경계표시를 하다, 내기에 건 것(내기에 건 것을 말뚝에 걸었음), 이해관계' 등의 뜻이 있다.

attach는 at stake이다. 문자적인 뜻은 '(기둥에) 묶다'이다. 뜻은 '붙이다(달다, 부착하다)'이다.

stake가 사람을 묶어서 화형시키던 '화형주'라는 뜻이 있다는 것을 생각하면 attach(at stake)가 '기둥에 묶다'라는 뜻이라는 것을 유추해 낼 수 있다.

extinguish는 〈**ex**(밖으로) + **stingu**(stick의 변형) + **ish**(형, 동 접미사)〉로 구성된 단어이다. 문자적인 뜻은 'stick(막대기)으로 불붙은 장작을 밖으로 내다, 혹은 불붙은 stick을 밖으로 꺼내서 불을 끄다'이고 뜻

은 '불을 끄다(소화하다)'이다. extinguish 안에서 stick을 찾아내는 것이 이 단어를 이해하는 열쇠이다. 벽난로 옆에 있는 stick, poker를 생각하자. extinguish(불을 끄다)는 의미가 확대되어 '(희망·정열 따위를) 소멸시키다, (종족·가문 따위를) 절멸시키다'라는 뜻으로도 사용된다.

Fun Word Story

bar[bɑːr]는 '막대기'이다. bar는 '막대기, 장애, 카운트, 술집, 법정' 등의 뜻으로 사용되는데 이는 다 '막대기'와 관계있다. 바에는 손님들과 bartender 사이에 bar(막대기)가 있다.

바를 어원으로 하는 단어에는 barrier[bǽriər](울타리, 장벽)가 있다. 또 barren[bǽrən](불모의, 열매를 못 맺는, 애를 못 낳는)은 '막대기(장애)를 가진'이 본래 뜻이다. embarrass[imbǽrəs](당혹하게 하다)는 'bar(막대) 안에 가두다'가 문자적인 뜻이다. bachelor[bǽtʃələr](젊은 남자; 학사)는 본래 '칼이 아니라 bar(stick)로 무예를 연습하는 중세 기사의 종자(從者)'를 가리키는 말이었다. embargo[imbɑ́ːrgou](통상금지령)도 bar를 어원으로 하는 단어이지만 비슷한 자형의 단어 embark[imbɑ́ːrk](출항하다, 착수하다)는 barge(바지선, 짐배)가 어원이다. embargo와 뜻을 혼돈할 가능성이 있는 boycott[bɔ́ikɔt](보이콧, 불매동맹)은 아일랜드 언백작의 토지 관리인 이름이다. 이 사람이 소작료 인하를 거부했기 때문에 그 지역 사람들이 그를 단체적으로 따돌린 데서 유래했다.

staff [stæf] 막대기, 참모
- ① 막대기(지팡이 → 지휘봉) ② 지탱(지지) ③ 참모 ④ 부원(간부)
- ☞ stick(막대기)과 발음이 유사하고 어원과 뜻이 같다.

steak [steik] 스테이크
- stake(stick) 위에서 구워지는 것 → 스테이크(불고기)

stake [steik] 말뚝, 내기
- ① 말뚝(→ 화형주) ② 말뚝을 박아 경계표시를 하다 ③ 내기(에 건 것) ④ 이해관계

sticky [stíki] 끈적한
- stick같이 뾰족한 것으로 고정된 → 잘 움직이지 않는, 끈적한(점착성의)

detach [ditǽtʃ] 떼다
- stake(말뚝, 기둥)에서 떨어지다(de: off) → 떼다(분리하다)

attach [ətǽtʃ] 붙이다
- at stake(기둥에) 묶다 → 붙이다(달다. 부착하다)
- 명 attachment 부착(물)

steak(불고기)는 stake(←stick) 위에서 구워지는 것

stick¹ [stik] 막대기
- ① 막대기(지팡이) ② (식물을) 막대기로 받쳐주다 ③ (뾰족한 것으로) 찌르다(고정하다)

stick² 끈기
- stick로 꿰찌르면 붙어 있으니까 끈기(점착력, 점착물)

extinguish [ikstíŋgwiʃ] 불을 끄다, 소멸시키다

- ex(밖으로) + stingu(stick의 변형) + ish(형, 동 접미사)
- stick(막대기)으로 불붙은 장작으로 밖으로 내다 → ① 불을 끄다(소화시키다) ② (희망, 정열 따위를) 소멸시키다 ③ (종족, 가문 따위를) 멸절시키다

extinct [ikstíŋkt] 멸종된

- ex(밖으로) + xtinct(stick의 변형: 막대기)
- stick으로 불이 꺼지게 한 → (불이) 꺼진, 멸종된

stock [stɑːk] 재고품, 주식

- 통나무 → 자원 → 재고품, 주식, 자산

instinct [ínstiŋkt] 직감, 본능

- 안에서(in) 찌르는 것 → 직감, 본능 (natural impulse)

extinguish의 xtingu는 stick(막대기)

distinctive [distíŋktiv] 독특한, 특이한

distinct [distíŋkt] 뚜렷한, 별개의

- stick으로 떨어지게 한 → 별개의 (separate from), 뚜렷한(명백한)

distinguish [distíŋgwiʃ] 두드러지게 하다

- dis(apart, not, opposite) + stingu(stick) + ish(형, 동 접미사)
- 막대기로 분리시키다 → 구별(분류, 식별)하다 → 두드러지게 하다

sting [stɪŋ] 침, 찌르다

- stick으로 찌르다 → 침, 찌르기, 쏘기
- 형 stingy 쏘는, 가시가 있는; 인색한
- stimulus 곤충의 침 → 자극물

077 FUSE & soLUtion

fuse(녹여서 융합시키다) / lu(loose)

Anchoring Ideas

fuse(퓨즈)는 뜨거워지면 녹는 것이다. 과전류가 흐를 경우 녹아서 끊어지는 장치다. fuse[fjuːz]의 본래 어원에 따른 뜻은 '녹다(녹이다)' 이다. 쇠를 녹이면 부을 수 있으므로 '녹여 함께 부어 융합시키다' 라는 뜻도 있다. 앞으로 영단어에서 **fuse/fuze**를 보면 '녹이다 → 녹여서 붓다 → 녹여서 융합시키다'를 기억하자.

fusion[fjúːʒ-ən]의 본래 뜻은 '녹이는 것이나 녹인 것 혹은 녹여서 융합시킨 것'이다. '융해, 융해물, 연합체'라는 의미로 사용된다. 구리와 주석이 섞여서 청동이 되려면 융해되어야 한다. 융해되면 섞인다. 그래서 fusion은 '연합(체)'이라는 뜻도 있다. fusion 한복은 한복에 현대적인 감각을 융합시킨 한복, fusion 요리는 전혀 다른 형태의 요리를 섞은 것이다. 만화 드래곤볼에서 베지트는 손오공과 베지터의 fusion(합체)이다.

solution(분해, 용해, 문제 등의 해결)의 lu는 **loose**(매듭 등을 풀다)이다. solution은 〈so(se의 변형: 분리하다) + lu(loose: 풀다) + tion(명사형 접미사)〉로 구성된 단어이다. 고어에서는 '매듭 등을 풀어서 분

리하는 것'이라는 뜻으로 사용되었다. '분해(분리, 해체), 용해(용제, 용해법), (문제 등의) 해결'이라는 의미를 가진다.

loose와 lose는 어원이 같다. 소고삐가 풀리면(loose) 잃어버릴(lose) 가능성이 있다.

Fun Word Story

plumb[plʌm](연추, 수직, 수직되게 하다)은 '납'이 본래 뜻이다. 낚시의 납으로 된 추를 생각하면 된다. plumber[plʌ́mər](배관공)은 '(납으로 된) 파이프에 관계된 일에 종사하는 사람'이 본래 뜻이다. plunge[plʌndʒ](던져 넣다, 뛰어들다)는 낚시를 물에 던질 때 plumb(납으로 된 추)이 물에 빠지는 모습이나 소리를 연상시킨다.

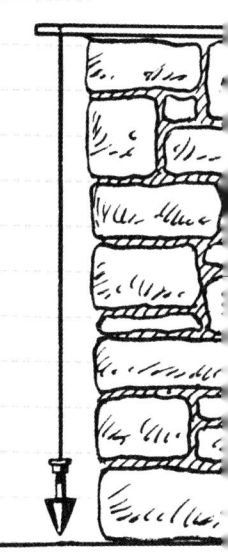

merge[məːrdʒ](합병하다)는 본래 '담그다'라는 뜻이다. 발을 물에 담그면(merge, dip) 물과 발은 합체(합병)된다.
- Three lanes of traffic all <u>merge</u> at this point.
  세 차선이 모두 이 지점에서 합체된다.
- The two parties were <u>merged</u> in the new government.
  두 정당은 한 새 정부가 되었다.

merge는 '담그다(to dip), 가라앉다(sink in, 싱크대는 '물이 가라앉는 곳, 물 버리는 곳')'임을 기억하자.

merge를 어원으로 하는 단어에는 emerge[iməːrdʒ](물속에서 나오다, 벗어나다), submerge[səbməːrdʒ](물속에 담그다, 잠수하다)가 있다. drench[drentʃ](담그다, 흠뻑 젖게 하다, 적시다)는 drink와 관련 있는 단어이다.

fuse [fjuːz] 녹이다, 융합하다
- 뜨거워지면 녹는 것 → ① 퓨즈, 도화선, 퓨즈 등을 달다 ② 녹이다 → 녹여서 붓다 → 융합하다

fusion [fjúːʒ-ən] 융해
- 녹는 것, 녹은 것, 융합한 것 → 융해(융해물), 연합(체)

confuse [kənfjúːz] 혼란시키다
- 함께(con) 녹다(붓다) → 함께 섞다 → 혼란시키다

refuse [rifjúːz] 거절하다
- re(again, back, against) + fuse
- 뒤로(되) 붓다 → 거절하다
  거절된 것(의) → 폐물(의)

diffuse [difjúːz] 흩뜨리다
- pour apart(di) → 흩뜨리다, (빛, 열 따위를) 발산하다 → 흩어진, 널리 퍼진

futile [fjúːtl, -tail] 하찮은
- fu(fuse의 변형: 녹여 붓다) + ile(명, 형 접미사)
- 부어내 버리는 → 쓸데없는(무익한), 하찮은(변변찮은)
- 비교 fertile 정자가 난자에게로 날라지는(ferry) → 다산의, 비옥한

confound [kənfáund] 혼동하다
- 녹여서 함께(con) 두다 → 뒤죽박죽으로 하다 → 혼동하다
- 비교 compound 함께 놓다 → 조합하다, 합성하다 예 compound letter

found 녹여 붓다
① fuse의 변형인 found(녹여 붓다) → confound(혼동하다)
② bottom의 뜻을 가진 foundation의 found → fundamental
③ find(발견하다)의 과거(분사)

fuse(퓨즈)는 녹는 것

funeral [fjúːnərəl] 장례식
- 사람을 부어 내버리는 (것) → 장례(의), 장례식(의)
- 어원이 fuse와는 다르다. 발음이 '부어 내라'와 비슷

fury [fjʊri] 격노, 격정
- 머리에 열이 나고 뚜껑이 열린 후 쏟아 부으라 → 격노(격분), 격정
- 어원이 fuse와는 다르다. 발음은 격노를 쏟아 '부으라'와 비슷

solution[səlúːʃ-ən] 해결
- so(se: 분리하다) + lu(loose: 풀다) + tion(명사형 접미사)
- (고어) 매듭 등을 풀어서 분리하는 것 → 분해 → 용해(용제) → 해결

absolute[金bsəlùːt] 절대적인
- ab(분리 이탈하여) + solute (solution의 변형: 분해)
- 풀어져서 분리된 → 혼합되지(섞이지) 않은 → 순수한(완전무결한) → 독재적인(자리를 누군가와 나누지 않는) → 절대적인(확실한)

resolute[rézəlùːt]
굳게 결심한, 단호한

resolve[rizɔ́lv] 풀다
- (매듭 등을) 풀다 → (문제·곤란 따위를) 풀다(용해하다), 결심하다 → 결심
- 명 resolution 해결, 분해, 결심

dissolve[dizɔ́lv] 용해시키다
- dis(apart, not, opposite) + solve (solution의 동사형: 풀다, loose)
- 풀어서 멀리 보내 버리다 → (구름, 의혹, 환영등을) 사라지게 하다, (의회, 모임, 결혼 등을) 해산(해체, 취소)하다, 분해(용해)시키다
- 명 dissolution 용해, 소멸

release[rilíːs] 해방, 방출하다
- re(again, back, against) + lease(loose: 풀다)
- 풀어 놓다, (폭탄을) 투하하다, 방출하다 → 해방, 발사

forlorn[fərlɔ́ːrn] 희망 없는, 고독한
- for(강조) + lorn(loose가 아니라 lose의 변형: 잃다)
- 완전히 잃어버린(lose) → 버려진(버림받은), 고독한(쓸쓸한), 희망 없는

solution(분해,해결)의 lu는 loose
(매듭 등을 풀다)

relax[rilǽks] 늦추다, 마음을 풀다
- re(again, back, against) + lax (loose: 풀다)
- lax 느슨한, 규율에 못 미치는

SERies & conTACT

ser(연결) / tact(접촉하다)

Anchoring Ideas

series의 **ser**는 '**join**, 연결하다'의 뜻이다. series는 본래 '서로 연결된 것 → 체인(연쇄)'이다. '연속물, 시리즈(출판물, 라디오, 영화, TV, 경기 등의)'의 뜻으로 사용된다.

영화 해리포터 series는 각각의 영화가 chain(체인, 연쇄)처럼 연결된 것이다. series의 ser는 'join, 연결하다'의 뜻이라는 것을 기억하자.

insert[insə́:rt]는 '안으로 연결(join)하다'의 원뜻에서 '삽입하다, 삽입물'이라는 뜻이 되었다. '사막(황무지), 사막의'라는 뜻을 가진 desert[dézərt]는 '연결되지 않은 곳 → 버려진 곳'이 원뜻이다.

contact는 〈con(함께) + tact(접촉하다: touch)〉로 구성된 단어로 '접촉하다(접촉시키다), 접촉(의)'의 뜻이다.

contact lens(콘택트 렌즈)는 '눈에 접촉된 렌즈'라는 뜻이다. 안경은 눈에 접촉되지 않는 렌즈이지만 contact lens(콘택트 렌즈)는 '눈에 접촉된 렌즈'이다. **contact**의 **tact**는 '접촉**(touch)**'임을 기억하자.

Fun Word Story

아마 relay(릴레이)라는 말을 들으면 이어달리기만을 떠올리는 사람이 많겠지만 relay는 훨씬 많고 재미있는 뜻을 가지고 있다. **relay[ríːlei] 는 〈re(뒤에) + lay(놓다)〉로**, 고대에 사냥감을 추적할 때, 지친 개를 신선하고 힘이 있는 개로 대체하기 위해 '뒤에 남겨 놓는 개' 또는 '뒤에 남겨 놓다'라는 뜻이다. 고대 에는 역참이 있었는데 역 참에는 역말이 있어서 지 친 말을 두고 신선한 말 을 갈아타고 여행할 수 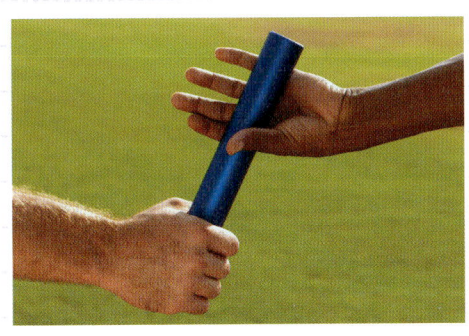 있었다. 역마다 남겨진 말이 relay이다. 신선한 말을 타기 위해 '뒤에 남 겨 두다'라는 뜻이 오늘날은 relay race로 확대되었다. relay race의 정 확한 의미는 'race(경주)를 위해 뒤에 남겨진(놓인) 사람이 있는 경기' 라는 뜻이다. 우리가 흔히 생각하듯이 '릴레이 바통을 다시(re) 다른 사 람의 손에 놓다(lay)'라는 의미는 아니었다. 관련 단어들은 delay[diléi] (늦추다, 연기하다), relic[rélik](유적, 유물 ← 고인이 뒤에 남긴 것), relish[réliʃ](맛, 풍미, 향기 ← 한 입 먹은 뒤에 남겨진 것) 등이 있다.

참고로 race[reis](경주)는 '급류'가 본래 뜻이다. '인종, 민족, 혈통'이란 뜻의 race[reis]는 어원상 아무 관계가 없지만 피의 흐름에 의한 종족이 라고 생각할 수도 있다.

series(연쇄)의 ser는 연결

series[síəri:z] 시리즈
- 연결한 것들 → 연쇄, 연속물, 시리즈(출판물, 라디오, 영화, TV, 경기 등의)

sort[sɔːrt] 종류
- 연결된 것 → 줄지어 있는 것 → 종류(부류)

assert[əsə́ːrt] 단언하다
- 특별한 관점에(ad) 자기 자신을 연결(join)시키다(걸다) → 단언하다(주장하다)
- 동 assertion 단언, 주장

insert[insə́ːrt] 삽입하다
- 안으로 연결(join)하다 → 삽입하다 → 삽입물, 삽입화면

exert[igzə́ːrt] 발휘하다
- 밖으로(ex) 연결하다 → 빼내다 → (힘, 지력, 영향력, 권력 등을) 발휘하다

desert¹[dézərt] 사막, 버리다
- 연결되지 않은 곳 → 버려진 곳 → 사막(황무지) → 사막의, 황량한 [dézərt]
- 연결되지 않다 → 버리다 → (처자, 배, 신념, 희망 등을) 버리다 [dizə́rt]

sermon[sə́ːrmən] 설교
- 연결한 것 → 단어들을 함께 엮은 것 → 설교

dessert 디저트
- de(down, completely, not, off) + sert
- 하인이 식사하는 주인을 더 이상 섬기지 않는 것 → 마지막 코스 → 디저트(식후의 파이, 과자, 과일 등)

deserve[dizə́ːrv] ~할 가치가 있다
- de(down, completely, not, off) + serve
- 완전히 섬기다 → ~할 가치가 있다
- ☞ 섬기는 것은 그럴 만한 가치가 있기 때문

desert² 상받을 만한 가치
- deserve의 명사형 → 완전히 섬김 → 상받을 만한 가치(자격)

contact lens의 tact는 접촉하다(touch)

tact [tækt] 재치
- touch → ① sense of touch(촉감) ② 예민한 감각 → (다른 사람들과 좋은 접촉을 갖기 위한) ③ 재치(기지, 꾀, 솜씨, 요령)

contagion [kəntéidʒən] 전염병
- con(함께) + tag(tact: 접촉하다, touch) + ion
- 접촉 전염, (접촉) 전염병, 전염력
- 형 contagious 접촉의(에 의한) → 접촉 전염성의

contact [kάntækt] 접촉하다
- 함께(con) 접촉하다 → 접촉하다(접촉시키다) → 접촉(의)

contingent [kəntíndʒənt] 부수적인
- 함께 접촉되어 일어나는 → ~을 조건으로 하는 → 부수적인, 우발적인

contaminate [kəntǽmənèit] 더럽히다
- con(함께) + ta(tact: 접촉) + min + ate(명, 동, 형 접미사)
- 함께 접촉하다 → (접촉하여) 더럽히다, (방사능 따위로) 오염되게 하다

taint [teint] 오염시키다
- 접촉하면 → 오염(감염), 오점, 오명(치욕) → 오염시키다(오염되다)

tax [tæks] 세금
- 농작물이나 물건을 touch하고 세금을 메기다 → 세금, 부담(의무)

integrity [intégrəti] 고결
- 만지지 않은(in) → 무결의 상태, 고결(청렴), 성실(정직)

entire [entáiər] 완전한
- 접촉되지 않은(en ← un) → 전체의(완전한), 흠 없는

attain [ətéin] 획득하다
- 결승점에(ad) 접촉하다(touch) → (장소·위치 등에) 이르다, (목적·소원을) 달성하다, (명성·부귀 따위를) 획득하다

079 DATE

date(날짜, 데이트, 주다)

> **Anchoring Ideas**

date는 '① 날짜 ② 데이트(특히 이성과 만나는 약속) ③ 데이트의 상대'라는 의미를 가지며 data(주어진 것 → 자료, 정보)와 스펠 하나 차이이다. **놀랍게도 date는 data의 변형으로 본래 어원에 따른 뜻은 '주어진'이다.**

옛날 로마에서는 편지의 겉봉에 datus(주어진)라고 쓰고 발신지와 발신일자를 썼는데, 후세에 영어를 사용하는 사람들이 datus가 날짜인 줄 알고 datus를 '날짜'의 뜻으로 사용하였다.

후에 date는 '날짜 → 데이트(특히 이성과 만나는 날짜 → 약속) → 데이트의 상대'로 뜻이 확장된다. date의 어원에 따른 핵심 뜻은 '주다'라는 것을 기억하자.

surrender[səréndər]는 〈sur(over, sur ← super) + render(der ← data: 주어진 것, 주다, give back)〉로 구성된 단어로 문자 그대로의 뜻은 '위에 있는 것에게 굴복하여 내어주다'이고 뜻은 '넘겨주다(항복하다), 양도, 항복'이다. surrender의 der가 date의 변형으로 '주다'라는 뜻이라는 것을 파악하는 것이 이 단어를 이해하는 열쇠이다.
- They <u>surrendered</u> a fort to the enemy.
  그들은 적에게 요새를 넘겨주었다.

Fun Word Story

court는 왜 '안뜰, 궁궐, 어전회의, 법정, 신하, 충성, 구애'와 같은 다양한 뜻을 가지고 있을까?

court는 ⟨co(함께 → 둘러싸인) + urt(yard: 마당, 뜰, garden)⟩로 구성된 단어이다. 문자 그대로의 뜻은 '울타리로 둘러싸인 뜰, 정원'이다. ① 담으로 둘려 있는 안뜰(테니스·농구 등의 코트) → ② (뜰에 세워진) 큰 저택(궁궐) → ③ 궁전의 어전회의(→ 법정) → ④ 궁전의 신하 → ⑤ (군주에 대한) 충성 → ⑥ (여성에 대한) 구애(구애할 때 여성은 종종 여왕으로 여겨진다), 구애(구혼)하다 등 다양한 뜻을 가지고 있다.

yard는 garden(정원)과 같은 뜻이다. yard는 고대 영어에서는 geard 이었다. 나중에 g가 탈락하면서 eard가 되고 현재의 yard가 되었다. yard → geard → garden으로 생각하면 yard가 garden이라는 것을 절대 잊어버리지 않을 것이다. yard는 '정원'이란 뜻이므로 당연히 '마당, 뜰'이라는 뜻으로도 사용된다. 길이 단위인 yard와는 어원이 다르다.

courteous[kɔ́ːrtiəs]는 '정중한, 예의 바른'이라는 뜻이며 명사형은 courtesy[kɔ́ːrtəsi]이다.

date(날짜, 데이트)는 data(자료)의 변형: 주어진 것

render [rendə:r] 수다, 납무하다
- re(again, back, against) + (n) + der(← data: 주어진 것, 주다)
- 다시 주다 → ① (보답으로서) 주다 ② (세금 따위를) 납부하다 ③ 표현하다 (연주하다) ④ 집세, 지대

date [deit] 날짜, 데이트
- ① 날짜 ② 데이트(특히 이성과 만나는 약속) ③ 데이트의 상대 ④ ~에 날짜를 적다. ⑤ ~와 데이트 약속을 하다.

surrender [səréndər] 항복하다
- sur(← super: over) + render(der ← data: 주어진 것, 주다, give back)
- 위에 있는 것에게 굴복하여 내어주다 → 넘겨주다, 항복하다, 항복

add [æd] 더하다
- ad(at, to) + d(date, data의 변형: 주어진 것)
- ~에 주다 → 더하다, 덧붙여 말하다
- 명 addition ~에 줌 → 더함 → 덧셈, 추가(물)

donate [dóuneit, dounéit] 기부하다
- don(date, data의 변형: 주다) + ate(명. 동. 형 접미사)
- 주다 → (자선 사업 등에) 기부하다

endow [endáu] ~에게 주다
- 안에(en, in) 주다(dow) → ~에게 주다(~에게 부여하다)

tradition[trədíʃ-ən] 전통

- 넘어서(가로질러) 주는 것 → ① 전설(전승) ② 전통(관습, 인습)

traitor[tréitə:r] 반역자

- 넘겨주는 자 → 배반자(반역자)
- ☞ traitor는 본래 '예수를 은 30에 넘겨준 유다'를 지칭하던 단어
- treason 배신, 반역(죄)

demand[dimǽnd] 요구하다

- de(down, completely, not, off) + mand(mandate: 손에 주다 → 명령하다)
- 손에 주다 → 명령하다(order), 요구하다, 수요 ↔ supply(공급)

recommend[rèkəménd] 추천하다

- re(강조) + commend(손에 주다 → 명령하다)
- 누구 손에 주다 → ① 추천하다 ② 맡기다(위탁하다)
- recommendation letter 추천서
- 참고 commend 추천하다, 칭찬하다, 맡기다 (recommend의 축약)

command[kəmǽnd] 명령하다

- com(함께, 강조) + mand(mandate의 변형)
- 손에 주다 → 명령(하다)
- ☞ 명령하는 것은 다른 사람의 손에 일을 주는 것

mandate[mǽndeit] 위임

- man(mani: 손) + date(← data)
- 손에 주다 → 법률적인 명령, 통치의 위임

edit[edɪt] 편집하다

- e(ex) + dit(datek: 주다) → 출판하다 → 편집하다
- 명 edition 간행, 판

080 conTAINer

tain(hold)

Anchoring Ideas

container는 〈con(compete의 com: 함께) + tain(hold: 붙잡다) + er(행위자 접미사)〉로 구성된 단어로 문자적인 뜻은 '붙잡아 함께 두는 것'이다. '그릇(용기), 컨테이너(화물 수송용의 큰 금속 상자)'를 가리킨다. **container**의 **tain**은 **tent**와 같은 어원으로 '붙잡다(**hold**)'를 의미한다.

countenance[káuntənəns]은 '사람이 자기 자신을 contain하는 방식'이라는 본래 뜻에서 '생김새(용모, 안색, 표정), 침착한 표정(냉정)'이라고 의미가 확장되었다.

obtain[əbtéin]은 〈ob(in the way, against) + tain(hold: 붙잡다)〉로 구성된 단어이다. 본래 뜻은 '붙잡다'이고 뜻은 '손에 넣다, (널리) 행해지다'이다.

그 외에 hold라는 의미의 tain이 사용되는 단어로는 retain[ritéin], detain, sustain[səstéin], abstain[æbstéin] 등이 있다.

Fun Word Story

refrigerator[rifrídʒərèitəːr]는 외우기 힘든 단어처럼 보이지만

refrigerator의 friger가 freeze[fri:z](얼다, 얼게 하다)의 변형이라는 것만 파악하면 금방 이해되는 쉬운 단어이다. 문자적인 뜻이 '얼게 하는 것'이므로 '냉장고'이다. frost[frɔst]는 freeze의 변형으로 문자적인 뜻이 '언(동결된) 것'이므로 '서리'를 가리킨다. Corn Frost는 flakes 위에 달콤한 시럽을 코팅한 모양이 마치 하얗게 서리(frost)가 내린 것 같다고 하여 붙은 이름이다.

crystal(수정, 수정 같은 것)은 본래 '얼음'이다. 문자적인 뜻은 '얼음처럼 투명한 것'이고, 뜻은 '수정, 수정 같은 것, 결정(결정체)'이다. crust[krʌst]는 crystal의 변형이다. 문자적인 뜻은 '물이 얼어 굳어진 것처럼 굳어진 것'이다. 뜻은 '(딱딱한) 빵 껍질(→ 빵 한 조각), (물건의) 딱딱한 외피'이다. crust와 발음과 자형이 비슷한 cluster[klʌstər]는 clay(진흙, 흙) 계통의 단어이다. cluster의 문자 그대로의 뜻은 '흙덩이(clay)'이다. 뜻은 '(과실·꽃 따위의) 송이, 한 덩어리'이다.

glacier(빙하)의 gl은 'cold'이다. glacier의 문자적인 뜻은 '추움(cold), 얼음'이다. chilly[tʃíli](차가운, 냉담한, 냉담하게)도 cold의 변형이다. glance[glæns]의 문자적인 뜻은 '얼음(빙하)에 미끄러지다'이다. 뜻은 '① (탄알, 길, 공 따위가) 스침, 빗나감 → 스쳐 지나갈 때의 ② 섬광(번득임) → ③ 흘낏[획] 봄'이다. 주로 '흘낏 봄(일견)'의 뜻으로 사용된다.

glimpse[glimps]는 고어에서 '섬광'이라는 뜻으로 사용되었고 지금은 '흘끗 봄(보임)'이라는 뜻으로 사용되는데, glimpse는 glass(유리)의 변형이다. glimpse → glass(유리) → 섬광 → 흘끗 봄(보임)과 같이 생각을 발전시키면 자연스럽게 이해되고 기억된다.

countenance [káuntənəns] 용모

- counten(contain의 변형) + ance(명사형 접미사)
- 사람이 자기 자신을 contain하는 방식 → 용모(안색), 침착한 표정
- 동 ~에게 좋은 안색을 보이다 → ~에게 호의를 보이다

contain [kəntéin] 내포하다

- 함께 잡다(to hold together) → (속에) 담고 있다(내포하다) → (감정 따위를) 안으로 억누르다 → (적을) 억제하다
- 명 containment 포함, 억제

container [kəntéinər] 그릇, 컨테이너

- 붙잡아 함께(con) 두는 것 → 그릇(용기), 컨테이너

detain [ditéin] 붙들다, 억류하다, 보류하다

- de(down, completely, not, off) + tain(hold)

obtain [əbtéin] 획득하다

- ob(in the way, against) + tain (hold: 붙잡다)
- 대상을 붙잡다 → 손에 넣다(획득하다) → (널리) 행해지다

entertain [èntərtéin] 즐겁게 하다, 대접하다

- enter(to go into) + tain(hold: 붙잡다)
- 안으로 붙잡다 → 마음에 품다, 대접(환대)하다(← 집 안에 가지다) → 즐겁게 하다
- 명 entertainer 즐겁게 하는 사람 → 연예인(엔터테이너)
- 명 entertainment (식사에의) 초대, 연회(연예, 여흥, 위로)

container의 tain은 hold

tenant[ténənt] 세입자
- 빌려서 hold하는 사람 → 세입자, (토지, 가옥을) 빌리다

maintain[meintéin] 유지하다
- main(mani의 변형: 손) + tain(hold: 붙잡다)
- 손으로 붙잡다 → 유지하다(계속하다), 주장하다, 부양하다
- maintenance 유지, 부양, 생계

retain[ritéin] 유지하다
- 뒤로(re) 잡다 → 유지(보유)하다, 존속시키다(계속 사용하다)

rein 고삐
- retain의 변형(다시 잡는 것) → 고삐, 제어하는 수단, 지배권 → (말에) 고삐를 매다, 고삐로 제어하다.
- 비교 reign(통치, 지배)

sustain[səstéin] 부양하다, 견디다
- sus(sub: 아래) + tain(hold)
- 아래에서 위로 붙잡다 → ① (아래서) 떠받치다 ② 부양하다 ③ 참고 견디다 ④ 손해 따위를 받다(입다)

abstain[æbstéin] 끊다
- abs(ab: 분리 이탈하여) + tain(hold)
- 붙잡아서 멀리 버리다 → 끊다(그만두다)

081 surPRISE & conSUME

prise(잡다) / sume(take)

Anchoring Ideas

surprise는 〈sur(← super ← uper: over) + prise(prison의 변형. 잡아두는 곳. 감옥)〉로 구성된 단어로 문자적인 뜻은 '위에서 잡다'이다. **surprise의 prise**는 '잡다'이다.

사진은 독수리가 먹이(prey)를 위에서 덮치고 있는 모습이다. 이것이 정확히 surprise의 뜻을 묘사하는 것이다. 독수리가 위에서(sur) 잡을(prise) 때 새는 얼마나 놀랐을까? surprise는 '기대나 준비가 없는 대상을 갑자기 놀라게 하다'라는 의미로 '불시에 덮치다, 깜짝 놀라게 하다, 놀람(놀라운 일, 기습)'의 뜻이다.

prison(감옥, 감금)은 '사로잡힘의 상태, 사로잡힌 자들의 장소'가 본래 뜻이다. surprise의 prise와 독수리가 날카로운 발톱으로 먹이를 잡는 모습을 연결하자.

prehensile(잡는 힘이 있는)의 본래 뜻은 '사로잡을 수 있는'이다. prehensile tail(잡을 수 있는 꼬리), prehensile trunk(코끼리 코와 같은 잡을 수 있는 코)를 생각하면 prehensile을 기억하기 좋다.

사진은 consuming fire의 모습이다. **consume[kənsuːm]의 sume**은 '**취하다(take)**'이다. consume은 '강하게 취하다 → ① 아무것도 없게 만들다 → ② 먹어치우다 → ③ 다 써버리다'라는 의미를 가진다.

consuming fire는 '모든 것을 없애 버리는(파괴하는) 불'이라는 뜻이다. consuming fire라는 문구와 함께 불이 모든 것을 삼켜버리는 이미지를 기억한다면 consume[kənsuːm]의 sume이 '취하다(take)'의 뜻이라는 것을 잊지 않을 것이다.

assume과 presume은 둘 다 '추정하다(가정하다)'라는 뜻이다. 그러나 assume은 확신이 없이 추정할 때 사용한다. 반면에 presume은 확신을 가지고 추정할 때 사용한다. 만약 어떤 사람이 자정에 당신 집의 문을 노크한다면 어떤 미친 사람일 것이라고 추정할(to assume) 것이다. 만약 어떤 사람이 매일 저녁 일곱 시에 당신 집의 문을 노크한다면 6시 59분에, 당신은 그가 일 분 안에 문을 노크할 것이라는 확신을 가지고 추정할(to presume)할 것이다.

resumc은 [rizúːm/-zjúːm]으로 읽으면 동사로 '되찾다, 요약하다'라는 뜻이고 [rèzuméi]로 읽으면 명사로 '요약, 개요, 이력서'라는 뜻이다. 어떤 사람의 이력서는 그 사람의 인생의 요약이라고 기억하자. 글을 요약하는 것은 글을 다시 쓰는 것(취하는 것)이다.

surprise의 prise는 잡다

comprise [kəmpráiz] 구성하다
- 함께(com) 사로잡다 → 포함하다(구성하다)
- ☞ comprise와 compose: 구분 없이 사용

surprise [sərpráiz] 놀라게 하다
- sur(← super ← uper: over) + prise(prison의 변형: 잡아두는 곳, 감옥)
- 위에서 잡다 → 불시에 덮치다, 깜짝 놀라게 하다 → 놀람(기습)

enterprise [éntərpràiz] 모험심, 사업
- 손 안으로 붙잡은 것(undertaking) → 떠맡은 일 → 떠맡은 특히 어렵고 위험한 일(기획, 계획, 사업, 기업) → 모험심
- 명 entrepreneur 사업가

prehensile [prihénsil]
- 사로잡을 수 있는 → 쥐기에 적당한, 잡는 힘이 있는

prey [prei] 먹이
- prison(사로잡다, 감옥)의 변형 → (고어) 전리품 → 포획, 약탈품, 먹이

prison [prízn] 감옥, 감금
- prise(잡다)의 명사형
- 사로잡힘의 상태, 사로잡힌 자들의 장소 → 감옥, 감금
- 동 imprison 감금하다
- 명 prisoner 죄수

comprehend [kàmprihénd] 포함하다, 파악하다
- 완전히(com: 강조) 잡다 → ① (완전히) 파악하다, 함께(com) 잡다 → ② 포함(내포)하다
- 명 comprehension 이해력

apprehend [æprihénd] 뜻을 파악하다, 염려하다
- ap(ad의 변형: at, to) + prehend(prison, prehensile의 변형: 잡다)
- ~에게 붙잡다 → 걱정, 두려움 등을 붙잡다 → 염려하다 → 뜻을 파악하다
- 형 apprehensive 염려하는, 이해가 빠른
- 명 apprehension 체포, 염려, 이해

presume [prizú:m] 추정하다
- pre(미리, 앞에) + sume(take: 취하다)
- (확신을 가지고 미리 취하다) → 추정하다
- (허가 없이 미리 취하다) → 건방지게 굴다
- 명 presumption 추정

consume [kənsú:m] 소비하다
- con(함께, 강조) + sume(take: 취하다)
- 강하게 취하다 → 불 등이 집 등을 취하다(태우다) → 완전히 없애버리다, 다 써버리다(소비하다)
- 명 consumption 소비, 소모
- 명 consumer 소비자

assume [əsjú:m] 가정하다, 취하다
- as(ad: at, to) + sume
- ~에게로 취하다 → ① (태도·임무·책임 따위를) 취하다 ② 확신 없이 취하다, 가정하다 ③ (허락 없이 무단으로 어떤 것을 취해서 행함) → ~인 척하다, 주제넘게 굴다
- 명 assumption 가정

resume¹ [rijú:m] 다시 시작하다, 되찾다
- re(again, back, against) + sume(take: 취하다)
- 명 resumption 되찾음, 재개시

resumé² [rèzuméi] 요약, 이력서
- 글을 다시 쓰는 것(취하는 깃) → 요약, 이력서(인생의 요약)

exempt [igzémpt] 면제하다
- ex(밖으로) + xempt(sume: take, 취하다)
- (책임, 의무 따위의) 밖으로 취하다 → 면제하다, 면제된, 면제받은 사람
- 명 exemption 면제

consume의 sume은 취하다(to take)

example [igzǽmpəl] 예
- ex + xam(sume의 변형: 취하다) + ple
- 밖으로 취하여 낸 것 → 예(보기, 견본, 표본) → 예시하다

prompt [prɑmpt] 신속한
- pro(앞으로) + ompt(xempt: 취하다)
- 앞으로 취하다 → ① 배우가 대사를 잊었을 때 대사를 일러 주어 생각나게 함(후견, 조언) ② 자극(촉진)하는 것 ③ 신속한(즉석의) ④ 정확히

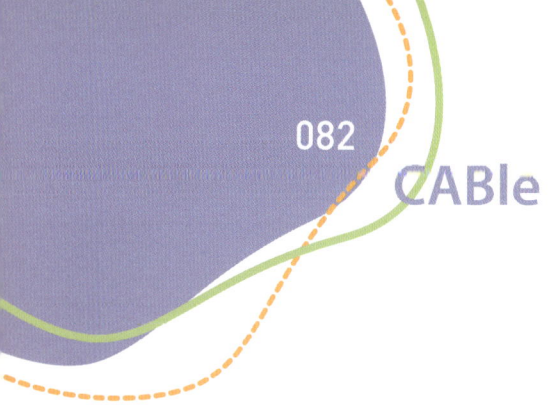

082 CABle

cab(잡다)

> **Anchoring Ideas**

단어 cable을 보면 cable car나 usb cable, 전선 등을 먼저 생각한다. 그러나 **cable**의 본래 뜻은 '야생말 따위를 잡는 강한 밧줄'이었다. 이 의미에서 오늘날의 모든 의미가 파생되었다.

사진에서 카우보이가 소를 잡는 데 사용하는 '강한 밧줄'이 원래의 cable이다. cable은 '말을 잡을 정도의 강한 밧줄'의 의미였다. 지금은 케이블 카를 잡을 정도의 강한 철선 등도 cable이다. cable의 cab은 '잡는 것'이라는 의미가 있다. 여기서 cable이 '야생말 따위를 잡는 강한 밧줄'을 의미하게 되었고 '굵은 밧줄, 전선, 전신'으로 뜻이 확대되었다.

capture[kǽptʃər]는 '소를 밧줄로 잡는 것처럼 잡는 것'이란 뜻에서 '포획(생포)'이 되었다. captive[kǽptiv]는 '소가 올가미 밧줄에 잡힌 것처럼 잡힌 것'이라는 뜻에서 '포로'가 되었다. 이처럼 cable의 본래 뜻이 '야생말 따위를 잡는 강한 밧줄'이란 것을 알면 이 계열의 단어는 거의 저절로 알게 된다.

conceive의 ce가 cable의 ca의 변형이라는 것을 파악하는 것은 쉬운 일이 아니다. cab → ca → ce로 바뀐 것이다. 여자는 자궁 안으로 사람의 씨(수정란)를 받아들인다. 나팔관과 수정관은 수정란을 잘 붙잡아 자궁에 착상시킨다. conceive는 본래 '잉태하다'라는 의미였다가 '생각을 품다, 계획 등을 고안하다'라는 의미로 확대되었다.

Fun Word Story

lure는 '가짜 미끼'라는 뜻이다. 가짜 물고기 미끼와 같이 짐승을 꾀는 것은 모두 lure[luər]이다. lure는 원래는 '짐승을 꾀어 들이다'라는 뜻으로, 욕망을 부추겨 남을 나쁜 일에 꾀는 것을 말한다. allure[əlúər]는 '(사람을 쾌락이나 이익으로) 꾀다, 유혹하다'라는 뜻으로서 반드시 유해하고 위험한 것만은 아니다.

tempt도 '유혹하다, 부추기다'이다. tempt는 문장으로 기억하는 것이 가장 좋을 것 같다.
- The serpent <u>tempted</u> Eve. 뱀이 하와를 유혹했다.

attempt[ətémpt]는 '(고어) 유혹하다 → (고어) 굴복시키기 위해 시도하다(공격하다) → 시도하다(꾀하다)', contempt[kəntémpt]는 '유혹하다 → (유혹에 빠지면) 치욕, 경멸, 모욕'이다. tentative[téntətiv](시험적인, 임시의)는 tempt와 같은 어원으로 to try가 본래 뜻이다.

bait[beit]는 'bite[bait](물다)하게 하는 것'으로 '미끼, 먹이, 유혹(물)(lure)'이다.
- The fish nibble at the <u>bait</u> before they take it.
  물고기는 미끼를 물기 전에 조금씩 물어뜯는다.

preoccupy 마음을 빼앗다
- ① 먼저(pre) 점유하다 → ② 마음을 빼앗다(열중케 하다)

occupy [ɑ́kjəpài] 점령하다, 붙잡다
- oc(ob의 변형: in the way, against) + cup(잡다) + y(명, 형 접미사)
- 대항하여 붙잡다 → ① 점령하다 ② 붙잡다

except [iksépt] ~ 외에
- 잡은 것 외에(ex) → ~ 외에

intercept [intərsépt] 도중에서 붙잡다
- inter(← enter: 사이에) + cept(cab의 변형: 잡다)
- 중간에 잡다 → ① 도중에서 붙잡다 ② 통신을 도청하다 ③ (적기, 마사일 등을) 요격하다

accept [æksépt] 받아들이다
- ~에게로(ac ← ad) 잡다 → ~에게 제공된 것을 받아들이다 → (초대, 명예, 제안, 구혼, 임무, 설명, 상황 따위를) 받아들이다

anticipate [æntísəpèit] 기다리다, 예상하다
- anti(anti가 아니라 ante의 변형: 앞으로) + cip(cab: 잡다) + ate
- 미리 소유를 잡다 → 미리 오는 어떤 것을 알다 → 기다리다

emancipate [imǽnsəpèit] 해방하다
- e(ex: 밖으로) + man(mani: 손) + cip + ate
- 손으로 잡아내다 → (노예 등을) 해방하다 → ② 이탈시키다

participate [pɑːrtísəpèit] 참여하다
- part(i) + cip(cab의 변형: 잡다) + ate(명, 동, 형 접미사)
- 동의어 partake, to take part → ~의 일부를 얻다 → ~에 참여하다

cable(전선, 야생말 따위를 잡는 강한 밧줄)의 **cab**은 잡다

recover [rikʌ́vəːr] 회복하다

- re + cov(cab의 변형: 올가미 밧줄로 잡다) + er
- 다시 잡다 → 되찾다(회복하다)
- 참고 re + cover(덮개) (×)

prince [prins] 왕자, 군주

- 앞(prin ← pre) 자리를 잡은 (취한) 사람 → ① 왕자 ② 군주

principle [prínsəpəl] 법칙

- 첫째 위치 → ① 다른 이론들이 놓여질 수 있는 기본적 진리(원리) ② 행동의 법칙, 근본 방침

principal [prínsəpəl] 중요한, 장

- 가장 중요한 → 중요한(주요한, 제1의)
- 가장 중요한 사람 → 장(장관, 교장), 주동자, 주범

capable [kéipəbəl] 능력 있는

- 잡을 수 있는 → 능력 있는, 유능한
- 명 capability 잡을 수 있음 → 능력, 역량
- 참고 capacity 잡는 능력 → 수용 능력, 수용량

chase [tʃeis] 추적하다

- 올가미밧줄로 사냥하다 → 추적하다, 추격하다

purchase [pə́ːrtʃəs] 구입하다, 획득하다

- 앞으로 추력하여 올가미밧줄로 잡다 → 획득하다, 구입하다

perceive [pərsíːv] 이해하다

- per(peri: around, 철저히) + ce + ive
- 철저히 잡다 → 생각으로 철저히 잡다 → 이해하다, 파악하다

receive [risíːv] 받다

- 다시(re) 잡다 → 받다
- 명 receipt 다시 받은 것 → 인수증, 수령

083 colLECtion

lec (모으다, 선택하다)

Anchoring Ideas

insect collection, 앙드레 김 collection의 **lec**은 '선택하다, 모으다'이다.

colleague는 league가 lec의 변형이라는 것을 파악하는 것이 핵심이다. colleague는 collect와 어원상으로 똑같다. colleague는 collect와 구분해서 '함께 일하기 위해 선택된 사람'으로 기억하자. collect는 '함께 모으다', colleague는 '함께 일하기 위해 선택된 사람'이라는 뜻이다.

college는 colleague와 어원이 같다. colleague는 '함께 선택되어서 묶인 사람', college는 '함께 선택된 무리'로 구분하자.

우리는 일반적으로 college를 '단과대학'이라고 무조건 외우고 있지만 이렇게만 이 단어를 알고 있으면 해석이 되지 않는 문장들이 많다. the College of Surgeons는 어떻게 해석하겠는가? 외과 의사들의 대학? 아니다. 이 문구의 정확한 뜻은 '외과 의사회'이다. a college of bees는 어떻게 해석하겠는가? 벌들의 대학? 아니다. '벌 떼'이다. electoral college는 어떻게 해석하겠는가? 선거대학? 아니다. '(대통령·부통령) 선거인단'을 가리킨다. 그러므로 college의 본래 뜻, 문자적인 뜻은 '함께 선택된 무리 → 단체적인 그룹'이다.

Fun Word Story

grip, grab, grasp은 모두 '잡다'라는 뜻으로 약간의 뉘앙스 차이가 있다.

grip은 '견고하게 잡다'이다. '꽉 잡음, 파악(이해)'의 뜻이다.
• a tennis racquet grip 테니스 라켓을 쥐는 법

grab은 '급히(hastily) 잡다(잡아채다)'라는 뜻이다. 골키퍼가 공을 잡는 모습이 grab와 가장 잘 어울린다.
• Grab a ball and get out and play! 공을 잡고 나가서 놀아!

grasp[græsp]은 '간절히(eagerly) 붙잡다'라는 뜻이고 '파악(이해)하다'라는 뜻으로도 사용된다.
• The baby automatically grasp your thumbs tight enough.
  아기는 당신의 엄지손가락을 충분히 꽉 붙잡는다.

grasp 관련 단어는 grave[greiv](무덤), engrave(조각하다) 등이다. 문자나 조각 등을 나무 따위에 붙잡아 두는 것이 조각하는 것이기 때문에 engrave는 '조각하다'이다. 조각하는 것은 파는 것이기 때문에 grave는 고어에서는 '파다, 매장하다'라는 뜻으로 사용되있고 지금은 '무덤'을 의미한다. '근심스러운, 진지한, 중대한'이란 뜻의 grave는 grief(슬픔), grieve[griːv](몹시 슬퍼하다), gravity[grǽvəti](중력, 진지함, 중대함), aggravate[ǽgrəvèit](무겁게 만들다 → 악화시키다)와 어원이 같다.

collection의 lec은
모으다, 선택하다

recollect[rèkəlékt] 기억하다
- 흩어져 버린 기억을 다시(re) 모으다 → 기억하다

elect[ilékt] 선거하다
- 선택해서 밖으로(공식적으로) 내다 → 선거하다(선택하다)
- 참고 eligible 선택될 자격이 있는 → 적격의

neglect[niglékt] 무시하다
- 눈이 선택하지 않다(neg: not) → 무시(無視)하다
- 명 negligence 부주의(무관심), 태만

intellect[íntəlèkt] 지성
- intel(inter ← enter: ~의 사이에) + lect(선택하다, 모으다)
- 행간(사이)을 읽는 것 → 이해하는 것 → 이해의 능력(지력, 지성, 지능)

rely[rilái] 의지하다
- 다시, 강하게(re) 묶이다 → 의지하다, 신뢰하다
- rely가 collection 계열의 단어라는 것 주의

oblige[əbláidʒ] 의무적으로 ~하게 하다
- ob(in the way, against) + lige(leg, lec)
- ~를 향하여 묶다(법에 의해 묶다) → ~을 어쩔 수 없이 …하게 하다 → 어떤 사람이 당신이 하도록 요청한(의무화한) 것을 하다

ally[əlái, ǽlai] 동맹
- ~에게(al, ad) 묶인 사람들 → 동맹자(국), 동류, 동맹하게 하다

religion[rilídʒ-ən] 종교
- re(again, back, against, 강조) + lig(lec, leg) + ion
- 수도원적인 헌신에 의해 강하게 묶인 상태 → ① (고어) (주의 등에의) 헌신(신봉) ② 신앙(심, 생활), 종교(종파)

liable[láiəb-əl] 책임이 있는, ~하기 쉬운
- li(lec의 변형: 모은 것 → 규칙들을 모은 것 → 법) + able
- 법에 의해 묶인 → 책임을 져야 할(지급할 책임이 있는), ~하기 쉬운
- ☞ 돈을 지급할 책임이 있으면 돈을 지급할 경향이 있다.

apology [əpɑ́lədʒi] 사과
- apo(← ap ← ab: ~로부터 분리 이탈하여) + logy(모으다 → 단어, 말)
- 분리 이탈시키는 말(방어하는 말) → 변명(해명, 변호) 사과(사죄)

eloquent [éləkwənt] 말을 잘하는
- e(ex: 밖으로) + loq(모으다 → 단어, 말) + ent
- to speak out → 말을 잘하는(유창한, 능변인)

colloquial [kəlóukwiəl] 구어의
- col(com의 변형: 함께) + loq(lec의 변형: 모으다 → 단어, 말)
- 함께 말하는 → 구어의(일상 회화의), 구어체의(회화체의)

privilege [prívəlidʒ] 특권
- privi(private: 사적인, 개인에 속한) + lege(모은 것 → 법 참고 legal)
- 사적인 법 → 한 사람에게 적용된 법 → 특권

delegate [déligèit] 대표
- de(down, completely, not, off) + leg(선택하다) + ate(명, 동, 형 접미사)
- 선택해서 아래로(멀리) 보내다 → 대표로서 보내다, 대표

logic [lɑ́dʒ] 논리
- 스펠(단어)를 모은 것 → 단어, 이야기, 연설 → 사고 → 사고의 형태를 추적하는 것 → 논리(학), 조리

diligence [dílədʒəns] 근면
- di(dis의 변형: 두 길 → apart, not, opposite) + lig(선택하다, 모으다) + ence
- 선택하여 멀리 둠 → (고어) 사랑함(높이 평가함) → 부지런함(근면)

legal [líg-əl] 법(의)
- leg(선택하다, 모으다) + al(명, 형 접미사)
- 규칙들(rules)을 모은 (것) → 법(의), 법(적인)
- 참고 loyal 신실한(고대에는 legal과 loyal 이 같은 뜻이었다)
legistator 입법자

084 reVERSE & reVOLve

verse(to turn) / vol(회전하다)

Anchoring Ideas

사진을 보면 워크맨에 auto reverse가 강조되어 있다. 본래는 카세트테이프가 한 방향으로 돌다가 다 돌고 나면 그 테이프를 빼서 다시 반대 방향으로 돌도록 넣어야 하는데 그럴 필요가 없이 자동으로 반대로 도는 기능을 auto reverse라고 한다. reverse는 '반대로(re) verse(돈다)'는 뜻이다. re의 뜻은 잘 알고 있고 reverse에서 **verse**가 '돌다(turn)'라는 뜻임을 기억하자.

- <u>Reverse</u> arms! 거꾸로 총!
- Life doesn't have a <u>reverse</u> gear. 삶은 후진기어가 없다.

'시의 한 행 → 시의 연 → 한 편의 시'라는 뜻의 verse[vəːrs]는 본래 '돌다'라는 의미에서 나온 단어이다. 쟁기질하는 사람이 밭이랑을 따라 쟁기질하고 한 이랑이 끝나면 또 돌아 이랑을 따라 쟁기질하는 것처럼, 시를 읊거나 노래하는 사람도 시의 구를 따라 이렇게 한다. 그래서 verse는 시구, 노래의 가사, 성경의 한 절을 가리킨다. version[vəːrʒən](각색, 번역)은 verse의 변형이다.

adversity[ædvəːrsəti, əd-](역경, 불운)는 '~에게로 바람이 돌아 부는 것 → 거스르는 것'이 본래 뜻이다. 항해하는데 순풍이 불다가 바람이 반대로 배에게로(ad) 돌아(바뀌어) 불면 항해를 거스르는(반대하는) 바람이다.

advertise[ǽdvərtàiz](광고하다)는 '~에게로(ad) 주의를 돌리게 하다'가 본래 뜻이다.

divert[divə́:rt, dai-](딴 데로 돌리다)는 '떨어지게(di) 돌리다(vert)'가 본래 뜻이다. diverse[divə́:rs, dai-, dáivə:rs](다양한)은 '변해서(verse) 멀리(di)'가 본래 뜻이다. 명사형은 diversity[divə́:rsəti, dai-]이다.

revolver(회전식 연발 권총)의 **vol**은 '회전하다'이다. revolver는 회전(revolution)식의 연발 권총이다. 권총의 탄창이 회전하면서 탄알이 발사된다.

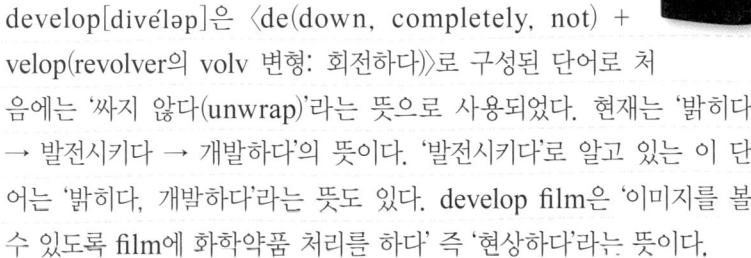

develop[divéləp]은 ⟨de(down, completely, not) + velop(revolver의 volv 변형: 회전하다)⟩로 구성된 단어로 처음에는 '싸지 않다(unwrap)'라는 뜻으로 사용되었다. 현재는 '밝히다 → 발전시키다 → 개발하다'의 뜻이다. '발전시키다'로 알고 있는 이 단어는 '밝히다, 개발하다'라는 뜻도 있다. develop film은 '이미지를 볼 수 있도록 film에 화학약품 처리를 하다' 즉 '현상하다'라는 뜻이다.
- It <u>developed</u> that he was a murderer. 그가 살인범임이 밝혀졌다.
- A bud <u>develops</u> into blossom. 꽃봉오리는 발육하여 꽃이 된다.

auto reverse의 verse 돌다

anniversary [ǽnəvə́ːrsəri] 기념일(미)
- anni(anu의 변형: 일 년마다의) + vers(돌다) + ary(명, 형 접미사)
- 해마다 돌아오는 (것) → 기념일(의)
- 참고 annual 일년의 ⟨an + nual(year)⟩

versus [və́ːrsəs] ~와 대비하여
- 돌아서(반대로) → (소송·경기 등에서) -대(v., vs.), ~와 대비하여

convert [kənvə́ːrt] 바꾸다
- 돌다 → (종교 따위를) 바꾸다, 개종자

controvert [kántrəvə̀ːrt] 논쟁하다
- contro(contra의 변형: 반대) + vert
- 반대로 돌다(반대되는 시구를 주고 받다) → 논쟁(논박)하다, 부정하다
- 명 controversy 논쟁

vertical [və́ːrtikəl] 수직의, 도는
- 팽이가 돌면 수직으로 선다.

wrap [ræp] 감싸다
- wrap(← werp ← wer ← ver: 돌다, turn)
- 감싸다(싸다, 포장하다) → 싸는 것, 덮개

universe [júːnəvə̀ːrs] 우주
- 돌아서(verse) 하나(uni) 된 것 → 우주, 세계

invert [invə́ːrt] 뒤집다
- turn inside out → 뒤집다(거꾸로 하다)

environment [inváiərənmənt] 환경
- en(in, put in) + viron(verse의 변형: 돌다) + ment(명사형 접미사)
- 둘러싸고 돌고 있는 것 안에 두어진 것 → 사정(정황), 환경

vise [vais] 바이스로 죄다
- 돌려서 죄는 것 → 바이스, 바이스로 죄다

vice
- ① 돌려서 → 대신 → 대리(자), 부회장, 부총장, 대리의, 대신으로
- vice versa → 돌려서 → 거꾸로
- ② 돌아 버린 것? → 악덕(악, 부도덕)
- vice & virtue 악덕과 미덕

revolver의 vol(v)는 회전하다

revolver[riválvər] 회전식 연발권총
- re(again, back, against) + volv(돌다, 회전하다) + er(행위자 접미사)
- 계속해서 회전하는 것 → (회전식의) 연발권총

revolve[riválv] 회전하다
- re(again, back, against) + volve(돌다, 회전하다)
- 계속해서 회전하다 → 회전하다(자전하다, 공전하다)
- 명 revolution 회전, 혁명

involve[inválv] 연루시키다
- 말아 안으로 감싸다 → 연루(관련, 포함)시키다, 몰두시키다

volume[válju:m/vɔ́l-] 부피, 양
- 도는 것 → ① 두루마리(책, 서적, 책의 권), 두루마리가 차지하는 ② 부피, 양(분량) ③ (소리 따위의) 크기

revolt[rivóult] 반항하다
- re(again, back, against) + volt(돌다, 회전하다)
- 대항해(반대로) 돌다 → 반란(반역, 폭동) → 반란을 일으키다, 반항하다

evolve[iválv] 진화하다
- e(ex) + volve(말아넣다, 감싸다)
- 감싸져 있는 것을 밖으로 펼치다 → (열·빛 등을) 방출하다 → (이론, 해답, 계획 등을) 끄집어내다 → 발전하다(진화하다)

develop[divéləp] 발전시키다
- de(down, completely, not) + velop(vol의 변형: 회전하다)
- 싸지 않다 → 밝히다(ex. 이미지를 볼 수 있도록 film에 화약약품 처리를 하다) → 발전시키다(개발하다)

frivolous[frívələs] 하찮은
- frivol(break된 것) + ous
- 하찮은(보잘 것 없는, 시시한), 어리석은
  ☞ 라틴어 frivolus(빈, 하찮은 것, 가치 없는 것)가 어원이다

085 CYCLE

cycle (바퀴, 원)

> **Anchoring Ideas**

bicycle은 바퀴(cycle)가 두 개(bi) 있는 것이란 뜻이다. **cycle**은 '**바퀴, 원**'이다. 오토바이를 가리키는 motor cycle은 '바퀴, 원'에 모터가 달린 것이라는 뜻이다.

cycle[sáikl]을 단독으로 사용할 때는 '바퀴(원)'보다는 주로 '주기, 순환(기)'이라는 뜻으로 사용된다. 나비는 알을 낳고 그 알이 여러 과정을 통과하여 나비가 되고 또 그 나비는 알을 낳는다. 이것은 life cycle of butterfly이다. 사람도 성인이 아이를 낳고 그 아이는 자라서 또 아이를 낳는다. 이것은 life cycle of man이다. 그 밖에도 season cycle 등의 표현에 cycle이 사용된다.

cycle은 동사로 사용되면 '순환하다(순환시키다), 자전거(오토바이)를 타다'의 뜻이다.

인도양 방면의 태풍의 일종인 cyclone(사이클론)은 '바퀴처럼 도는 바람'이란 뜻이다. 태풍의 사진을 보면 태풍은 바퀴가 돌고 있는 것처럼 보인다.

cultivate의 문자 그대로의 뜻은 '돌다'이다. '돌다'가 어떻게 '경작하다'가 되었을까? 땅을 경작할 때 농부는 쟁기를 들고 이리 돌고 저리 돈다. 과거에 영어권에서는 순회교구의 판사나 목사가 그 지역을 정기적으로 순회하면서 그 지역의 사람들을 돌보았다. 그 교구가 그의 경작지인 셈이다. 그와 같이 농부도 그의 경작지를 돌아보며(순회하며) 그 경작지를 경작한다.

Fun Word Story

오즈의 마법사에서 도로시와 토토를 오즈로 날려 보낸 깔때기 모양의 소용돌이 바람이 tornado[tɔːrnéidou]이다. tornado는 미국 미시시피 강 유역 및 서부 아프리카에 자주 일어나는 매우 강하게 돌아가는 가늘고 긴 깔때기 모양의 회오리바람을 말한다. tornado(토네이도 ← 회전하는 바람)의 torn은 turn(돌다, 회전하다)이다.

thunder[θʌ́ndər]의 thun은 torn의 변형으로 'turn: 돌다'이다. thunder는 '우레(뇌성과 번개를 동반한 대기 중의 방전현상), 천둥 치다'라는 뜻이다. thunder는 thor[θɔːr](토르, 천둥·전쟁·농업을 맡은 신)와도 관계가 있다.

astonish[əstɔ́niʃ]는 ⟨as(ex의 변형: 밖으로) + ton(torn이 변형: turn, thunder) + ish(형, 동 접미사)⟩로 구성된 단어로 문자 그대로의 뜻은 '천둥 같은 소리를 발하다'이고 뜻은 '깜짝 놀라게 하다'이다. attorney[ətə́ːrni](대리인, 변호사)는 '다른 사람에게로 turned된 자'이다. 종종 thunder와 함께 내리는 hail[heil]은 '큰소리로 부르다, 환호하며 맞이하다, 인사하다'라는 뜻도 있다. hey[hei](이봐, 어이)를 연상시킨다. hail(우박)을 환호하며 맞이하다(hail)?

circle[sə́:rkl] 원

recycle[ri:sáik-əl] 재생하다
- 재순환시키다(재순환과정) → ~을 재생 이용하다

circulate[sə́:rkjəlèit] 순환하다
- 명 circulation 순환

circuit[sə́:rkit] 회로, 승리
- ① 회로(回路. a circular line) ② 경주로 ③ 순회(순회구역), 한 바퀴 돌다(순회하다)

cultivate[kʌ́ltəvèit] 경작하다
- cul(cycle의 cle: 돌다) + tiv + ate(명, 동, 형 접미사)
- 돌다 → ① 경작하다 ② (재능, 정신 따위를) 경작(계발)하다

culture[kʌ́ltʃər] 경작, 문화
- cul(cycle의 cle: 돌다) + ture(명사형 접미사)
- 도는 것 → ① 경작(계발) ② 문화(정신적으로 계발된 것들의 총체)

agriculture[ǽgrikʌltʃər] 농경
- agri(acre의 변형: 에이크, 땅) + cul(cycle) + ture(명 접미사)
- 땅 경작 → 농경(농업), 농학
- ☞ acre는 ① 소가 하루에 경작(act)할 수 있는 땅(약 1200평) ② 토지

cycle은 바퀴, 원

circumscribe[sə:rkəmskraɪb] ~을 제한하다
- 원(circum)을 그리다(scribe) → 제한하다

seize[si:z] 꽉 잡다
- seek(search)해서 갑자기, 힘으로, 꽉 잡다 → ① (갑자기, 꽉) (붙)잡다 ② (의미 따위를) 파악하다 ③ 강탈하다 ④ 체포하다

forsake[fə:rséik] 내버리다
- 상대방의 죄를 찾다 → 논쟁하다(다투다) → (벗, 습관·신앙 따위를) 내버리다

sake[seik] 원인, 목적
- seek의 변형, 찾는 원인(이유), 이익, 목적(결과)

seek[si:k] 찾다, 추구(탐구)하다, 조사하다
☞ search와 어원이 같다. search의 ch를 k로 읽으면 seek와 발음과 뜻이 비슷하다. 혹은 "씩씩(seek seek)거리며 찾다"로 기억하자.

research[risə́:rtʃ, rí:sə:rtʃ] 연구하다, 조사하다
- re(again, back, against, 강조) + search(찾다, 탐색하다)
- 철저히 탐색하다 → 연구하다, 조사하다, 연구(조사)

search[sə:rtʃ] 찾다, 조사
- circle을 도는 것처럼 이리저리 돌아다니다 → 찾다(조사하다), 조사
☞ circle의 변형: search의 ch를 k로 읽으면 circle과 발음이 거의 같다

colony[kάləni] 식민지
- col(cycle의 cle의 변형: 돌다 → 경작하다) + ony
- (경작하는 → 거주하는) 땅 → 로마인이 경작하는(거주하는) 해외의 땅 → 식민지

circus[sə:rkəs] 서커스
- ① (옛 로마의) 원형 경기장, 원형 경기장에서의 경기(자) → ② 서커스

086 MISSile

miss(던지다)

Anchoring Ideas

missile의 miss는 '던지다'라는 뜻이다. missile은 본래 '던질 수 있는 무기'라는 뜻이다. 아래 그림은 a ballista("throw")인데, 발리스타는 고대의 던지는 무기였다(The ballista was an ancient missile weapon). 던질 수 있는 것은 그것이 돌을 던지는 것이든, 큰 화살을 날리는 것이든 무엇이든지 missile weapon인 a ballista("throw")라고 부를 수 있었다.

mission의 문자적인 뜻은 '보냄의 행동'이고 뜻은 '① (특명에 의한) 파견, 사람이나 단체를 보낼 때 주는 임무, 보내진 사람이 하는 일(정치, 경제, 군사, 종교)'이다.

commit는 본래 뜻이 '함께(com) 보내다(mit)'이다. 뜻은 '위임하다, (기록, 기억, 처분 등에) 맡기다, (죄, 과실을) 범하다(실행하다, 수행하다)'

이다. 다의어 commitment는 '위임, 약속, 책임, (범죄의) 실행이나 수행, 헌신(참여), 희생(책임감, 노력)'의 뜻이 있다. 수능에 자주 나오는 다의어이다. 어떤 책임(charge)을 맡기는 것은 '위임'하는 것이고 신뢰(trust)를 주는 것은 '약속'이고 맡겨진 것을 이행하면 '수행', 범죄를 실행하면 '범죄의 수행', 일을 맡기는 것이라는 기본 뜻이 확장되어 그 맡겨진 일에 '헌신, 참여, 책임, 노력'이라는 뜻이 있다. 사전에 무작위 순서로 배열된 여러 뜻을 무조건 외운다고 외워지는 것이 아니다. 본래 뜻을 알고 파생된 순서를 따라 이해하며 기억해야 한다

Fun Word Story

explore[ikspló:r]의 plore는 '소리치다'이다. plore는 flow와 어원이 같다. 'plore → flow → 눈물이 흐르다 → to cry: 외치다'의 과정을 생각하면 쉽게 plore가 '소리치다'라는 것을 기억할 수 있다. explore의 본래 뜻은 '밖으로(ex) 소리치다'였다. 사냥꾼들이 사냥할 때 소리를 치면 노루나 새 등이 도망가거나 날아간다. 그때 사냥꾼들은 개나 총을 사용하여 사냥하곤 했다. 사냥감이 도망가도록 '소리치다'가 본래 explore의 뜻이었다. 사냥꾼들이 소리치는 것은 사냥감을 찾는 것이므로 '탐험하다'로 발전했다.

Internet Explorer는 사냥꾼이 사냥감을 탐색하는 것처럼 정보를 검색하는 프로그램이다. deplore[dipló:r](개탄하다, 애도하다)는 '완전히 (de) 소리치다(plore)'가 본래 뜻이다. implore[impló:r](애원하다)는 '누구의 안으로 울다'가 본래 뜻이다.

missile의 miss는 던지다

promise[prάmis/prɔ́m-] 약속
- 말을 앞으로(pro) 보낸 것 → 미래에 대한 선포 → 약속(계약)

premise[premɪs] 전제, 증서의 두서
- **복수형** premises 구내, 토지가 딸린 건물

compromise[kάmprəmàiz] 타협하다
- 함께 약속하다 → 타협(하다)(타협안), 타협하여 명예 따위를 더럽히다

mission[mɪʃn] 임무, 파견
- 보냄의 행동 → 파견, 사절(단), 보낼 때 주는 임무, 보내진 사람이 하는 일
- **동의어** errand 심부름, 심부름의 용건
  assignment 임무, 지시, 할당

intermission[ìntərmíʃən] 휴식시간
- 중간에(inter ← enter) 안으로 보냄 → 중지(中止) → 휴식 시간, 막간

interval 간격
- 중간의 벽(wall) → 간격(틈, 휴지기)

dismiss[dismís] 해고하다
- 멀리(dis) 보내다(모임 참석자, 서비스 맨들, 생각, 책임 따위를) → 떠나게 하다(해산시키다) → 해고하다 → 생각을 떨쳐버리다

commit [kəmít] 위임하다, 범하다
- com(함께) + mit(miss의 변형: 보내다, 던지다)
- 위임하다 → (기록·처분 등에) 맡기다 → (죄·과실을) 범하다
- 명 commission 위임, 위원회, 위임받은 일을 수행하고 받는 돈
- 명 committee 위임을 맡은 사람들 → 위원회, 위원

admit [ədmít] 허가하다, 승인하다
- ~에게 보내다 → ① ~에게 입장을 허가하다 ② 승인(시인)하다

remit [rɪmɪt] 보내다, 환송하다
- 명 remitance 송금

emit [imít] 내다
- 밖으로(e, ex) 보내다 → (빛·열·냄새·소리 따위를) 내다

permit [pəːrmít] 허락하다
- per(peri: around, through) + mit
- 통과하여 보내다 → 허락하다, 허가(장)

submit [səbmít] 제출하다
- 아래로(sub) 보내다 → 복종시키다, 제출하다

mess [mes] 회식, 혼란
- 테이블 위에 이것저것 음식을 놓음(보냄: miss) → ① 회식 ② 식사를 함께하는 동료 ③ 회식실 ④ 한 음식 위에 이것저것 넣은(miss) 음식(혼합식) → 음식을 그릇에 이것저것을 넣으면 ⑤ 혼란(더러운 것)
- 형 messy 어질러진, 더러운

omit [oumít] 생략하다
- o(ob의 변형: in the way, against, toward) + mit(missile)
- ~를 향하여 보내다 → 생략하다(빼다, 빠뜨리다), ~하기를 잊다

087
paraCHUTE & JET

chute(떨어지다) / jet(분출, 분사)

Anchoring Ideas

parachute(낙하산 ← 떨어지는 것을 막는 것)의 **chute**는 '떨어지다'이다. parachute는 〈para(옆에, 넘어, 반대) + chute(떨어지다)〉로 구성된 단어이다. chute와 어원이 같은 단어로 chance, case 등이 있다. chance(우연, 가능성)는 미리 계획하거나 생각할 수 없이 발생한 상황을 말할 때 사용하는 단어이다. 주사위를 던지고 그것이 땅에 떨어질 (chance → chute) 때 무엇이 나올지는 전적으로 우연한 것이다. 시저가 루비콘 강을 건너며 "주사위는 던져졌다."고 말했다. 이것은 이미 돌이킬 수 없다는 뜻이지만 이렇게 해석할 수도 있다. 시저가 루비콘 강을 건널지 고민할 수밖에 없는 상황이 로마에서 발생했다. 그것이 시저에겐 기회였다.

case(경우, 우연히 만난 지경)는 chance의 변형이고 chance는 chute의 변형이다. chance의 ch만 c로 바꾸어 보면(→ cance) case와 비슷하다는 것을 알 수 있다. case는 '주사위가 떨어진 것'이 본래의 뜻으로 '경우(境遇: 우연히 만난 지경)'라는 뜻으로 사용된다.

jet engine은 기관 내부에 공기를 빨아들여 후방으로 연소가스를 jet(분출)할 때의 반동으로 추진력을 얻는 기관을 말한다. jet engine을 단 제트기(jet plane)는 연소가스를 jet(분출)하며 비행한다.

projector(영사기)의 문자적인 뜻은 '앞으로 던지는 자(것)'이다. 뜻은 '영사기(영사 기사), 설계자(계획자)'이다. **projector**에서 **ject(jet**의 변형)는 '분출, 던지다'임을 기억하자.

Fun Word Story

exhaust[igzɔ́:st](엔진이 배기하다, 다 써버리다, 배기, 배기가스)는 어원으로 기억하기가 좀 곤란한 단어이다. exhaust의 hau는 숨을 거칠게 쉴 때 나는 소리 '하악, 하악'을 연상시킨다. exhaust는 '엔진이 숨(hau, 하악)을 내쉬다(ex) → 배기하다'로 기억하는 것이 편하다.

사진에 exhaust pipe(배기 파이프)가 보인다. exhaust pipe는 가스를 다 쓰고 배기(연료, 가스 따위를 밖으로 뽑아 버림)하는 곳이다. exhaust는 '(엔진의 가스를 다 쓰고) 배기하다'가 본래 뜻이다.

- The long journey <u>exhausted</u> him.
  그 긴 여행이 그를 기진맥진하게 만들었다.
- The world's fuel supplies will be <u>exhausted</u>.
  세계 연료 공급은 고갈될 것이다.

exhaustive[igzɔ́:stiv]는 '고갈시키는, 전부를 다하는, 총망라한'이라는 뜻이다.
- an <u>exhaustive</u> study 철저한 연구

parachute(낙하산)의 chute는 떨어지다

chance[tʃæns] 우연한 것
- 떨어진 것 → 주사위의 떨어짐 → 우연한 것(우연, 운), 기회(가능성)
- 동의어 random 임의의

parachute[pǽrəʃùːt] 낙하산
- para(옆에, 넘어, 반대) + chute(떨어지다)
- 떨어지는 것을 막는 것 → 낙하산

casual[kǽʒuəl] 우연한, 평상복
- casu(case의 변형) + al(명, 형 접미사)
- 우연에 의해 발생한 → 우연한, 격식을 차리지 않은, 평상복

case[keis] 경우, 상태
- 주사위가 떨어진 것 → 발생한 것(사건) → 경우(境遇: 우연히 만난 지경), 상태(상황, 입장), 사실, 일

incident[ínsədənt] 사건
- 일어난 사건 안에 또 떨어짐(일어남) → 부수 사건(→ 삽화), 사건

accident[ǽksidənt] 우연성, 사고
- ac(ad: at, to) + cid(case의 cas의 변형) + ent(명, 형 접미사)
- ~에 떨어진 것 → 우연성(우연한 사태), 돌발사고(재난)
- 부 accidentally 우연히

decay[dikéi] 썩다
- 아래로 떨어지다 → 쇠퇴하다, 썩다
- 동의어 rot: the smell of rotting garbage (썩는 쓰레기 냄새), rotting leaves

coincide[kòuinsáid] 일치하다, 동시에 일어나다
- 동일한 장소(co) 안에(in) 떨어지다 (cide) → 동시에 일어나다, 동시에 같은 공간을 차지하다 → 일치하다
- 명 coincidence 동시발생, 일치

occasion[əkéiʒən] 경우, 기회, 원인
- oc(ob: in the way) + cas(case) + ion (명사형 접미사)
- 인생의 길에 뭔가가 떨어짐 → 경우, 기회, 원인

reject [ridʒékt] 거절하다
- re(again, back, against) + ject(jet의 변형: 던지다)
- 뒤로 던지다 → ① (요구·제의 등을) 거절하다 ② (위가 음식을) 받지 않다

eject [idʒékt] 쫓아내다, 탈출하다
- e(ex의 변형: 밖으로) + ject(jet의 변형: 던지다)
- 밖으로 던지다 → 몰아내다(쫓아내다) → (연기 따위를) 내뿜다 → (비행기 등에서) 긴급 탈출하다.

subject [sʌ́bdʒikt] 복종하는, 받기 쉬운, 주제, 과목
- 아래로 던져지는(두어지는) → 지배를 받는(복종하는) → 받기(입기, 걸리기) 쉬운 → 받지 않으면 안 되는(필요로 하는)
- 국민(신하), 주제(문제, 제목), 학과(과목)

jet 분출

subjective [səbdʒéktiv] 주관적인
- 아래로(자기 안으로 던지는) → 사실보다는 느낌이나 의견에 근거한 → 주관의(주관적인)

inject [indʒékt] 삽입하다, 주입하다
- 안으로(in) 던지다 → 주입하다(주사하다) → (대화 중 유머 등을) 삽입하다

objective [əbdʒéktiv] 객관적인
- ① 목적(목표)의, 목적(목표) ② 객관적인 ③ 외적인(물질적인)

adjacent [ədʒéisnt] 인접한

object [ábdʒikt/dʒékt] 반대하다, 물건
- ob(on the way, against) + ject
- 대항하여 던지는 것 → (동작·감정 등의) 대상 → 목적(목표) → 물건
- 대항하여 던지다 → ① 반대하다 ② 반감을 가지다
- objection 반대, 반론, 반감

project [prədʒékt] 계획, 투영하다
- 앞으로 던져진 것 → 계획(안, 설계), 연구 계획
- 앞으로 던지다 → 계획하다(설계하다), 영사하다(투영하다)
- projector 앞으로 던지는 자 → 설계자(계획자), 영사기(영사 기사)

088 BALLista & HABIT

ball(던지다) / habit(hold)

Anchoring Ideas

ballista(투석기, 노포)의 **ball**은 '던지다(throw)'이다. 활의 원리를 이용하여, 돌, 나무탄알, 화살, 창 등을 날리도록 만든 장치를 ballista[bəlístə]라고 한다.

ballista는 ball(공)과는 관계가 없고 ball(무도회)과 관계가 있다. 무도회의 dance는 몸을 던지는(throwing) 동작의 반복이다.

ballista의 ball은 '돌 등을 발(ball)사하는 장치'라고 생각하면 ball이 '발사하는 것, 던지는 것'이라는 것을 잊지 않을 것이다. 간단히 'ball을 던지다(throw)'로 기억할 수도 있을 것이다.

habit이 '습관'인 것은 거의 모든 사람이 다 안다. 그러나 habit이 다른 접두사, 접미사와 함께 사용되면 '습관'이란 뜻을 가지고는 단어들이 이해가 되지 않는다. **habit의 본래 뜻은 to hold**이다. 자기 안에 잡고 있는 것은 습관이고 자기 밖에 잡고 있는 것은 옷이다. 고어에서 habit은 '옷'이라는 뜻도 있었다. 그림은 riding habit(라이딩 옷)의 모습이다. habit의 '잡고 있는 것 → 옷'이라는 뜻은 사라졌지만 다른 접두사, 접미사와 사용될 때는 여전히 그 뜻이 남아 있다. habit(습관)은 hold하고 있는 것이니까 habit의 본래 뜻은 hold라고 기억하자.

habitat(주거환경, 서식지)의 본래 뜻은 '생물이 옷처럼 입고 있는 것'이다. 명사형은 habitation(거주, 거주하는 장소, 주택, 주소)이다. inhabit은 '거주하다, 서식하다'이다. exhibit(전시하다, 감정 등을 나타내다, 전시, 증거물)은 '옷 밖으로, 옷을 벗겨서 보여 주다'가 본래 뜻이다. prohibit(금지하다)은 '앞에서(pro) 잡다(habit, hold)'가 본래 뜻이다.

Fun Word Story

costume[kʌ́stjuːm]은 '(국민·계급·시대·지방에 따른 특유한) 차림새, 복장'을 말한다. 좀 억지처럼 보일지 모르지만, costume의 s는 self(자기 자신)이다. 〈co(함께) + s(self: 자기) + tume(명사형 접미사)〉로 구성된 단어로 문자적인 뜻은 '습관적으로 입어서 자기 자신에게 맞추어진 옷'이다.

custom[kʌ́stəm](관습, 풍습, 애호, 관세)은 '반복된 실행의 결과 자기 것처럼 되어버린 것'이 본래 뜻이다. customer[kʌ́stəmər](손님, 단골)은 '습관적으로 물건을 사러 오는 사람'이 본래 뜻이다. accustomed[əkʌ́stəmd](습관의, 익숙한), customize[kʌ́stəmàiz](주문받아 만들다)가 관련 단어이다.

seldom[séldəm](드물게, 좀처럼 ~ 않는)의 sel도 self(자기)이다. seldom은 '자기가 아닌(strange)'이 본래 뜻이다. 동의어는 rare[rɛəːr](드문, 진기한)의 부사형 rarely와 infrequently[fríːkwəntli]이다.

problem [prάbləm] 문제
- 앞으로 던져진 것 → 문제, 귀찮은 일(사정, 사람)

symbol [símbəl] 상징
- sym(same: 같은, 함께) + bol (ball의 변형: 던지다)
- 함께 던져진 것 → 상징, 신조
- ☞ 사랑의 symbol인 하트 표시는 사랑과 함께 던져진 것?

metabolism [mətǽbəlìzm] 신진대사
- meta(middle: 가운데로 → 가로질러) + bol(던지다) + ism(명사형 접미사)
- 가로질러(중간으로) 던지진 것 → 신진대사, 변태(變態)

ballista(투석기)의 ball은 던지다

parable [pǽrəbl] 비유, 우화
- para(옆에) + ble(ball의 변형: 던짐)
- ☞ parole[pəróul]: parable의 변형, 맹세(서약) → 가석방(기간, 허가증)

devil [dévl] 악마
- de(dia ← duo: two, 둘 사이를 가로질러) + vil(ball: 던지다)
- 가로질러 던지는 자(공격 자) → 악마, (the D-) 마왕, 사탄(Satan)

parliament [pάːrləmənt] 의회
- parlia(parable의 변형) + ment
- 말(speaking, talk) → (고어) 토의회(회의), 의회(국회, congress)
- parlor (수도원 등의) 면회실, 객실, 거실, 가게

habitat [hǽbitæt] 서식지
- hold하고 있는 그것, 옷처럼 입고 있는 그것 → 주거환경, (특히 동식물의) 서식지
- 명 habitation 거주, 거주 장소
- 동 inhabit 거주하다

habit [hǽbit] 습관
- 붙잡고 있는 것(to hold) → 습관, 옷(고어)

exhibit [igzíbit] 전시하다
- to hold out → 전시하다(공개하다), (징후·감정 등을) 나타내다 → 전시(품), 증거물

prohibit [prouhíbit] 금지하다, 방해하다
- 앞에서(pro) 잡다 → 금지하다, 방해하다
- 예 U turn prohibited

habit(습관)은 to hold, 옷

endeavor [indévər] 노력하다
- en(← in: put in) + deavor(debt의 변형: 빚)
- 어떤 것을 빚(의무)으로 만들다 → 노력하다(애쓰다)

debt [det] 빚
- de + bt(habit의 변형, h(a)는 묵음화되어 사라짐)
- 아래로(de) hold하는 것 → 빚(부채)
- 형 indebted 빚이 있는, 은혜를 입은

duty [djúːti] 의미
- debt(빚)의 변형 → 빚 → ① 세금 ② 의무 ③ 직무

due [djuː] ~로 인한, ~ 예정인
- debt(빚)의 변형 → 빚지고 있는 → ① ~로 인한(때문에, 덕분에) → (빚, 의무, 필요를 만족시키는 →) ② 적절한(합당한) → (빚을 지불해야 하는 날짜가 이른 →) ③ 지급 기일이 된(만기가 된) → (빚을 갚을 날짜가 정해진 것처럼 예정된 →) ④ (열차 따위가) 도착 예정인

089
TRACTor

tract(끌다)

Anchoring Ideas

tractor(견인차, 트랙터)의 tract는 '끌다'이다. tractor[træktə:r]의 우리말은 '견인차'이다. '무언가를 끄는 차'란 뜻이다.

train(열차, 기차)도 tractor와 관련있는 단어로, 문자 그대로의 뜻은 '끌리는 것'이다. '수행원, 옷자락, 병참 부대(군사 작전에 필요한 인원과 물자를 지원하는 부대)'의 뜻으로도 사용된다. 동사로 사용되면 '훈련하다'라는 뜻인데 이 뜻은 '원하는 형태를 이끌어 내다'에서 온 것이다. trail은 '길게 늘어진 것, 자국, 오솔길'을 의미하며 trailer는 '끄는 사람(것), 트레일러(자동차 따위에 의해 끌리는 것)'이다.

Fun Word Story

trap(덫 ← step이 놓이는 것)은 본래 step(걸음, 계단)의 뜻이다. trap(덫, 올가미, 함정)은 어떤 동물의 step(걸음, 한 걸음)이 놓일 때 작동하여 동물을 잡는 기구이다. trap에 동물의 step이 놓이는 순간

trap이 작동하는 것을 상상하면서 trap은 본래 step이라는 것을 기억하자.

trip[trip]은 step(걸음, 발걸음) → ① 경쾌한 발걸음 → ② 헛디딤(실족, 넘어지게 함) → ③ 통근 → ④ 짧은 여행(소풍)으로 의미가 확장되었다.
- Did you <u>trip</u> over something?
  어떤 것에 걸려 넘어졌니?

tread[tred]는 'trap(step → 딛)의 변형 → 밟다, 긷다, 밟음, 발걸음'이라는 의미를 가진다.
- But I, being poor, have only my dreams. I have spread my dreams under your feet; <u>Tread</u> softly because you tread on my dreams.
  나는 가난하여 가진 것이 꿈뿐이라. 내 꿈을 그대 발밑에 깔았습니다. 사뿐히 밟으소서! 그대 밟는 것 내 꿈이오니. W.B. Yeats

trade[treid]는 'step(걸음, 발걸음) → 밟아서 생긴 길(예 비단길: 동서양의 교역로) → 교역(무역)'의 과정으로 의미를 갖게 되었다.

trade와 동의어는 commerce이다. commerce(상업, 통상, 무역, 거래)의 merce는 market(사고파는 시장)의 변형이다. merchant(상인), merchandise(상품, 거래하다)는 모두 market이 어원이다.

track [træk] 자국, 행로
- tractor가 쟁기를 끌고 가면서 남긴 자국 → ① 남긴 자국(지속적) ② 밟아 다져서 생긴 길 ③ 행로 ④ 경주로

trace [treis] 흔적, 자국
- 트랙터가 쟁기를 끌면서 생긴 자국 → (쟁기, 바퀴, 발) 자국, 흔적 → 추적하다

subtract [səbtrǽkt] 빼다
- 아래로(sub) 끌다 → 빼다(감하다, 공제하다)

contract [kάntrækt] 계약하다, 수축하다
- 함께(con) 이끌다 → ① 좁아지다(수축하다) ② 계약(하다) ③ 약혼(하다) ④ 나쁜 습관에 물들다, 병에 걸리다

attract [ətrǽkt] 끌다, 매혹하다
- ~에게로(ad) 끌다 → (주의·흥미·마음 등을) 끌다(매혹하다)
- 형 attractive 매력적인
- 명 attraction 사람을 끄는 힘, 매력

extract [ikstrǽkt] 추출하다
- 밖으로(ex) 끌어당기다 → 끄집어 내다(추출하다. 발췌하다) → 추출물, 발췌
- 명 extraction 뽑아냄, 추출

trail [treil] 자국, 혼적
- 끌리는 것(something that is pulled) → 뒤로 길게 늘어진 것(혜성 따위의 꼬리, 구름·연기 따위의 길게 뻗침, 사람·차 따위의 줄, 긴 옷자락, 늘어뜨린 머리카락) → 자국(지나간 흔적) → (황야나 미개지의) 오솔길 → 끌다(끌리다), 추적하다
- trailer ① 끄는 사람(것) ② 트레일러(자동차 따위에 의해 끌리는 것) ③ 예고편

tractor(트랙터)의 tract는 끌다

distract [distrǽkt] 돌리다
- 다른 길로 이끌다 → (마음·주의 등을) 빗가게 하다, (딴 데로) 돌리다

abstract [æbstrǽkt] 추출하다, 추상적인, 요약
- 동 ~로부터 분리하여(ab) 끌어내다 → 추출하다(끌어내다)
- 형 구체적인 모양으로부터 분리하여 끌어내어진 → 추상적인
- 명 구체적인 모양으로부터 분리하여 끌어냄, 끌어낸 것 → ① 요약 ② 추상(추상 개념, 추상명사, 추상주의의 작품)

portray [pɔːrtréi] 묘사하다

- por(pro의 변형: por ← for ← before) + tray(끌다)
- 앞으로 끌다 → (풍경, 초상화 따위를) 그리다 → (문장에서 인물을) 묘사하다
- portrait 초상(화), (언어에 의한 인물의) 상세한 묘사

train [trein] 열차, 훈련하다

- 끌리는 것 → ① 열차(기차) ② 수행원(행렬) ③ 옷자락(꼬리) ④ 병참부대 → ⑤ 훈련하다(원하는 형태를 이끌어 내다)

treat [triːt] 대접하다

- 끌어당기다 → 다루다, 대접하다, 한턱내다 , 한턱(한턱 냄) → 예기치 않은 즐거움
- I treated it as a joke. 나는 그것을 농담으로 끌어들였다(→ 대했다).
  They treated us to lunch. 그들은 우리를 점심에 끌어들였다(→ 대접했다, 한턱 냈다).
- 명 treaty 서로 끌어들이는 것 → 협정, 조약 문서

entreat [entríːt] 간청하다

- (어떤 사람을) 어떤 방식(의도) 안으로 (en) 끌어들이다 → 간청(부탁)하다

drag [dræg] 끌다

- tract의 변형: 끌다 → 끌다(끌어당기다) → 끌기(끄는 것)

draw [drɔː] 끌다

- 끌다(끌어당기다, 접근하다) → (선을) 긋다 → 그리다 → 칼 따위를 뽑다

retreat [ritríːt] 후퇴하다

- 다시(뒤로) 끌다 → 후퇴하다 → 은퇴하다 → 은퇴(처), 후퇴

trait 특색

- draw의 변형
- 선이 그어진 것(다른 것과 구별되도록) → ① 특색(특성, 특징), 그려진 것 → ② 얼굴 생김새(모습)

draft [dræft] 도안, 통풍

- 끌어냄(징병) → 도안(밑그림) → (술을) 통에서 따라 내기 → 통풍(통풍장치)
- tract → drag → draw → draft
- ☞ 술을 통에서 따라 내는 모습과 통풍구를 통해 공기가 빠져 나가는 모습은 이미지가 비슷.

draught 통풍장치

- 동의어 draft
- 참고 drought 가뭄 (dry와 어원이 같음)

090 proPELler & URGE

pel(drive) / urge(work)

Anchoring Ideas

propeller(프로펠러)의 **pel**은 **drive**(몰아가다)이다. 프로펠러 비행기는 프로펠러가 회전하면서 추진력을 만들어 비행하는 비행기이다.

drive는 '가축이나 사냥감을 의도된 지역 안으로 몰아넣기 위해 위협하거나 자극하다'가 본래 뜻이다. 마차를 탄 사람은 말을 의도된 지역으로 몰아가고(drive) 있는 것이다. 차(car)는 마차에서 변형된 것이므로 여기서 car를 drive한다는 말이 나왔다. propel은 '앞으로(pro) 몰아가다(drive) → 몰아내다, 추진하다'이다.

appeal은 〈ap(ad의 변형: at, to) + peal(pel의 변형: drive)〉로 구성된 단어이다. 문자 그대로의 뜻은 '~에게 (마차나 배 등으로) 몰아가다'이다. 이 단어가 어떻게 '(법률·양심·무력 등에) 호소하다, 상고하다, 항소하다'라는 뜻을 갖게 되었는지 이해하기가 쉽지 않다. appeal(항소하다)은 '어떤 특별한 땅을 향해 배를 몰아가다'라는 뜻의 항해용어가 비유적으로 사용된 것이다. 바울은 유대인으로 태어났으나 로마 시민권을 가지고 있었다. 예루살렘에서 재판을 받을 경우 유대인의 음모로 인해 살해될 위험이 있었으므로 로마의 시저에게 appeal(항소)했고, 시저에게 재판을 받기 위해 백부장의 책임 아래 로마로 항해(ad + pel = appeal)했다고 한다. 이 이야기에서 appeal이 '항소하다'라는 의미를 갖게 된 이유를 이해할 수 있다.

urge(앞으로 몰아가다, 자극하다)는 work의 뜻이다. urge를 [어:쥐]로 발음하지 않고 [우어(r)그]라고 발음하면 work와 발음이 비슷하다. 실제로 urge는 work와 같은 어근에서 나왔다. 그러므로 urge를 이해하는 열쇠는 [우어(r)그]로 발음해 보는 것이다.

work는 '일(하다)'인데, 일하려면 힘이 필요하다. 풍차를 돌려서 일(work)하려면 풍차를 미는 바람의 힘이 있어야 한다. urge의 문자적인 뜻은 바람이 풍차를 '강하게 밀다, 움직이게 하다'이다. 주로 '권하다, 자극하다'라는 뜻으로 사용된다.

surgery는 〈sur + urger + y〉로 구성된 단어이다. surgery의 sur는 surge, source의 'to rise(일어나다)'의 뜻도 아니고 super의 변형인 sur(over)의 뜻도 아니다. surgery의 sur는 '손(hand)'이다. sur는 '서얼 → 손' 이렇게 기억하자. surgery는 '손에너지, 손 힘, 의사의 손기술'을 보여주는 행위이다. '외과의술, 수술'을 가리킨다.

위의 그림에서 urge의 문자적인 뜻이 '(바람이 풍차를) 움직이게 하다, 일하게 하다'의 뜻이라는 것을 기억하고 urge와 관련된 단어들을 공부해 보자.

propeller의 pel은 drive(몰아가다)

pulse [pʌls] 맥박
- 심장이 피를 정기적으로 몰아내는(drive) 것 → 맥박, 파동(진동)

impulse [ímpʌls] 충동, 충격
- im(in) + pulse(drive: 몰아가다)
- 안에서 몰아가는 것 → (마음의) 충동, 추진(력), 충격 전파(충격, 자극) → ~에게 충격을 주다

impel [impél] ~해야만 하게 하다
- 안에서 몰아내다(안에서 ~해야겠다고 느끼게 하다) → ~해야만 하게 하다

repel [ripél] 격퇴하다
- re(again, back, against) + pel(drive)
- 뒤로 몰아내다(drive) → (쳐들어온 적을) 격퇴하다, 반박하다

expel [ikspél] 추방하다, 분출하다
- 밖으로(ex) 몰아내다(drive out) → 추방하다, 분출하다(발사하다)

dispel [dispél] 없애다
- dis(apart, not, opposite) + pel(drive)
- 몰아내어서(drive) 흩어버리다(apart) → (근심 등을) 없애다

compel [kəmpél] 강제하다
- com(함께) + pel(drive)
- 강제로 내몰다 → 강제하다(억지로 -시키다)
- 형 compulsory 강제된(강제적인)

surgery[sə́:rdʒəri] 외과
- 손(sur)에 의한 일 → 외과(의술), 수술(실)
- surgeon 외과의사

urgent[ə́:rdʒənt] 긴급한
- urge + ent(명, 형 접미사)
- 움직이게 하는(몰아가는) → 재촉하는, 긴급한(절박한)

organ[ɔ́:rgən] 기관
- 가지고 일하는 것 → ① (파이프) 오르간 ② (생물의) 기관 ③ (정치적인) 기관(지)
- ☞ organ의 org의 g를 'ㄱ'으로 발음하지 않고 '지'로 발음하면 urge와 발음이 거의 같다.

urge는 (몰아가다) work

wretched[rétʃid] 비참한
- 몰아내어진 → 추방된 → 비참한 (가엾은, 불쌍한)

earn[ə́:rn] 벌다
- ear(urge의 변형: work) + n
- work(일) → ① (일을 하여) (돈을) 벌다 ② (명성 등을) 획득하다
- ☞ 한 일의 대가로 받는 것(웹스트)

synergy[sínərdʒi] 상승작용
- syn(함께) + ergy(urge의 변형: 움직이게 하다. work)
- 함께 움직이게 하는 것 → (효과, 작용, 근육, 신경 등의) 협력, (둘 이상의 자극물 등의) 상승 작용

energy[énərdʒi] 에너지
- en(in) + ergy(앞으로 몰아가다)
- 안에서 움직이게 하는 것 → 에너지(말, 동작 따위의 힘)

091 ACTion

act(행위, 연기하다)

> **Anchoring Ideas**

뉴턴의 요람(Newton's cradle or Newton's pendulum or ball)은 뉴턴의 제3법칙, The Law of Action-Reaction(작용 반작용의 법칙)을 보여 주기 위해 만들어졌다.

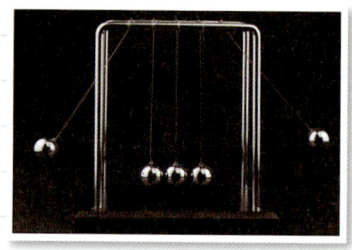

agony는 '활동들 즉 acts(스포츠, 건축 등)에서 승자가 되기 위한 고통'이 본래 뜻이다. 뜻은 '고민, (겟세마네에서 예수의) 고뇌'이다. 고대 그리스인들에게 있어서의 act(공연, 상연)는 자유민들의 모든 acts를 포함하는 것이었다. 스포츠, 연극, 조각, 철학활동, 건축 등 모든 분야가 act에 포함되었고 이런 모든 acts에는 경쟁이 필수 요소였다. 경쟁에서 최고가 되고자 하는 노력이 그리스 문화를 동서고금을 통틀어 최고의 문화로 만들었다. '모든 경쟁이 있는 경연에서 최고가 되기 위한 고통'이 agony의 본래 뜻이었다.

act는 agony, agile, agitate, navigation 등의 단어에서 보이는 것처럼, ag, ig로 변형되어 다양한 단어를 만든다.

> **Fun Word Story**

라오콘 조각은 큰 뱀에게 칭칭 감겨 막 질식당해 죽으려고 하는 라오콘과 두 아들의 마지막 anguish(고통)과 격노를 표현하였다. 고문, 꽉 죄어짐, 답답함, 심한 스트레스로부터 오는 모진 신체적 정신적인 고통이 anguish[ǽŋgwiʃ]이다. 큰 뱀에게 질식당해 죽은 라오콘 상이 anguish의 뜻을 정확히 묘사하고 있다. 어떤 사람은 라오콘 상을 보고 이렇게 표현했다. "라오콘은 고통을 겪는다. 그의 괴로움(anguish)은 바로 우리의 영혼을 파고들지만 동시에 우리는 이 위대한 사람이 그러하듯이 우리도 우리의 고통을 인내할 수 있을 것이라는 소망을 가진다."

anxiety[æŋzáiəti]는 '(불행, 재난 등이 일어날지도 모른다는) 걱정, (어떤 것을 매우 하기를 원하는) 열망'이다. 걱정, 염려가 극심하면 anguish(고통)가 된다. anxious[ǽŋkʃəs]는 anxiety의 형용사형으로 '걱정스러운, 열망하는'이라는 뜻이다. anger[ǽŋgər]는 'anguish(고통)로 인한 강한 불쾌감이나 적대감 → 노염(성, 화)'이다.

anger 관련 단어를 정리해 보자. wrath[ræθ, rɑːθ/rɔːθ](격노, 분노, 신의 노여움)도 '고문받음(tormented, twisted)으로부터 나오는 감정'이 본래 뜻이다. rage[reidʒ](격노, 격정, 바람 등의 사나움, 사납게 날뛰다)는 고대에는 '광기(madness)'라는 뜻으로 사용되었다. fury[fjú-əri](격노, 격심함)는 '격정(fierce passion)'이 본래 뜻으로 rage와 가장 비슷한 단어이다. fume[fju:m](증기, 노여움, 노발대발하다)은 '증기, 가스, 연기'가 본래 뜻었다. 우리가 화가 난다는 표현을 '열받는다, 머리에 연기난다'고 표현하는 것과 마찬가지다.

fume(증기, 가스, 연기)과 관련된 단어로 vapor[véipər]가 있다. vapor는 '연기'라는 뜻은 없고 '증기, 수증기'라는 뜻만 있다. 당연히 evaporate[ivǽpərèit]은 '증발하다, 증발시키다'이다.

action & reaction
작용 반작용

act[ækt] 연기하다, 행동하다
- to drive, move → 행동하다, 연기하다 → 행위
- actor(배우), actress(여배우)

actual[æktʃuəl] 실제의
- act + ual(명, 형 접미사)
- 잠재적으로만이 아니라 행동 안에 존재하는 → 실제의(현실의), 현행의(현재의)

exact[igzǽkt] 정확한
- ex(out of) + act
- 어떤 수준에 이르도록 요구하여 나온 → 정확한 → 요구하다(강요하다)

fatigue[fəti:g] 피로, 피곤
- fat + igue(act): 행동하기 힘든 상태
- 피로, 피곤, 피로케 하는 노동(toil)

essay[ései] 수필, 시도
- ess(ex: 밖으로) + ay(act)
- 속에 있는 것을 밖으로 행해 낸 것 → 수필, 시도(시험), 시도(시험)하다

navigation[nævəgéiʃən] 항해술
- navi(naval: 해군의) + ig(ag ← act의 ac의 변형: drive) + ate + ion
- 배를 drive함 → 항해(술)

prodigal[prɔ́digəl] 방탕한
- prod(pro: 앞으로) + ig(ag ← act의 ac의 변형: drive) + al(명, 형 접미사)
- drive forth → drive away → 마구 소비하는(낭비하는), 방탕한 → 방탕아

reaction [riːǽkʃ-ən] 반응, 반발
- re(again, back, against) + act + ion(명사형 접미사)
- 반대하여 행동함 → 반응(반작용), 반항(반발)

active [ǽktiv] 활동적인
- act + ive(명, 형 접미사)
- 활동적인(활동 중인), 적극적인 → (정당 등의) 활동가, 정규회원

enact [inǽkt] 법령화하다
- en(put in) + act
- 명 enactment 법령

transact [trǽns(z)ǽkt] 거래하다, 처리하다
- trans(통과하여, through) + act(행하다, drive, move)
- (drive or carry through) → accomplish → ① (사무 등을) 집행하다, (안건 등을) 처리하다 ② 거래(교섭)하다

agitate [ǽdʒitèit] 동요시키다
- agit + ate(명, 동, 형 접미사)

agile [ǽdʒəl, ǽdʒail] 날랜
- ag(act의 ac의 변형) + ile(명, 형 접미사)
- 행동하는 → 몸이 재빠른(경쾌한, 날랜)
- 명 agility 민첩, 예민함,

agenda [ədʒéndə] 안건
- ag(act의 ac의 변형) + enda
- act해야 할 것들 → 예정표(의사 일정), 안건

092
BLOWing up a balloon

blow(불다)

Anchoring Ideas

balloon과 blow를 연결해 본 적이 없겠지만 두 단어를 두고 보면 발음과 스펠이 매우 비슷하다. blow는 "이 풍선을 불어!"라고 할 때의 '불어'와 발음이 아주 유사하다. blow는 '불다, 바람이 불다 → 강풍(폭풍) → 강타(급습)'라는 뜻이다.

사진은 꽃이 개화(만발)한 모습이다. 봄의 여신이 꽃봉오리에 봄바람을 to blow하면 꽃봉오리는 풍선처럼 부풀어서 만개한다. bloom은 blow의 변형으로 문자적인 뜻은 '꽃봉오리를 불어서(to blow) 벌림'이고 뜻은 '① 꽃 ② 꽃의 만발 ③ 개화기'이다.

boast(자랑, 자랑하다)의 문자적인 뜻은 'blow해서 부풀다'이다. 사진은 구애하는 공작새의 모습인데 깃털을 부풀리고 있다. 구애할 때는 자신의 가장 좋은 모습을 보여주기 위해 자신을 부풀리고 자랑(boast)한다.

Fun Word Story

dawn은 〈day(해가 떠 있는 동안) + ing〉의 변형이다. day(낮, 하루)는 '해가 떠 있는 동안'이 본래 뜻이고 해가 떠 있는 동안 즉 '낮'을 의미한다. 간단히 말해서 day는 '해'와 관계가 있다. 이 뜻이 확장되어 '하루'라는 뜻으로도 사용된다. 그러므로 〈day + ing〉인 dawning은 '해가 돋는'이라는 뜻이고 이것이 변형되어 dawn이 되었다. dawn[dɔːn]은 '새벽, 동틀 녘; 여명'이라는 뜻이다.

diary[dáiəri]는 〈di(day의 변형) + ary〉로 구성된 단어이고 '일기(일지), 일기장'이다. journal[dʒə́ːrnəl](일기, 일간지, 정기 간행물)은 diurnal의 변형인데 diurnal은 〈diurn(day) + al(명, 형 접미사)〉로 구성된 단어이다. journey[dʒə́ːrni](여행, 여정)는 day's travel이 본래 뜻이다. sojourn[sóudʒəːrn](머무르다, 살다, 체류하다)은 〈sub(under, until) + diurnus(of a day)〉로 구성된 단어로 to spend the day → stay for a time이 본래 뜻이다. adjourn[ədʒə́ːrn](연기하다, 휴회하다)도 이 계열의 단어이다.

twilight(박명, 땅거미)의 twi는 between의 뜻이다. 그러므로 twilight는 'betweenlight'의 뜻이다.

twilight[twáilàit]의 문자적인 뜻은 '밤과 해돋이 사이 혹은 해질녘과 밤 사이'이다. '(해뜨기 전·해질 무렵의) 박명(땅거미)'을 말하는데 주로 '저물녘'이라는 뜻으로 사용되며 때로 '새벽녘'을 의미하기도 한다. nightfall[náitfɔ̀ːl]은 '해질녘, 황혼, 땅거미'이고 fortnight[fɔ́ːrtnàit](2주일간)은 fourteen night의 줄임말이다.

blow[blou] 불다
- 불다, (바람이) 불다 → 강풍 → 강타

balloon[bəlúːn] 풍선, 기구
- that which is blown(blow된 것)

bloom[bluːm] 꽃
- 꽃봉오리를 불어서(to blow) 벌림 → 꽃(꽃의 만발, 개화기)
- ☞ blow의 변형. 봄바람이 꽃봉오리를 blow하면 꽃봉오리가 풍선처럼 커져서 벌어진다(개화한다).

blossom[blásəm] 꽃
- 꽃봉오리를 불어서(to blow) 벌림 → 꽃(꽃의 만발, 개화기)
- ☞ blow의 변형. bloom과 blossom은 거의 동의어로 사용된다.

boast[boust] 자랑하다
- to blow해서(불어서) 부풀리다 → 자랑하다, 자랑

bold[bould] 대담한
- blow에서 부풀리다 → 대담한
- '용기를 불어(blow)넣어 부풀리다' 혹은 bold한 모습을 보여주기 위해 자신의 몸을 부풀리다

budget[bʌ́dʒit] 예산
- 짐승의 가죽을 blow하면 가죽 bag(손가방) → 예산(안), 경비
- ☞ 손가방(bag) 안에는 주로 돈을 넣고 다니고 돈은 예산을 세워야 한다.

blowing up a balloon의 blow는 불다

belly[béli] 배
- 가죽 백(bag) → 배(복부), 부풀리다
- 예 belly dancer
- ☞ 짐승의 가죽을 blow하면 가죽 bag(손가방)

flavor[fléivər] 맛
- that which blows(불어오는 것) → (고어) 향기 → 맛, 조미료
- ☞ (flavor → flawor → flauor → blow)에서 flauor의 f를 b로 발음하면 blow와 비슷. 고대프랑스어 flaour에서 발전한 단어.

flower[flauə(r)] 꽃
- 불어서(blow) 개화시킨 것
- flourish 번성하다 ← flower가 피다

ball[bɔ:l] 공
- 옛날엔 돼지 오줌보 같은 것을 불어서 공으로 사용 → 공

bullet[búlit] 탄알
- 작은 둥근 것 → 탄알
- 고대의 탄알 모습, 고대의 탄알은 돌이었음. 투석기를 통해 발사

bull[bul] 황소
- 불알(고환)이 있는 소 → ① 황소
- 도장인이 ball 모양이므로, ② 교황의 교서, 황제의 칙서
- 참고 bulletin 게시, bulletin board 게시판

symbol[símbəl] 상징
- 함께(sym) 던져진(bol) 것 → 신조 → 상징, 기호 ☞ 공은 던지는 것
- ☞ 니케아신조는 참그리스도인과 이방인을 함께 비교하여 가려 내기 위해 앞에 던져 놓은 것

bowl[boul] 그릇
- 둥근 그릇 → 사발, 공기(빈 그릇, 주로 작은 밥그릇)

093 PRESS & PUNCh

press(압착하다) / punc(구멍을 뚫다)

Anchoring Ideas

press는 '압착하다'라는 뜻이다. 왼쪽 그림은 포도를 안에 넣고 press(압착)하여 포도즙을 짜내는 wine press의 모습이다.

오른쪽 사진은 에스프레소 기계에서 에스프레소를 추출하고 있는 모습이다. 아주 진한 이탈리아식 커피를 espresso(에스프레소)라고 한다. espresso(에스프레소)의 문자 그대로의 뜻은 '높은 압력(pressure)을 통해 나온(ex) 커피'이다. 보통 espresso(에스프레소) 전용 기계로 추출하는데 9기압 정도에서 커피를 뽑아낸다. press는 '압력을 가하다'라는 것을 기억하자.

punch의 **punc**는 '구멍을 뚫다'라는 뜻이다. 펀치(punch)가 '구멍 뚫는 기구'라는 것은 누구나 다 안다. punch[pʌntʃ]는 punc(구멍을 뚫다)의 변형으로

'구멍을 뚫다, 구멍 뚫는 기구'의 뜻이고 '펀치(주먹으로 치기)'의 뜻으로도 사용된다.

puncture[pʌ́ŋktʃər]는 〈punc(구멍을 뚫다) + ture(명사형 접미사)〉로 구성된 단어이다. 뜻은 '(찔러서 낸) 구멍, (타이어 따위의) 펑크'이다.

우리는 "타이어에 빵꾸가 났습니다."라고 할 때 그 빵꾸의 영어형이 펑크라고 생각할 것이다. 그러나 펑크라는 단어는 영어에 없다. 빵꾸나 펑크의 어원은 puncture의 앞부분인 punc를 따서 만든 일본어 '판쿠'이다. 일본어 '판쿠'가 우리말의 '빵꾸'가 되었고 그 '빵꾸'를 영어식 발음으로 발음한 것이 '펑크'이다. '판쿠, 빵꾸, 펑크'는 puncture의 punc를 각각 다르게 발음한 것일 뿐 영어는 아니다. 영어에서 펑크는 없고 puncture가 바른 표현이다.

- I had a <u>puncture</u> on the way.
  나는 오는 길에 펑크가 났습니다.

이러한 경우 I've got a flat(tire).라고 표현하기도 한다. 참고로 flat[flæt]의 모든 뜻, '편평한, 납작한, 건물의 바닥, 플랫식 주택, 단조로운, 맛없는, 김빠진'은 '편평한'에서 파생된 것들이다. flatter[flǽtər](발림 말하다, 아첨하다, 우쭐하게 하다)는 'flat(평면, 손바닥)으로 애무하다'가 문자적인 뜻이다.

- Are you trying to <u>flatter</u> to me? 너 나에게 아부하는 거니?

platform[plǽtfɔ̀:rm](승강장, 연단, 강령)은 flat form이 문자적인 뜻이다.

press[pres] 누르다, 인쇄하다
- 누르다(압착하다), 인쇄하다 → 누름(압박, 압착, 압착기), 인쇄기(인쇄소, 신문, 잡지 등, 보도진, 기자단)
- pressure 압력, 압력을 가하다

repress[riprés] 억누르다, 탄압하다
- reprimand 견책, 징계, 꾸짖다(repress의 변형)

compress[kəmprés] 압축하다, 압박붕대
- 함께 누르다 → 압축(압착)하다
- 명 compress[kɑmprés] 압박붕대, 압착기

depress[diprés] 침체시키다
- 아래로 누르다, 더 낮은 위치로 가라앉게 하다 → (활동, 힘을) 약화시키다, 풀이 죽게 하다, 경기가 침체하게 하다
- 명 depression 침체, 불경기

(press는 압착하다)

suppress[səprés] 억누르다
- 아래에서 위로 오르는 것을 누르다 → (힘이나, 권위 등으로) 누르다, (웃음·감정 따위를) 억누르다, (증거·사실·성명 따위를) 감추다

impress[imprés] 인상을 주다
- 안으로 압력을 가하다 → 도장을 누르다, 인상지우다(감명을 주다)

oppress[əprés] 억압하다
- op(ob: in the way, against) + press
- 대항하여 누르다 → 억압하다(학대하다)
- oppress & suppress: 고대에는 같은 뜻으로 사용됨. 지금은 suppress는 '권위나 힘으로 누르다' 정도의 뜻이라면 oppress는 권위나 힘의 남용으로 누르다'의 뜻.
- 동의어 overwhelm 덮치다, 압도하다

express[iksprés] 표현하다
- 압력으로부터 나오다 → 표현하다(말, 기호, 표정, 몸짓, 그림, 음악 따위로), 표현된 → 명시된(명확한) → 특수한 ← 특별히 맞춘 (것) → 급행열차, 속달편
- 명 expression 표현

acute 날카로운
- 바늘(침)같이 날카로운 → 날카로운, 민감한
- edge 칼의 날, 테두리(acute의 변형)

acupuncture [ækjupʌ́ŋktʃər] 침술
- 바늘(acu)로 신체에 구멍을 뚫는 것 (puncture) → 침술
- acus 외과 수술용 바늘

puncture [pʌ́ŋktʃər] (찔러서 낸) 구멍, 펑크
- punc(구멍 뚫다) + ture(명사형 접미사)

punch [pʌntʃ] 구멍을 뚫다
- punc(구멍 뚫다)의 변형
- 구멍 뚫는 기구, 타격, 주먹으로 치기 → 구멍을 뚫다

punctual [pʌ́ŋktʃuəl] 시간을 엄수하는
- puncture + al(명사 접미사)
- 송곳 같은 → 날카로운, 정확한 → 시간을 엄수하는
- 명 punctuality 시간 엄수, 정확함

point [pɔint] 가리키다
- punch(펑! 하고 구멍 뚫는 것)의 변형 → 뾰족한 끝, 요점, 목적 뾰족하게 하다, 가리키다
- 명 pointer 지시하는 사람(것)

appoint [əpɔ́int] 지명하다
- ap(ad: at, to) + point
- pointer로 지정하다 → (일시·장소 따위를) 정하다, 사람을 지명(임명)하다

disappoint [dìsəpɔ́int] 실망시키다
- dis(apart, not, opposite) + ap + point
- 정해진 관직을 소유하지 못하다 → 실망시키다, 좌절시키다

punch 펀치, 구멍 뚫다

094 MUTant

mut(change)

Anchoring Ideas

사진은 영화 X-men에 나오는 mutant(돌연변이) 울버린의 모습이다. 손에서 강력한 금속이 자라 나오고 몸에 상처가 나도 즉시 소생되는 mutant이다.

mutant(돌연변이)를 X-man이라 하는 이유는 모든 돌연변이가 정상적인 인간들이 결코 할 수 없는 일들을 할 수 있게 하는 X-Gene이라고 불리는 유전적인 변이(mutation)를 가지고 있기 때문이다.

〈엑스맨: 최후의 전쟁〉에서는 다양하고 흥미로운 능력을 가진 mutant 캐릭터들과 그들의 능력을 치유할 수 있는 치료제 '큐어'가 등장한다. 다양하고 초인적인 능력을 가진 mutant들에게 그들이 가진 능력을 조절할 수 있도록 가르쳐 인류를 위해 그 힘을 사용하길 희망하는 '엑스맨'과 자신들을 몰아내려는 인간사회에 등을 돌리고 mutant가 미래를 지배할 것이라 믿는 '브러더후드'와의 최후의 전쟁이 이어진다.

mutant(돌연변이)의 mut가 change라는 것을 기억하자. mut → move → change와 같이 생각할 수도 있을 것이다.

commute는 〈com(함께) + mute〉로 구성된 단어이다. '교환(변환)하다, (열차 등으로) 통근하다'의 뜻으로 사용된다. 처음에 '교환하다'로만 사용되던 commute가 '통근, 통근하다'의 뜻으로 사용된 이유는 무엇일까? 미국 철도회사가 두 지점을 왕복하는 일반 티켓을 시즌 티켓으로 바꾸어 주고 그 교환된 티켓을 commutation ticket이라고 부른 데서 유래한다. 기차표의 commutation은 정기적인 통근을 위한 것이었으므로 commute가 '통근, 통근하다'의 뜻으로 사용되기 시작했다. commutation ticket은 '정기(승차)권'이라는 뜻이다.

Fun Word Story

wart(사마귀)의 war는 change(변하다, 바뀌다)이다. '피부가 변한 것'이 wart(사마귀)이다. wart는 쉬운 단어가 아니다. 그러나 기억하기는 아주 좋은 단어이다. 우리의 뇌는 우스꽝스러운 것, 기괴한 것, 관능적인 것, 과장한 것과 같은 것들을 잘 기억한다. wart(사마귀)의 war는 'change: 변하다, 바뀌다'임을 기억하자. 영어에서는 종종 w = v로 취급하므로 wart(사마귀)의 war는 var의 변형이다.

관련 단어는 vary[vέəri](바꾸다, 바뀌다), variable[vέəriəbəl](변하기 쉬운), varied[vέərid-](바뀐 → 가지각색의), various[vέəriəs](가지각색의, 몇 개, 몇 사람), variety[vəráiəti](변화, 다양성, 다른 것, 가지각색의 것), variance[vέəriəns](변화, 불화)이다. varied의 동의어 miscellaneous[mìsəléiniəs](잡다한, 이종혼합의, 다방면에 걸친)는 mix가 어원이다.

mutual[mjúːtʃuəl] 서로의

- mut(change: 바꾸다, 교환하다) + al(명, 형 접미사)
- 바꾸는 것(교환하는 것)은 상호성의 문제이므로 → 서로의(예 mutual favors), 공통의(예 our mutual friend)

mutant[mjúːtənt] 돌연변이(의)

- mut(change) + ant(형용사 접미사)
- 유전자(gene)가 change된 → 돌연변이(의)

migrate[máigreit] 이주하다

- mi(mut의 변형: change) + ate(명, 동, 형 접미사)
- 사는 장소를 change하다 → 이주하다, 이동하다(새 따위가 정기적으로)

mutant(돌연변이)의 mut는 change

immigrate[íməgrèit] 이주해오다

- im(in) + migrate(이주하다)
- (타국으로) 이주해 오다(to come into a foreign country to live)

emigrate[éməgrèit] 이주하다

- e(ex: 밖으로) + migrate(이주하다)
- (타국으로) 이주하다(to leave a country or region to live elsewhere)

community[kəmjúːnəti] 공동체

- com(함께) + mun(mon ← mut: change) + ity
- (상호)공유지 → 지역 사회, 공동체

mutable [mjú:təb-əl] 변하기 쉬운
- mut(change) + able(형용사형 접미사)
- 동의어 changeable → 변하기 쉬운(변덕스러운)

common [kɑ́mən] 공통의
- com(함께) + mon(mut: change, 바꾸다, 교환하다)
- 서로 바꿀 수 있는 → 공통의(일반의, 보통의) → 공유지
- ☞ 어떤 사람이 나의 친구도 되고 그의 친구도 된다면 서로 공통의 친구.
- 동의어 communal(공동의)
  예 communal nests(공동 둥지)
- 참고 commonplace 평범한, 흔한 일

communism [kɑ́mjənìzəm] 공산주의
- com(함께) + mun(mon) + ism(주의)
- (상호)공유주의 → 공산주의(운동, 정치 체제)

commute [kəmjú:t] 교환하다, (열차 등으로) 통근하다, 통근, 통근거리

immune [ɪmjú:n] (과세 등을) 면한, (공격, 병독 등을) 면한
- im(not) + mune(community에 대한 의무)

municipal [mju:|nɪsɪpl] 자치도시의, 자립의
- muni(community, 공동체, 국가, 국가에 대한 의무) + cipal(capable, take) → 공동체를 스스로 취한

095 CEASE

cease(die)

Anchoring Ideas

cease는 stop의 문어적 표현이다. 그림은 남자의 죽음(cease)을 두고 슬퍼하고 있는 여인의 모습이다. 남자가 영원히 가 버렸다. 남자가 죽었다. **cease**의 본래 뜻은 '가 버리다(**go away**) → 죽다(**die**)'이고 뜻은 **stop**이다.

- The music has <u>ceased</u>. 음악이 멈추었다.
- <u>Cease</u> fire! 사격 중지!

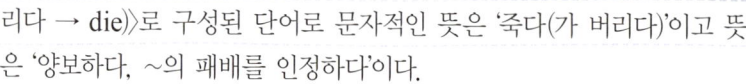

concede[kənsíːd]는 〈con(com의 변형: 함께, 강조) + cede(cease의 변형: 가 버리다 → die)〉로 구성된 단어로 문자적인 뜻은 '죽다(가 버리다)'이고 뜻은 '양보하다, ~의 패배를 인정하다'이다.

- Sen. Hillary Clinton <u>conceded</u> the Democratic nomination to Sen. Barack Obama.
  상원의원 힐러리 클린턴은 버락 오바마에게 민주당 지명을 양보했다(문자 그대로의 뜻은 죽어서-패배해서 내어주었다).
- He finally <u>conceded</u> that she was right.
  그는 마침내 그녀가 옳았다는 것을 인정했다.

Fun Word Story

plague(흑사병, 전염병)는 살덩이가 썩어서 black이 되어 죽는 병이다. plague(흑사병, 전염병)는 black death라고도 한다. 이유는 살덩이가 세균에 의해 썩어서 검게 되기 때문이다. plague[pleig]와 black은 발음이 유사하다. plague, black을 연결해서 'plague는 살덩이가 썩어서 black이 되어서 죽는 병'이라고 기억하자.

plague는 14세기 유럽 인구의 1/3 이상을 죽게 한 '대재앙'이었다. plague는 본래 '재앙, 악'이란 뜻이었는데 재앙의 대명사인 '흑사병'을 가리키는 말로 사용된다. plague는 '괴롭히다, 성가시게 하다'라는 뜻도 있다.

complain(불평하다)은 plague와 관계가 있는 단어이다. complain[kəpléin]은 〈com(함께, 강조) + plain(plague의 변형)〉으로 구성된 단어이다. 문자 그대로의 뜻은 'plague(흑사병)와 함께 있는 것'이다. 흑사병이 걸리면 가슴을 치며 애통하게 되므로 '한탄하다, 불평하다'라는 뜻이다. 지금도 간혹 '병으로 신음하다, 병이나 고통을 앓다'라는 뜻으로 사용되기도 한다. complain의 명사형은 complaint(불평, 병)이다.

pest[pest]도 '흑사병'이란 뜻이다. plague와 pest는 동의어이다. plague는 '재앙, 악'이란 뜻에서 '전염병(흑사병)'으로 발전한 단어이고 pest는 '치명적인 전염병'이란 뜻에서 전염병의 대명사인 '흑사병'을 의미하는 말로 사용된다.

accessory[æksésəri] 부속품, 액세서리
- (죽어서) ~에게로(ac,ad) 가 버린 것 → (고어) 종범(정범을 돕는 사람) → 부속품, 액세서리(장갑, 손수건, 브로치 따위)

predecessor[prédɪsèsər] 전임자
- pre(미리, 앞에) + decess(depart: 가 버리다) + or
- (고어) 선조 → 전임자(선배), 전의 것

access[ǽkses] 접근하다
- ~에게로 죽다 → 돌격(맹공격) → 접근, 접근하는 방법(수단·권리·자유), 진입로, 접근하다

incessant[insésənt] 끊임없는
- in(in, en, un) + cess(가 버리다, 죽다, stop) + ant(명, 형 접미사)
- 죽지 않는, 멈추지 않는 → 끊임없는 (그칠 새 없는)

cease(stop)는 go away → die(out)

necessary[nésəsèri] 필요한
- ne(not) + cess(가 버리다 → die → 양보하다) + ary(명, 형 접미사)
- 양보하면 안 되는 (것) → 필요한 (것)

procedure 순서
- 앞으로 나아가는 방식 (단계) → 순서(절차)

proceed[prousí:d] 앞으로 나아가다
- 앞으로(pro) 가 버리다(ceed) → 앞으로 나아가다

process 진행
- 앞으로(pro) 가 버림 (ceed) → 앞으로 나아감 → 진행(경과, 과정)

procession 행진
- 앞으로 나아감 → 행진 (행렬)

ancestor [ǽnsestə] 선조, 조상
- an(ante: 앞에) + ces(가 버리다, die, 양보하다) + or(행위자 접미사)
- 먼저 가 버린(죽은, 양보한) 사람 → 선조(조상)

cease [si:s] 그치다
- go away → (고어) die (out) → stop

concede [kənsí:d] 양보하다
- con(함께, 강조) + cede(cease의 변형: 가 버리다 → die)
- 죽다(가 버리다) → 양보하다, ~의 패배를 인정하다

precede [prisí:d] 앞서다
- 앞에(pre) 가다 → 앞서다(선행하다)

precedent 선례, 앞서는

unprecedented 전례가 없는

recede [risí:d] 물러나다
- 뒤로(re) 가버리다 → 물러나다(퇴각하다)
- 몡 recess 휴식, 깊숙한 곳
- 몡 recession 후퇴

exceed [iksí:d] 넘다
- 물 따위가 넘어서 밖으로(ex) 가 버리다 → (수량·정도·한도를) 넘다(초과하다)

exceedingly 대단히
- 한계를 넘어서 → 대단히 (매우, 몹시)

succeed [səksí:d] 계승하다, 성공하다
- 다음으로(suc, sub) 따라가다 → 따르다(계승하다) → 잘하다(성공하다)

succession 계승, 잇따름, 연쇄

success 성공, 성취

successive 계승의, 잇따른, 연속하는

096 FINish & TERMinator

'끝'을 의미하는 어원들

Anchoring Ideas

finish(끝나다)의 fin은 '끝(한계)'이다. finish는 본래 '죽다'라는 뜻으로도 사용되었다. 사람이 '끝(한계)'에 이른 것이 '죽음'이다. 사진은 marathon(마라톤)을 finish하고 있는 모습이다. finish는 '결승점에 다다르다, 끝나다'이다.

final은 '마지막의(최종의, 최후의), 최후의 것(결승전, 학기말 시험, 최종판)'이고 finale는 '끝 악장, 최후의 막, 대단원(끝내는 마지막 장면)'이다. finale는 주로 음악이나 극에서 마지막 악장, 마지막 막을 가리키는 용어이다. finite는 '한계(경계)가 있는'이라는 뜻이다.

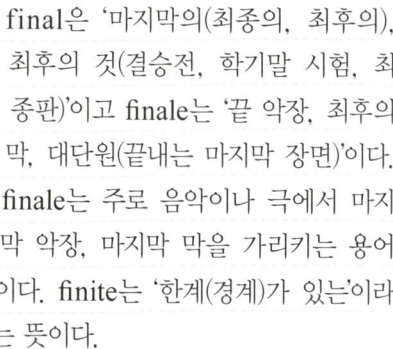

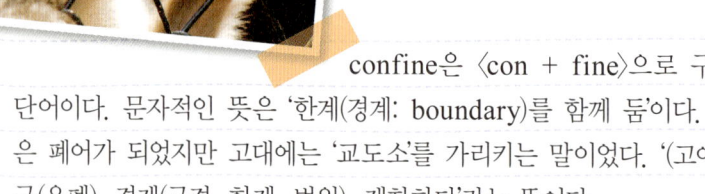

confine은 〈con + fine〉으로 구성된 단어이다. 문자적인 뜻은 '한계(경계: boundary)를 함께 둠'이다. 지금은 폐어가 되었지만 고대에는 '교도소'를 가리키는 말이었다. '(고어) 감금(유폐), 경계(국경, 한계, 범위), 제한하다'라는 뜻이다.

define은 ⟨de(down, completely, not, off) + fine⟩으로 구성된 단어로 '① (성격·내용 따위를) 한정하다 → ② (말의) 의미를 정하다 → ③ 경계(윤곽)을 정하다'의 뜻이다. definite은 '(윤곽, 한계, 태도가) 뚜렷한, 한정적인(명확한)'이고, definitive는 '한정적인(명확한), 결정적인(최후적인), 완성된'이라는 뜻이다.

definite와 definitive는 어원이 같지만 definitive는 '결정적인(최후적인)'의 뜻으로 많이 사용된다고 기억하면 되겠다. -ive는 라틴어의 과거분사형 접미사에서 나온 것이기 때문에 이미 결정된 것을 뜻한다. definitive는 '경계(범위)를 이미 과거에 정해 버린'의 뜻이므로 '결정적인, 최후적인'의 뜻을 가진다.

terminator(끝내는 자, 종결자, 파괴하는 자)의 term은 '끝(한계, 경계)'이다. 왼쪽 사진은 기계가 지배하는 세상 대항하는 인간 저항군의 지도자 존 코너를 죽이기 위한 최첨단 터미네이터와 구식 터미네이터 간의 대결을 그린 영화 Terminator[təːrmənèitəːr]의 한 장면이다. terminator는 '끝내는 자, 종결자, 파괴하는 자'이다. 오른쪽 사진은 달의 terminator(명암의 경계선)의 모습이다. terminator는 '종결자'만 아니라 '경계선'이란 뜻도 있다.

finish(끝나다)의 fin은 끝, 한계

finite [fáinait] 유한의
- fin(끝, 한계) + ite(ate의 변형: 명, 동, 형 접미사)
- 끝이 있는(제한되어 있는, 유한의) → 유한(성), 유한물
- 반의어 infinite 무한의

finance [fáinæns] 자금, 재정
- fin(끝, 한계) + ance(명사형 접미사)
- 끝 → 빚의 끝(청산) → 돈 → 자금(재정, 재무)
- 형 financial 재정상의, 국고의
- 동의어 fiscal 원래 잔가지로 만든 돈가방 → 국가 재정의
- 파생어 confiscation 몰수, 압수 ← 국고로 돌림

finish [fíniʃ] 끝나다
- 폐어(죽다) → 결승점에 닿다, 끝나다

final [fáinəl] 마지막의, 결승, 최후의 것
- fin(끝, 한계) + al(명, 형 접미사)

finale [finnǽli] 끝악장, 최후의 막, 대단원
- fin(끝, 한계) + ale

refine [rifáin] 제련하다
- re(again, back, against, 강조) + fine
- fine(정제하다)의 강조형 → 정제(순화)하다, 세련하다

define [difáin] 한정하다
- de(down, completely, not, off) + fine (fin, 끝, 한계)
- 완전히 한계를 정하다 → ① (경계, 성격, 내용 따위를) 한정하다 ② (말의) 의미를 정하다
- 형 definite 뚜렷한, 한정적인
- 부 definitely 한정적으로, 명확히, 확실히
- 명 definition 정의

confine [kənfáin] 제한하다, 경계
- 한계(경계: boundary)를 함께 둠 → (폐어) 교도소 → (고어) 감금(유폐) → 경계(국경, 한계, 범위) → 제한하다 (keeping within limits)
- ☞ confine이 명사로 사용되면 경계, 국경이란 뜻이고 confinement는 '감금, 제한'의 뜻이다.

definitive[difínətiv] 한정적인, 결정적인, 완성된
- 접미사(ive)는 라틴어 과거분사형의 변형, 그래서 '결정적인'의 뜻으로 많이 사용

fine[fain] 좋은, 미세한, 벌금
- fin의 변형(끝, 한계)
  - 형 (질, 기술, 외양)에 있어서 끝점에 이른 → 뛰어난(좋은) → 흠이 없는(순수한) → (크기, 두께)에 있어서 가장 작은 한계에 이른 → 미세한(얇은, 예리한)
  - 동 정제(순화)하다, 잘게(가늘게, 엷게) 하다
  - 명 (고어) 끝(종말, 죽음) → 벌금(과료 ← 법원 판결의 결과는 죽음이나 벌금)
  - 타동 ~에게 벌금을 과하다

terminate[tə́:rmənèit] 끝내다
- 끝으로 이끌다 → 끝내다, 한정하다(경계를 짓다)

term[tə:rm] 기간, 한계, 말
- term(끝) → 시간과 장소의 끝(경계) → ① 한계(경계) ② 출산 예정일 ③ (의무·계약의) (만료)기일 ④ 기간, 임기, 학기, 형기, 회기 ⑤ 말(의미를 한정한, 정확한 말)
- ☞ "텀이 길다(짧다)"고 할 때의 텀(term)은 본래 끝이 길다(짧다)는 뜻이다. 끝이 길면 일정기간이 길게 되므로 term은 일정기간의 뜻도 되는 것이다.

terminator(파괴자)의 term은 끝(한계, 경계)

terminology[tə:rməna:lədʒi]
전문용어, 용어들

determine[ditə́:rmin] 결심하다
- 한계를 정하다 → (규칙, 가격, 성분, 등을) 한정하다, 결심하다

terminal[tə́:rmən-əl] 끝(말단), 터미널(종점), 학기말 시험

Fun Word Story

cantata

바로크 시대의 성악곡을 cantata[kəntɑːtə]라고 한다. **cantata는 그냥 '노래'라는 뜻이다.** 바흐는 커피가 천 번의 키스보다 낫다고 노래하는 'Coffee Cantata(커피 노래)'라는 성악곡을 작곡했다. Cantata(칸타타)라는 커피 이름은 아마도 바흐의 '커피 칸타타'에서 영감을 얻었을 것이다.

chant[tʃænt]는 cantata의 변형으로 '노래, 멜로디가 단조로운 노래'를 의미한다. 그레고리안 성가(Gregorian chant) 같은 곡이 chant의 대표곡이다. enchant[entʃænt]는 '멜로디가 단조로운 노래(주문)를 사람 안으로 넣다'에서 '마법을 걸다, 매혹하다'라는 뜻이 된다. charm[tʃɑːrm]은 '마술적인 힘을 가지고 있는 단조로운 노래를 부르다'에서 '마법을 걸다, 매혹하다, 마력, 매력'이라는 의미를 가지게 되었다. enchant는 동사로, charm은 명사, 동사로 사용된다. incentive[inséntiv](격려, 자극, 동기)은 '안에 주문(노래, 자극)을 넣는 (것)'이 본래 뜻이다.

chorus[kɔ́ːrəs]는 '합창; 합창곡; 합창 부분, 후렴, 합창대'이고 choir[kwaiər]는 '합창단'이다.

pharmacy[fɑ́ːrməsi](약국, 조제술, 약학)의 pharm은 고대에 charm(마력, 마법을 걸다)의 뜻이었다.

nectar

nectar[néktər]는 〈nec(죽음) + tar(tere, trans → through, 통과하는)〉로 구성된 단어이다. 문자적인 뜻은 '죽음을 통과하는(이기는) 술'이고 뜻은 '신의 술(그리스 신화에서), 과즙(넥타)'이다. 죽음을 통과하는 술인 **nectar의 nec은 '죽음'이라는 것을 기억하자.** '죽인다'는 말과 '목(neck)을 자른다'는 말이 거의 같은 말이라는 것을 생각하면 어원 nec이 death라는 것을 자연스럽게 기억할 수 있다. innocent[ínəsnt]의 문자적인 뜻은 '죽음(해)을 당하지 않은(죄가 없는)'이

고 뜻은 '순결한, 결백한, 순결한 사람'이다.

참고로 신의 음식은 ambrosia[æmbróuʒiə]이다. ambrosia는 〈a(in, un의 변형: not) + m(br)otos(mortal: 죽을 수밖에 없는 운명의)〉로 구성된 단어이다. mortal[mɔ́ːrtl](죽을 수밖에 없는 운명의, 인간의)은 murder[mə́ːrdər](살인, 살인하다)와 관련지어 기억하면 쉽다. murder의 murd는 mortal의 mort이다. mortgage[mɔ́ːrgidʒ](저당, 융자)는 〈mort(mortal) + gage(wage, pledge, 보증)〉로 구성된 단어이다. mortgage의 문자 그대로의 뜻은 '죽는 보증 → 빚이 지불되든 안 되든 거래가 죽는다'이다. immortal[imɔ́ːrtl]은 im(in, un: not)과 mortal의 합성어로 '죽지 않는, 불사신, 신들'을 의미한다. '고대 페르시아의 친위대'도 immortal(불사신)이라고 불렸다. 인간은 mortal이고 신은 immortal이다.

Fun Word Story

gage

wedding ring(결혼반지)은 결혼할 때 서약(vow, oath, pledge)의 징표로 주고받는 반지이다.

pledge[pledʒ](저당, 담보; 서약; 보증; 저당 잡히다, 서약하다)는 plywood(합판)에서 본 ply(접다)가 어원이다. 저당 잡히는 것은 그 물건을 잃어버릴 위험에 자신을 휘말리게(ply) 하는 것이라는 의미에서 '저당'이라는 뜻을 가지게 되었다. 동의어는 mortgage[mɔ́ːrgidʒ](저당, 저당 잡히다)이다.

중세 초 결혼은 비즈니스 협상과 비슷했다. 딸의 아버지는 지참금, 혼수금, 유산에 대한 선금을 남자 집안에 보내야 했고, 남자의 아버지는 며느리가 될 상대편 딸에 대한 권리금, 아기 낳은 신체 임대료, 아이 양육비 등을 선급금으로 넘겨야 했다. 합의가 이루어지면 일부 계약금을 교환했는데, 이 계약금이 gage[geidʒ](담보물, 저당물)였기 때문에 서로 계약금을 지불했으니 약혼, 즉 결혼이 약속된 사이를 'engaged'라고 했다.

engage의 뜻 '주의를 끌다, 고용하다, 보증하다, 전쟁하다, 약혼하다'는 모두 gage의 기본 뜻인 '저당물'과 관련이 있다. 저당물이 있는 곳에 마음이 간다. 중세의 봉토는 전쟁이 나면 주군을 위해 전쟁에 참여한다는 계약에 대한 보증금과 같은 것이었다. '척도, 계량기'란 뜻의 gauge, gage[geidʒ]는 어원이 다르다.

wedding[wédiŋ](결혼식, 결혼)은 저당을 잡히거나(gage, pledge) 계약금을 주고 여자를 자신의 아내로 만드는 것이 본래 뜻이었다.

wage[weidʒ](임금, 급료)는 gage의 변형이다. g(u) = w의 원칙이 적용된다. wage의 본래 뜻은 '계약금, 보증금'인 셈이다. 일을 할 때 먼저 계약을 맺고 그 계약에 따라 임금을 받는다. wages는 육체 노동에 대한 하루 또는 한 주일의 임금을 의미한다.

salary[sǽləri]의 어원은 salt이다. 라틴어 salárĭum은 '군인들에게 주던 급여금인 salt(소금) 혹은 소금 값'이다. 이 때문에 salary는 공무원·회사원 따위의 능력이나 훈련을 필요로 하는 직업에 대한 봉급, 급료를 의미하게 되었다.

pay[pei](대금, 임금 따위를 지불하다)는 peace[piːs](평화)가 어원이다. '평화롭게 만들다, 만족하게 하다'가 본래 뜻이다. 물건에 대한 대금을 지불할 때, 임금을 지급할 때, 둘 사이의 관계가 평화롭게 된다.

Fun Word Story

can

can(통조림의 깡통)은 '갈대(아랍어로 qunah)로 만들어진 조그만 용기'가 어원이다. can의 어원은 '갈대'라는 것을 기억하자.

cane[kein]은 '(대나무처럼 속이 빈) 줄기, (가구 등의 재료로 쓰이는) 줄기, 회초리, 지팡이'의 뜻으로 사용되는데 이는 cane의 원래 뜻이 '갈대, 대나무처럼 큰 갈대'이기 때문이다.

앗시리아의 왕 앗수르나시르팔 2세는 15년에 걸친 대규모 토목 공사를 통해 오늘날 사람들이 봐도 엄청난 수도를 기원전에 건설했다(BC 879). 식물원과 동물원이 마련되었으며, 대(大) 자브 강에서 운하(canal)를 통해 물을 끌어들였다. 이 운하(canal)에 사용된 것이 갈대(아랍어로 qanah)였다. canal은 아랍어 qanah(갈대)의 변형이다. channel은 canal의 변형이다. 이제 우리는 왜 channel[tʃǽnl]이 '수로, 해협'의 뜻으로 사용되는지 이해할 수 있다.

가브리엘 샤넬은 거의 우상화된 패션 브랜드 샤넬(CHANEL)의 설립자이다. Chanel은 channel의 변형이다. 샤넬(Chanel)은 어원에 따라 말하면 '논에 물을 대는 여자'이다. 흐흐.

patron

patron은 왜 '후원자'와 '고객'이라는 뜻을 동시에 가지고 있을까?

리비우스에 따르면 로마의 건국자 로물루스는 100명의 원로원을 임명하여 그들을 patrons라고 불렀다. 후에 이들이 후손들이 the Patrician class(귀족 계급)가 되었다.

patron은 father라는 뜻이다. 로마의 지배층은 patrons가 될 수도 있었고 clients가 될 수도 있었다. client의 cli는 lean의 변형으로 '구부러지다, 경사지다'이다. 그러므로 client는 'patron에게 허리를 굽히는 사람'이다. patrons는 clients가 하는 사업의 성공을 돕고 자녀교육, 혼사와 취직을 신경 써 주고, 예술가들을 후원했다. patrons가 하는 일 중에 가장 중요한 것은 clients를 위해 대신 법정에 서 주는 일이었다. 후에 돈을 받고 대신 법정에 서 주는 변호사라는 전문 직업이 생기면서 client는 '변호사의 의뢰인'으로 의미가 더해졌다. client는 '전문직 종사자들의 고객, 단골 손님'이라는 뜻으로 주로 사용된다.

patron의 기본 뜻은 '아버지, 후원자'인데 왜 '상점 여관 따위의 고객, 단골손님'이란 뜻도 가지고 있을까? '고객, 단골손님'은 상품을 구입함으로써 그 가게를 후원해 주는 사람이라고 할 수 있다. 손님을 후원자, 아버지와 같은 의미로 극히 존중하는 표현에서 시작되었다. 본래 아버지란 뜻을 가진 patron이 '고객, 단골 손님'의 뜻을 가지게 되고 patron에게 늘 허리를 굽히던 client도 오늘날 '고객, 단골 손님'의 뜻으로 사용되는 것을 보면 아주 흥미롭다.

patriot[pǽtriət]의 patr는 'father'의 변형이다. 문자적인 뜻은 '아버지의 나라를 사랑하는 자'이고 뜻은 '애국자'이다.

100 Fun Word Story

knot

knot[nɑt/nɔt]는 '매듭, 무리, 혹, 노트(배의 속도 단위)'라는 뜻을 가지고 있다. 매듭이라는 뜻의 **knot**가 어떻게 배의 속도를 재는 단위도 되었을까? 옛날에는 처음에 배가 전진할 때 선수에서 나무토막(log)을 바다에 던지고, 그 나무 토막이 선미까지 통과하는 데 걸리는 시간을 측정하여 배의 속도를 알아내었다. 이것이 발전하여 부채꼴 모양의 널조각(log chip)을 일정 간격마다 매듭(knot)지어진 줄에 매달아 바다에 던지고 28초 후 풀려나간 줄의 매듭을 세어서 속도를 계산했다. 그래서 매듭인 knot가 배의 속도의 단위도 되었

다. knot(매듭)은 '혹'이란 뜻도 가지고 있다. 왜? 매듭의 모양이 '혹'과 같기 때문이다. knob[nɑb](혹, 마디; 문·서랍 따위의 손잡이)는 knot와 어원이 다르지만 자형과 뜻이 아주 비슷하다.

log(통나무)나 log chip을 사용하여 측정한 배의 속도는 log-book에 기록되었다. 처음에 log-book은 log를 이용하여 측정한 속도를 기록하는 책을 가리켰다. 그러다가 배의 속도 외에 다른 것들도 기록하는 '항해일지'의 뜻도 가지게 되었다. log-book은 log로 줄여서 사용된다. 이

것이 사전에서 log[lɔ(:)g]를 검색하면 '통나무, 배의 속도 측정기, 항해일지, 여행일지' 등의 뜻이 나오는 이유이다.

항해사는 이 log-book에 접근할 수 있어야 안전한 항해를 할 수 있었다. 컴퓨터 시스템을 사용하기 위해 시스템에 사용자명과 패스워드를 입력하여 시스템에 접속하는 것을 'log on[in]'이라고 한다. 우리는 컴퓨터 시스템이라는 배를 타고 항해할 준비가 되는 것이다. 구글이나 네이버와 같은 포털 사이트 따위를 사용하려면 먼저 log-in해야 한다. 우리는 인터넷의 바다를 항해할 준비가 된 것이다.

portal site의 portal[pɔ́:rtl](문, 입구, 정문)은 port(문, 입구, 항구)의 변형이다. '우람하고 화려한 문'을 말한다. '인터넷에 들어가기 위해 꼭 거쳐야 하는 문'이라는 뜻이다.

travail

travail[trəvéil]은 〈tra(three) + vail(pole: 장대)〉로 구성된 단어이다. travail은 본래 'three pole: 세 장대'란 뜻으로 고대의 고문 도구였다. 가운데에 장대를 하나 세우고 두 장대를 서로 어긋나게 세우면 고문 도구가 된다. X자 모양의 장대에 팔과 다리를 묶고 주로 화형시키는 데 사용했다. 그래서 travail은 '고통'이라는 의미를 갖게 되었다.

travel[trǽvəl]은 travail(고문 도구 → 고통, 고생)의 변형이다. 지금은 travel(여행)이 행복하고 즐거운 일이지만 옛날에는 여행은 고문과 같이 괴로운 일이었다. travel의 어원은 travail(three pole → 고문도구 → 노역)이다.

💬 Epilogue

교육학자 오수벨은 "이해는 새로운 지식이 기존의 정착지식에 연결되거나 포섭됨으로써 발생한다."고 했다. 그러므로 우리는 '새로운 지식이 기존의 정착지식과 연결될 때 이해한다'고 말할 수 있다.

아르키메데스가 왕관이 순금인지 아닌지를 알아내기 위해 고민하다가 자기 몸이 목욕탕 물에 잠기는 순간 비중의 원리를 깨닫고 자기 몸이 발가벗은 줄도 모르고 환희에 넘쳐 집으로 뛰어갔다는 일화는 너무나 유명하다. 이것을 '아하! 이펙트'라고 한다. '아하! 이펙트(유레카 이펙트)'는 전에 이해할 수 없었던 문제나 개념에 대한 갑작스러운 이해의 체험이다. 새로운 지식이 기존의 정착지식과 연결되고 포섭될 때 이해하게 되고 그것은 기쁨과 환희로 이어진다. 학자들은 이런 깨달음과 감동의 순간에 엔돌핀보다 4000배 이상 강력한 다이돌핀이 분비된다고 말한다.

이 책이 여러분에게 그런 기쁨을 안길 수 있는 책이 되기를 바란다.